밥/ 똥/ 일/

이 책은 방일영문화재단의 지원을 받아 저술 · 출판되었습니다.

밥 똥 일

승자독식의 사회에서
어떻게 우리의 밥·똥·일을
지켜낼 것인가?

조재우 지음

사과나무

| **일러두기** |

- 책 제목은〈 〉로, 논문 · 보고서는《 》로 표기했습니다.
- 띄어쓰기는 맞춤법 표기법에 따르는 것을 원칙으로 했으나, 시사용어로 굳어진 말은 가독성을 위해 붙여 쓴 경우도 있습니다.

밥 잘 먹고

똥 잘 누고

할 일 있으면 살 만한 거다.

하지만 우리 사회는

그것조차 허용하지 않는다.

불평등 사회와 그 적들

"밥 잘 먹고, 똥 잘 누고, 할 일 있으면 살 만한 거다."

대학 졸업 무렵 아들이 우울해 보였던지 어머니께서 위로차 하시던 말씀이다. 원하던 일이 마음먹은 대로 안 되어 풀이 죽어 있는 아들을 지켜보기에도 답답했을 것이다. 그 말에 용기를 얻어 젊은 날의 방황을 수습할 수 있었다.

먹을 것 걱정 없고 건강하고 할 일도 있다, 이 정도면 행복을 누리는 것이나 다름없지만 이것마저도 충족하기가 쉽지 않다. 무역 규모 1조 달러, 1인당 GDP 3만 달러를 넘긴 한국 사회에서 먹는 것과 건강, 직업 등 기본적인 문제가 해결되지 않는다는 게 말이 되나 싶겠지만 사실이다. 지난 20년간 한국의 1인당 GDP는 3배 이상 증가했으나 저소득층은 7.1%에서 12.5%로 증가하고 고소득층은 17.5%에서 20.0%로 늘었다. 부자는 더 부유해지고 가난한 사람은 더 가난해진 것이다. 승자독식의 시대 무한 경쟁에서 한 번 밀려나면 다시는 올라올 수 없는 바닥까지 추락하는 탓이다.

불평등이 가져올 역성장의 낭떠러지

한국은행이 2019년 1분기 국내총생산(GDP) 성장률을 전 분기 대비 -0.3%라고 발표해 많은 국민들에게 충격을 주었다. 혹자는 앞으로 닥칠 본격적인 저성장을 예고하는 시그널이라고도 했다. 이미 자영업자들이 체감하기로는 마이너스 성장이 더하면 더했지 결코 덜하지 않다. 그렇다면 왜 우리 사회가 이렇게 어려워졌을까?

세계 경제는 이미 저성장 추세에 접어들었다. 성장시대에는 불평등이 큰 문제가 되지 않는다. 성장의 과실이 어느 정도 불평등을 해소할 수 있었기 때문이다. 하지만 저성장 시대에는 불평등으로 인해 양극화가 심화되고, 대오에서 탈락하는 사회적 약자가 늘어난다. 국민의 밥과 건강, 일자리를 챙기는 것은 국가의 책무이지만 지금 우리 상황은 성장과 분배 정책 모두 실패에 직면해 있다.

더욱이 일자리 문제는 심각하다. 일은 노동과 다르다. 노동은 돈을 위해 육체와 정신을 제공하는 것이지만 일은 소득을 얻는 수단 그 이상이며, 자존감을 지키는 중요한 요소다.

사회에 첫발을 내딛는 청년들은 일자리를 통해 가정도 꾸리고 미래의 계획도 세운다. 결혼하고 출산하고 아파트 평수도 늘리고 노후도 대비한다. 하지만 지금 청년들은 영혼을 팔아서라도 일자리를 얻고 싶다고 절규한다. 직장을 박차고 나오면서

'Fuck you money!'라고 외치며 다른 직장을 선택할 수 있었던 기성세대와는 형편이 다르다.

지금 우리 사회는 제로섬 게임 안에서 갈등과 투쟁이 위험수위에 이르렀다. 일자리가 없는 사람과 일자리가 있는 사람, 정규직과 비정규직, 대기업과 중소기업으로 갈라진다. 부자와 빈자를 가르고 부의 극단적 불평등이 심화한다. 이 같은 현상은 한 세대에서 멈추지 않고 한 세대 내의 극단적 불평등은 다음 세대의 계층이동마저 어렵게 하고 불평등을 확산시킨다. 그래서 '위대한 개츠비 곡선(Great Gatsby Curve)'이 나타난다. 부모 세대 소득이 자식 세대의 소득에 막대한 영향을 주게 되면서 세대 간 계층이동이 더욱 어려워졌다. 아메리칸 드림은 사라졌고, 개천에서 용 날 일도 없다. 전 세대에서 '희망'이 사라지고 있다.

위기는 도둑처럼 온다

이 책은 총 3부로 구성되어 있다. 1부 '밥과 경제'에서는 저성장의 그림자, 기술 진보의 그늘, 불평등의 구조화 등 우리 사회의 난제들을 관통시켰다.

2부 '똥과 정치'에서는 어느 국가를 막론하고 정치(가)의 탐욕에 관해 다룬다. 민주주의 위기, 미국의 패권주의, 이기적인 정치, 재벌의 타락 등 오염된 정치가 어떻게 사회 · 경제적으로 나쁜 영향을 끼치는가를 다루고 있다.

3부 '일과 사회'에서는 청년실업, 기본소득과 연대임금, 행복한 일자리에 관해 얘기한다. 특히 청년실업은 인구 감소와 고령화 등과 상승작용을 일으키며 국가의 존속을 위협한다는 점을 지적한다.

이 책은 언론인으로 활동하면서 경험하고 느끼고 글로 썼던 문제의식을 정리하고 분석한 것으로 나로서는 각별히 애착이 간다. 이 책이 양극화나 불평등에 대한 직접적인 해결책을 제시하지는 못한다. 하지만 세계적인 석학들의 견해를 분석함으로써 위기는 어떻게 오며, 그 원인이 무엇이고 다가올 미래에 어떻게 대비해야 하는가 하는 점을 중심으로 나름대로 우리 사회를 보는 새로운 시각을 제시하려고 노력했다.

미흡한 점이 많음에도 불구하고 출판의 기회를 준 사과나무 출판사에 감사드린다. 직업을 핑계로 가정에 충실하지 못했음에도 격려를 아끼지 않는 아내와 사회인으로 착실히 성장하는 딸에게 무한한 고마움을 전한다.

2019년 4월

저자

| 차 례 |

제 1 부 /

밥과 경제

"전투에 실패한 자는 용서해도, 배식에 실패한 자는 용서할 수 없다."
군대에서 훈련 받던 시절, 배식 당번들이 앞줄 병사들에게
밥을 많이 퍼주는 바람에 뒷줄 병사들이 밥을 못 먹게 되자
화가 머리끝까지 난 구대장이 중대원들을 모아놓고 했던 훈시다.

1장

승자독식 사회의 불평등

승자독식과 배식의 실패

1980년 스웨덴 부부 4인조 그룹 아바(ABBA)가 발표한 'The Winner Takes It All'은 우리나라는 물론, 유럽 미국 일본 등지에서 대대적으로 히트했던 곡이다. 남녀 간 로맨스가 끝나면 승자와 패자가 뚜렷이 갈라지고, '승자는 모든 것을 갖지만, 패자는 초라하게 서 있다'는 내용으로 연인과 사랑을 모두 잃은 패자의 깊은 상실감을 노래했다. 아바 구성원 간 이혼이 이 노래의 모티프라는 이야기도 있으나 당사자들은 부인한 바 있다.

빌 클린턴 전 미국 대통령이 민주당 대선 후보 공식 지명 연설에서 "억만장자 사업가 출신인 밋 롬니 공화당 후보가 백악관에 입성하면 미국은 '승자독식'(Winner Take All) 사회로 변할 것'이라며 버락 오바마 대통령 지지 선언을 한 적이 있다. 클린턴은 "여러분이 승자독식의 사회를 원하면 공화당 후보를 지지하라"며 "부를 나눠 갖고 책임을 공유하는 나라를 원한다면 오바마 대통령과 조지프 바이든 부통령에게 투표를 해야 한다"고 강조했다.

미국은 세계에서 승자독식 시스템이 가장 강한 나라다. 미국 클린턴 정부에서 상무부 차관을 지낸 데이비드 로스코프는 저서 〈슈퍼클래스〉에서 세계를 지배하는 권력집단을 해부했다. 그에 따르면 60억 명의 지구촌 인구 중 30억 명은 하루에 2달러도 안 되는 돈으로 살아간다. 반면 세계 최고 부자 천여 명이 가진 순자산을 합하면, 가난한 25억 명의 순자산의 2배에 달한다. 또 미국 대기업 최고경영자들은 회사 종업원 소득의 300배 이상의 돈을 번다. 지난 세기 동안 인류는 위대한 발전을 했을지 모르지만, 이 같은 불균형은 문명의 안정을 위협하는 고발장이라고 저자는 경고하고 있다.

우리나라도 승자독식 체제가 굳어지고 있다는 통계가 줄줄이 나오고 있다. 임금노동자 중 상위 1%가 임대료 수입, 이자 등 자산소득까지 감안하면 임금노동자 평균의 26배를 벌었다는 통계도 있다. 노동자 간 격차가 이럴진대 재벌 총수 등 자본가, CEO와의 격차는 어떨까. 분배에 실패했다는 얘기다.

"전투에 실패한 자는 용서해도, 배식에 실패한 자는 용서할 수 없다.” 군대에서 훈련 받던 시절, 배식 당번들이 앞줄 병사들에게 밥을 많이 퍼주는 바람에 뒷줄 병사들이 밥을 못 먹게 되자 화가 머리끝까지 난 구대장이 중대원들을 모아놓고 했던 훈시다. 분배 정의란 자원의 합리적 · 효율적 배분이라는 경제학적 개념에, 불평등과 갈등을 조절하는 윤리 · 규범적인 요소가 가미된 개념이다. 1980년대 정치적 민주화의 핵심이 권력 측면에서 독재 타파였다면, 경제민주화의 핵심은 부의 측면에서 독점 타파라고 볼 수 있다. 각각 권력과 부의 독점을 막아보자는 취지에서 출발한 것이다. 식자들이 경제민주화 문제를 놓고 헌법 조항의 취지를 따지며 왈가왈부하지만, 굳이 그럴 것도 없다. 헌법에 민주주의가 없어서 군부 독재를 한 것이 아니듯 경제민주화 조항이 없어서 재벌이 부를 독점한 것도 아니잖은가.

과거 민주화를 하자는 주장이 공산주의를 하자는 것이 아니었듯, 경제민주화 하자는 것이 재벌을 해체하자는 것이 아니다. 그런데도 경제민주화를 주장하면 반(反)재벌로 몰고, 반대하면 친(親)재벌로 낙인찍는 매카시즘적 논의 구도로 흘러가는 것은 매우 안타까운 일이다. 보편적 무상보육이나 무상급식은 행정상 운용의 어려움을 인정하더라도 일종의 배식 실패라고 볼 수 있다. 이념적 차원에서 분배의 정의를 실천하지도 못했을 뿐 아니라, 경제적인 차원에서 자원의 합리적 배분이라는 원칙도 위배했다. 보편적 무상급식이나 무상보육이 결국 배부른 자에게 추가 배식을 하게 된 것이다.

누구나 수긍할 수 있는 분배 정의를 실천하는 방법론을 만들어내기가 쉽지 않은 것은 사실이다. 혜택을 받을 대상과 자격을 정확히 심사하기가 어렵고 비용도 많이 들기 때문이다. 마이클 샌델도 〈정의란 무엇인가〉에서 정의는 좋은 것이지만 분배의 실천이 어렵다는 것을 지적한다.

"사회가 정의로운지 묻는 것은, 우리가 소중히 여기는 것들, 이를테면 소득과 부, 의무와 권리, 권력과 기회, 공직과 영예 등을 어떻게 분배하는지 묻는 것이다. 정의로운 사회는 이것들을 올바르게 분배한다. 다시 말해, 각 개인에게 합당한 몫을 나누어 준다. 하지만 이때 누가, 왜 받을 자격이 있는가를 묻다 보면 문제가 복잡해진다."

샌델의 지적처럼, 정의를 고민하고 분배를 이해하는 방식이 개인별, 집단별로 많이 다르다. 정치권의 논의 과정에서 정작 주요 내용이 실종되는 경우가 허다하고, 건전하고 합리적인 논의 과정과 해법을 찾지 못한 채 극단적인 싸움으로 끝나는 경우가 많았기 때문이다. '진보 대 보수' 논쟁의 경우 결국은 '빨갱이 대 수구꼴통' 논쟁으로 결말이 나는 방식이다. 정치권이 진심으로 마음을 열고 머리를 맞대야 분배 정의에 좀 더 가깝게 다가갈 수 있을 것이다.

렉서스 차로와 마태효과(Matthew effect)

미국 디즈니랜드에서는 놀이시설을 이용할 때 급행권을 판다. 일반권보다 많은 돈을 주고 급행권을 구입하면 어떤 놀이시설도 줄을 서지 않고 곧바로 이용할 수 있다. 일종의 '새치기 권리'에 대해 급행 요금을 지불하는 것이다. 이런 제도에 대해 이의를 다는 사람을 본 적이 없다. 결과만 놓고 보면 부자들에게 혜택이 돌아가는 셈이다. 이를 사회 정의 측면에서 문제를 제기할 수도 있다. 놀이시설을 이용하는 것에서조차 빈부 격차가 반영되기 때문이다.

이러한 현상은 통행시스템에서도 발생한다. 남산 1호, 3호 터널이나 우면산 터널, 인천공항고속도로, 서울외곽순환도로 등이 그렇다. 돈을 내면 다른 차량보다 빠른 속도로 목표 지점에 도달할 수 있다. 급행료가 아까우면 외곽으로 돌아가거나, 우회도로를 이용하는 불편이 따른다. 따라서 시간과 돈 중에서 택일을 해야 하는 상황이 된다. 1996년 남산 1호, 3호 터널에 혼잡통행료 2,000원을 부과하는 정책이 나왔을 때 잠시 형평성 문제가 제기되기는 했다.

기업 차원에서 '급행료'는 심각한 문제를 야기한다. 기업이 특정 목적을 위해 공무원에게 급행료를 지불하고 관련 규제 해제 등의 의지를 관철시켰다면 어떤 결과가 나타날까. 물론 급행료를 지불한 기업은 당연히 여러 가지 이익을 보게 된다. 하지만 이로 인해 경쟁 기업은 큰 피해를 보게 되는 것이다. 공정한 경쟁이 이루어질 수 없고, 특정 기업에 큰 특혜를 주게 되는 것으로 자원 배분의 왜곡 현상이 나타난다. 경쟁에서 탈락한 기업은 단순히 손해만 보는 데 그치는 것이 아니라 회사 문을 닫을 지경에 이르기도 한다. 과거 우리나라 재벌들이 정치 권력과 손잡고 이러한 방식으로 성장했다는 것 때문에 지금까지 그리 떳떳하지 못하다.

마이클 샌델은 〈돈으로 살 수 없는 것들〉에서 유료 급행 차로를 '렉서스 차로(Lexus lanes)'라고 불렀다. 렉서스 같은 고급 차를 타는 사람들에게 통행료쯤은 별 부담이 없어, 결국 경제적 여유가 없는 사람들에게 부당한 제도가 될 수 있다는 것이다. 샌델은 또 "경제학자 입장에서 재화와 서비스를 확보하기 위해 줄을 길게 늘어서는 현상은 낭비이자 비효율적 행동이고, 가격 체계가 수요와 공급을 조절하는 데 실패했다는 신호라는 주장도 있다"고 소개했다.

지구촌에서 부자와 가난한 자의 격차가 점점 벌어지면서 이를 설명하는 사회 · 경제학적 분석틀이 자주 인용되는데, 20:80의 법칙으로 잘 알려진 파레토의 법칙이 대표적이다. 이탈리아 학자 빌프레도 파레토(Vilfredo Pareto, 1848~1923)가 이탈리아의 불평등을 연구하다 발견한 이 법칙은 많은 현상들에서 '원인의 20%가 결과의 80%를 일으킨다'고 보았다. 인구의 20%가 전체 소득의 80%를 차지한다는 것으로도 설명되고, 각종 실증 연구조사에서도 유사한 현상이 입증됐다. 익히 알려진 지니계수 역시 이탈리아의 학자 코르라도 지니(Corrado Gini, 1884~1965)가 정립한 개념으로, 계층 사이에서 이루어지는 소득 분배를 그래프로 나타내 빈부 격차를 쉽게 보여준다.

미국 사회학자 로버트 머튼이 도입한 마태효과(Matthew effect)라는 것도 있다. 마태복음 25장 29절의 '무릇 있는 자는 받아 충족하게 되고, 없는 자는 그 있는 것까지 빼앗기리라'는 구절에 빗대어, 부자는 더욱 부자가 되고 가난한 자는 더욱 가난해지는 '부익부 빈익빈' 현상을 설명한다.

이런 이론을 들먹일 것도 없이 우리나라 소득 격차도 간단치 않다. 통계청의 각종 자료가 이를 뒷받침한다.

"시장은 양심이 없을 뿐더러, 병들고 나이 들고 교육 받지 못한 사람들을 무시한다"는 말이 있다. 미국의 7대 대통령인 앤드류 잭슨은 "법이 부자를 더욱 부유하게 만들고 강한 자가 더욱 강해지는 데 일조한다면 가난한 사회 구성원들은 정부에 대해 부당함을 제기할 권리가 있다"고 했다.

그래서 자유로운 시장이 과도한 영역을 점유하지 못하도록 적절한 규제가 가해져야 하고 시장경쟁에서 탈락한 사람들을 보호할 수 있는 재분배 기능과 사회적 안전망을 확충하는 것이 정부의 책무다.

기술 진보와 불평등 르네상스

기술 진보는 왜 고용 창출에 인색할까. 인류의 기대와 달리 기술 진보와 고용 창출의 상관관계는 아주 미약하다는 평가를 받는다. 첨단 디지털 경제는 사무실 하나와 직원 몇 명만 있어도 수백만 명의 고객을 모을 수 있다. 그 덕분에 막대한 부를 창출하고 이윤을 내면서도 이에 상응하는 고용과 임금에 의미 있는 성장을 창출하지 못하는 아이러니를 낳는다. 오히려 새로운 일자리 창출보다 기존 일자리 파괴 속도가 더 빠른 것이 문제다. 반면 구글, 페이스북, 아마존 등 플랫폼을 선점한 디지털 창업자들이 (세계적인) 거부가 되면서 사회적 불평등이 오히려 커졌다. 이들 기업의 독점 지배력은 오히려 인터넷 환경과 민주주의를 위기에 빠뜨린다는 지적도 나오고 있다.

원인은 기술 불평등에 있다. 데이비드 색스의 〈아날로그의 반격(The revenge of analog)〉에 따르면 디지털 경제는 두 가지 유형의 일자리 창출에 능하다. 소프트웨어 디자이너나 CEO와 같은 꼭대기에 있는 특화된 직업과 폭스콘 휴대전화 조립 기술자와 아마존의 창고지기처럼 (보수도 낮고 기술 숙련도도 낮은) 밑바닥 일자리다. 1992~2010년 사이 서방 세계에서 고숙련과 저숙련 일자리는 증가했지만 중간 숙련도의 노동자 고용 비율은 급격하게 떨어졌다. 억대 연봉과 최저임금으로 양극화한 것이다. 일자리가 줄어들어 실업자가 많아지고 중산층이 점점 얇아지고 있다는 얘기다.

우리나라도 예외가 아니다. 정부가 각종 일자리 대책을 내놓고 있지만 반응이 시답잖다. 박근혜 정부는 청년들에게 "중동으로 가라" 하고 문재인 정부는 "아세안으로 가라"고 했다가 청년들에게 "니가 가라"는 핀잔을 받았다. 대책 중에는 중소 · 중견기업 취업 청년에게 연봉을 보전해 준다는 내용도 있었다. 하지만 청년들은 중소 · 중견기업을 그다지 선호하지 않는다. 임금뿐 아니라 미래비전, 근무환경, 복리후생 등을 고려한 때문일 게다. 대기업은 실적이 좋아도 고용이 늘지 않으니 양질의 일자리가 늘 부족하다. 2017년, 자산 5조 원 이상 대기업은 이익이 55% 늘었는데도 고용은 1% 늘리는 데 그쳤다. 막강한 정규직 노조도 일자리 확산에 걸림돌이다.

노동시장에서 대기업 · 중소기업, 정규직 · 비정규직 등의 계층 구조는 경제 발전 단계에 따른 불가피한 현상일 수 있다. 이나바 신이치로의 〈불평등과의 싸움〉에 따르면, 19세기 말 이후 중화학공업이 주도한 자본주의 경제는 대기업에 의해 자유경쟁이 왜곡된 단계로 이행했다. 통상적으로 기업은 호경기에 고용을 늘리고, 불경기에 조업을 단축하거나 고용을 줄이는 방식으로 대처해 왔다. 하지만 기업 규모가 커지면서 고정자본 설비는 늘고 해고가 어려워지자 새로운 대안을 모색하게 됐다. 그 후유증으로 나타난 것이 노동시장의 중층구조다.

대기업은 오히려 중심부의 고용은 그대로 두고, 말단 업무의 대부분을 별도의 신분이나 방식으로 고용한 노동자에게 맡기거나, 규모가 더 작은 기업에 하청을 주는 식으로 처리하기 시작했다. 경기가 악화하면 그들을 해고하거나 거래를 중단하는 식으로 일종의 '안전판' 형태로 활용하는 것이다. 이 같은 아웃소싱 행태는 모든 기업에서 광범위하게 나타나고 있다. 이런 상황에서 정규직과 비정규직, 정사원과 파트타이머, 모회사와 하청업체 등의 중층구조가 발생했다는 것이다. 이 같은 불평등 현상은 대기업이 시장의 중심으로 자리잡으면서 더욱 심화했다.

불평등 계층구조를 어떻게 해소할 것인가, 하는 점이 정부나 학계의 관심사로 떠오르고 있다. 토마 피케티의 〈21세기 자본론〉이 세계적 관심을 불러일으킨 것도 그런 흐름 때문이다. 소득주도 성장이나 최저임금 대폭 인상도 마찬가지다. 신이치로는 불평등에 관심을 갖고 이를 해결하고자 하는 논의가 봇물처럼 터져 나오는 분위기를 '불평등 르네상스'로 이름 붙였다. 그는 "불평등 르네상스는 불평등 그 자체는 물론이고 분배와 생산, 성장과의 관계에 대한 관심의 부활을 의미한다"고 했다. 풍성한 논의와 바람직한 결말이 필요할 때이다.

세금을 많이 내면 바보일까

세금을 많이 내는 사람이 존경 받는 나라도 많다. 하지만 우리는 세금을 많이 내면 바보 취급을 하는 경향이 있다. 그러다 보니 세금을 피하기 위해서 각종 불법과 편법이 난무한다. 현금을 내면 물건값이나 음식값을 깎아주기도 한다. 노골적으로 탈세를 하겠다는 것이다. 청문회 대상이 되는 공직자 후보들도 예외 없이 부동산 거래에서 다운계약서를 작성하거나, 상속세 등을 납부하지 않은 것으로 드러난다. 탈세가 횡행하는 원인 중 가장 중요한 것은 우리 사회에서 조세 정의가 제대로 구현되지 않기 때문이다. 세정 당국이 세금을 걷어야 할 대상을 빈틈없이 파악하지 못하는 데다, 세금 부과에서 형평성을 잃었기 때문이다.

조세에서 꼭 지켜야 할 원칙이 몇 가지 있다. 그중 하나가 조세평등주의다. 조세는 국가 공공경비를 국민에게 강제로 배분하는 것으로, 국민의 조세부담 능력에 따라 공평하게 배분되어야 한다. 국민건강증진이라는 미명하에 담뱃세를 인상한 것이 조세평등주의를 위반한 대표적 사례다. 명목과 속셈이 다르기 때문이다. 담배의 주요 소비 계층은 서민이다. 간접세는 징세가 편리하고 조세 수입 확보가 용이하다. 게다가 누진이 아닌 비례 세율이 적용되기 때문에 소득이 적은 자에게 상대적으로 조세부담률이 높다. 또 하나의 중요한 원칙은 조세법률주의다. 박근혜 정부에서의 연말정산 환급 소급 적용 소동은 명백히 이 원칙을 위배한 사례다.

더욱이 조세 정책을 잘못 운영하면 국가가 재난에 빠질 수 있다. 미국에 체류하던 시절, 처음 만난 많은 한국 교민들이 멋진 집과 벤츠나 렉서스 등 고급 승용차를 여러 대 갖고 있어 놀랐다. 50만~100만 달러의 고급 주택에, 자녀들까지 고급 승용차를 통학용으로 몰고 다녔다.

하지만 첫 인상의 실체는 곧 밝혀졌다. 이는 결국 조지 W. 부시(재임 2001~2009) 정부의 감세 정책에 따른 일종의 과소비의 결과로, 미국이 서브프라임 모기지(비우량 주택담보대출) 금융 위기를 맞게 된 주요 원인이었다. 집을 사려면 은행에서 돈을 빌린 뒤 이자와 원금을 갚아야 한다. 현지 사람들은 이를

'payment(분할 납부금)'라고 한다. 대개 집값의 10% 정도만 현금으로 확보하면, 나머지는 금융기관에서 쉽사리 대출을 해주는 위험한 구조였다.

특히 자영업자들은 이 주택 분할 납부금과 차량 구입 금액 등에 대해서 세금 공제를 받기 때문에 이를 적극적으로 활용한다. 일종의 비용 처리다. 게다가 집값이 계속 오를 때라 채무에 대한 리스크 관리는 뒷전이었다. 슈퍼마켓, 세탁소, 식당 등을 운영하는 자영업자들은 세금을 내느니 좋은 주택과 차량을 구입해 풍요를 즐겼고, 덕분에 건설업과 자동차업계는 매출이 폭발, 호황이 계속됐다. 하지만 주택 거품이 일시에 꺼지면서 미국은 금융위기를 맞았고, 엄청난 재정 적자라는 후유증을 앓게 됐다. 감세→소비 급증→거품 호황→금융 위기→재정 적자 급증의 순으로 사태가 진행된 것이다. 감세 정책의 위험성을 알리는 대표적인 사례다.

세금은 국가 단위에서 보면 일종의 분배 행위다. 많이 번 사람이 많이 내는 것이 조세 형평에도 맞다. 덕분에 여유 있는 사람과 형편이 어려운 사람들이 세금을 매개로 공존하는 것이다. 미국 서부 개척시대에는 세금을 많이 내는 사람이 존경을 받았다. 국가 체제가 제대로 정비되지 않은 상황에서 무장 갱단이 활보하던 때였다. 보안관 정도로는 치안이 충분하지 않았다. 마을을 지키기 위해서는 무기 구매 등에 많은 돈이 필요했다. 돈을 많이 번 상인이나 대규모 농장주가 더 많은 치안 분담금을 내면서 마을 수호에 기여했고, 그 액수만큼 주민의 칭송을 받았다. 하지만 지금의 미국 기업들은 절세를 위해 본사를 유럽 등지로 옮기는 사례가 빈번해 비판을 받는다.

조세(租稅)의 조(租)와 세(稅)에는 둘 다 벼 '화(禾)'가 들어 있다. 세(稅)에는 바꿀 '태(兌)'도 들어 있다. 태(兌)는 '빼내다'는 뜻도 있어, 수확한 벼(쌀) 가운데 일부를 국가가 세금으로 빼내 간다는 말이겠다. 본래 조(租)는 수확물 일부를 땅 주인에게, 세(稅)는 국가에 바치는 것을 의미했으나 나중에는 구분이 없어졌다. 지금으로 따지면 국가가 법인이나 국민의 수입 일부에 세금을 매겨 빼내 간다는 의미다. 동서양을 막론하고 세금이라고 하면 늘 국가에게 '뜯기는' 것이라는 느낌이 없지 않다.

종합부동산세 등 증세 방침을 둘러싸고 한동안 논쟁이 벌어졌었다. 필요할 때는 과감하게 세금을 올려야 한다. 하지만 정치권은 증세는 없이 무상 복지를 늘리려는 성향이 강하다. 여야를 가리지 않는다. 그 바람에 새정부가 들어설 때마다 무상 시리즈 예산은 기하급수적으로 늘고 있다.

정무권 연세대 글로벌행정학과 교수는 공저 〈외환위기 이후 한국 사회의 변화〉에서 "분명한 것은 복지 개혁을 뒷받침하기 위해 어떤 방식이나 수준으로든 복지 재정을 확보해야 한다는 것"이라고 설명한다. 그는 그러나 "IMF 경제 위기 이후 실시된 구조조정으로 양극화와 빈곤이 심화되었고 가계 부채는 더욱 증가했다. 이는 한국 경제에 저성장 기조를 불러왔고 증세를 위한 정치적 동원(動員)을 더 어렵게 만들었다"고 말한다.

가관인 것은 증세 작명을 둘러싼 정치권의 신경전이다. 더불어민주당이 야당 시절 만든 '부자 증세'가 명쾌하지만, 부정적 이미지를 준다는 게 부담스런 모양이다. 정부 출범 초기 '증세는 없다'고 한 것을 번복하기 민망했던지, '핀셋 증세' '존경 과세' '사랑 과세' '슈퍼리치 증세' 등 온갖 윤색한 말로 대체하려고 했다. 소득 재분배 차원으로 보아 마땅하나, 부자들에게까지 인심을 잃지 않으려고 몸부림친다. 반면 야당은 '세금 폭탄' '징벌 증세' 등으로 반격했다.

일본 심리학자 나이토 요시히토는 〈말투 하나 바꿨을 뿐인데〉에서 '라벨 효과'를 소개했다. 예를 들어 "넌 마음이 굉장히 넓구나. 누구에게나 친절하구나" 라는 말로 상대방에게 '마음 넓고 친절한 사람'이라는 라벨을 붙여주면 실제로 상대방은 마음이 넓어지고 불친절한 행동을 하지 않는다는 것. 반면 "넌 쓸모 없어"라는 말로 '쓸모없는 사람'이란 라벨을 붙이면 멀쩡한 사람도 쓸모없이 되어 간다.

같은 값이면 다홍치마라지만, 세금에 이런저런 이름을 갖다 붙이는 것은 부질없다. '소득 있는 곳에 과세 있다'는 원칙에 충실하다면 국민은 명칭 따위 개의치 않을 것이다.

주주와 지주,
CEO와 마름,
종업원과 농노

자본주의가 태동하기 전인 봉건주의 사회에서도 일종의 CEO가 있었다. 지주를 대리해서 소작권을 관리하던 '마름'이라는 존재가 그것이다. 사음(舍音)이라고도 했다. 마름은 소작농들을 쥐어짜 소출을 지주에게 바친다. 그 중간에서 마름들도 소출의 일부를 챙긴다. 하지만 소출이 적으면 지주들이 마름을 못살게 굴거나 쫓아내는 일도 허다했다. 이 과정에서 마름에게 시달리던 소작농들이 소작권을 빼앗기면 유민(流民)으로 전락했다. 그래서 "지주보다 마름이 더 밉다"는 말이 나왔다.

요즘 자본주의에 이런 구도를 대입하는 학자들이 있다. 콜린 메이어 옥스퍼드대 교수는 〈왜 우리는 기업에 실망하는가〉에서

"하층계급이 지주계급에 복종하는 잘 짜인 계층 구조는 오늘날 기업의 모습으로 위장하여 아직도 살아 숨쉬고 있다. 주주가 지주를 대체했고, 펀드매니저 · 사모펀드 투자자가 토지 대리인을 대체했고, 노동자가 토지를 경작하는 대신 금고를 채워주는 셈"이라고 분석했다.

저널리스트 츠츠미 미카는 〈주식회사 빈곤 대국 아메리카〉에서 대형 식품업체에 점령당한 미국의 농장을 '주식회사 노예농장'으로, 영세 농장주를 '현대판 노예'로 규정했다. 양계장을 운영하던 농부들은 샌더슨팜스와 같은 미국의 대형 닭고기 업체들의 꼬임에 넘어가 노예계약을 체결해 빚만 잔뜩 지고 결국은 노예 상태로 전락한다. 대형 식품업체가 임의로 정하는 계약 내용에 대해 농장 주인은 불복할 수 없다. 츠츠미는 이 같은 미국 농장의 실태를 '농노제의 부활'이라고 꼬집었다.

이 같은 관계는 지금의 자본주의 체제에 대입해 봐도 크게 무리가 없다. 지주를 대주주, 소작농을 종업원, 마름을 CEO로 바꾸면 이해가 쉽다. 대주주로부터 경영권을 위임 받은 CEO는 직원들을 쥐어짜서 좋은 실적과 많은 이익을 내야 한다. 그래야 임기를 보장받거나 연장할 수가 있고 인센티브도 두둑하게 챙길 수 있다. 하지만 실적이 부진하면 언제든 주주로부터 해고를 당할 수 있다. 직원들도 CEO의 눈밖에 나면 실직 위험에 처한다. 그나마 다행인 것은 봉건시대와 달리 노동조합도 있고, 해고가 자유롭지 않은 직종이 많아 일반 직원들의 삶이 그때보다는 나아졌다는 점이다. 또 자영업에 뛰어들어 돈을 좀 번 사람들은 이 같은 굴레에서 벗어날 수도 있다.

2014년 편의점 점주의 잇단 자살로 '현대판 소작제'라는 말이 등장했다. 편의점은 가맹 본부의 요구에 따라 밤샘 영업을 하지만 돈벌이는 시원치 않다. 자영업에 뛰어든 사람들은 주로 별다른 기술이 없는 퇴직자들이다. 특히 가맹점 형태의 창업이 많다. 이들은 창업 이후에도 '갑질'을 하는 가맹 본부의 횡포에 시달린다. 이제는 최저임금 인상이라는 정부 정책에까지 시달려 위기를 맞고 있다. 매상은 줄고 빚만 늘고 있으니 소작농이나 다름없다는 한탄이 나올 수밖에.

2000년대 초반, 유럽식 '이해관계자 중심 자본주의(Stakeholder Capitalism)' 개념이 주목을 받은 적이 있었다. 미국식 '주주 중심 자본주의(Stockholder Capitalism)'와 달리 주주는 물론, 기업주, 경영자, 종업원, 고객, 노동조합, 경쟁사, 하청업체, 지역 주민, 소비자 단체, 환경 단체 등 기업과 이해관계를 공유하는 주체들을 모두 배려하는 방식이다.

박정희 정권 이후 1970~80년대 우리나라도 지금의 중국처럼 국가가 경제를 책임지고 관리하면서 상당기간 국가자본주의 형태의 체제를 운영해왔다. 그러다 1990년대 말 외환위기를 겪은 이후 미국식 주주자본주의로 이행하는 경향을 보여왔다. 그

후 정리해고, 구조조정 등으로 이해관계자들이 대거 회사 조직과 유리되면서 우리 사회에 양극화가 심각해졌다.

미국의 칼럼니스트 윌리엄 파프에 따르면 미국식 자본주의 모델에 근본적인 변화가 일어난 것은 1970년대 이후였다. 2차 세계대전이 끝난 후 오랫동안 서방에 확산됐던 이해관계자 모델이 이 즈음부터 주주자본주의 모델로 대체된 것이다. 이해관계자 모델에서 기업은 종업원의 복지는 물론 법인세 납부를 통해 공동체에 대해 책무를 이행한다. 하지만 주주자본주의에서는 CEO들이 주주들을 위해 주식 가치나 배당금 등의 단기 이익을 창출하는 데만 집중한다. 따라서 종업원이나 이해관계자들이 이익에서 배제 당한다. 윌리엄 파프는 이런 방식을 'CEO 자본주의'라고 명명한 바 있다.

지금 우리 사회의 이슈가 되고 있는 불평등 논의는 '주주자본주의'와 '이해관계자 모델' 사이의 어느 지점쯤에 우리 자본주의를 위치시킬 것인가, 라는 문제의식과 맥이 닿아 있다. 한 가지 분명한 것은 이해관계자 모델로 점차 근접시켜야 한다는 점이다. 하지만 칼자루를 쥔 주주와 CEO들은 자신들의 이익에 골몰할 뿐, 이해관계자 배려에 인색하다는 것이 문제다.

라구아디아 판결과 장발장 은행

미국의 대공황 시절 피오렐로 라구아디아(Fiorello LaGuardia, 1882~1947) 판사의 명판결은 오랫동안 미국뿐만 아니라 세계 각국에서 자주 인용되고 있다. 그가 뉴욕 지방법원 판사로 있을 때 한 할머니가 절도죄로 법정에 섰다. 할머니는 눈물을 흘리며 “딸이 이혼한 뒤 아파 누워 있고, 손자들이 굶주리며 울고 있어 빵을 훔쳤다”며 선처를 호소했다.

라구아디아 판사는 진술을 들은 뒤 할머니에게 벌금 10달러를 내라고 했다. 어쨌거나 법을 어겼기 때문이다. 그리고는 방청객을 향해 할머니가 빵을 훔칠 수밖에 없도록 만든 이웃들도 함께 벌금을 내야 한다고 판결했다. 그는 먼저 자신이 10달러를 내고 방청객들에게 50센트씩을 걷어 벌금을 공제한 나머지 돈을 할머니에게 주었다. 눈을 가린 채 저울과 칼을 든 '정의의 여신' 유스티치아(Justitia)가 눈가리개를 풀고 눈물을 보인 셈이다.

이 '라구아디아 판결'은 대공황에 찌들려 있던 미국 국민들에게 신선한 감동을 선사했다. 라구아디아 판사는 이후 뉴욕시장을 세 차례나 역임했다. 그가 비행기 사고로 사망한 뒤 미국 정부는 뉴욕의 국제공항과 예술학교에 그의 이름을 붙여 기리고 있다. 라구아디아 공항과 라구아디아 예술학교가 그것이다.

천주교 서울대교구장 염수정 추기경이 국회를 방문한 적이 있다. '장발장 은행'의 1일 은행장 자격으로 간 것이다. 염 추기경은 이 자리에서 가난한 사람들이 사소한 범죄를 저질러도 벌금을 미납하면 징역형을 살게 하는 현행 벌금제도의 개정을 호

피오렐로 라구아디아 판사는
가난한 자를 위한 명판결로 유명하다.

소했다. 그는 "개인적인 안락 추구와 무관심의 일반화가 가난한 이에 대한 책임까지 미약하게 한다"는 프란치스코 교황의 담화문을 인용하면서 "누군가의 도움으로 일어선 그들이 다시 한 번 정의로운 사회인으로 살아갈 수 있도록 사랑과 관심을 보여야 한다"고 호소했다.

'파리의 택시 운전사' 홍세화가 설립한 장발장 은행은 벌금을 마련하지 못해 노역을 살게 된 사람들에게 무이자, 무담보로 돈을 빌려주겠다는 취지에서 2015년 2월에 발족했다. 거치 기간은 6개월, 1년에 걸쳐 분납하면 된다. 장발장처럼 배가 고파 먹을 것을 훔친 이를 비롯해, 단순 절도나 폭행, 도로교통법 위반 등으로 100만원 안팎의 벌금을 내지 못한 사람들이 주고객이다.

벌금형의 경우 한달 내에 일시불로 완납하지 않으면 노역형 처분을 받는다. 결국 매년 수만 명이 가난 때문에 감방에 간다. 장발장 은행 인터넷 홈페이지에는 "적어도 가난이 곧 교도소인 사회를 조금이라도 고쳐보자, 소득 불평등이 곧 형벌 불평등인 사회를 넘어서 보고자 무담보 · 무이자 인간신용 은행을 시민들이 나서서 설립키로 했다"고 설립 취지가 소개되어 있다. 1988년 탈주범 지강헌이 절규했던 '유전무죄 무전유죄(有錢無罪 無錢有罪)'와도 상통하는 측면이 있다.

지금 우리 사회는 빈부 격차와 소득 불평등 문제가 매우 심각하다. 특히 경제가 성장을 지속할 때는 과실이 사회적 최약자들에게 조금이나마 돌아가는 윈윈(win-win) 상태가 유지된다. 하지만 성장이 둔화하거나 멈추면 가진 자에게 유리해지는 제로섬(zero-sum) 국면으로 돌아선다. 이미 1997년 외환위기 때 경험했듯이 이때가 사회적 최약자들에게는 가장 위험한 순간이다. '송파 세 모녀' 같은 사건이 줄줄이 이어지는 것이 대표적인 사례다.

우리뿐만 아니라 세계 경제는 이미 성장 침체 국면에 돌입했다. 성장은 국민들을 행복하게 만드는 수단일 뿐, 목표는 아니다. 따라서 장기침체 국면에서는 성장보다 불평등 해소가 급선무다. 그래서 생존의 한계선을 넘나드는 사회적 최약자들을 보호하기 위해 이웃의 돈을 걷어서 주는 '라구아디아의 지혜'가 시급한 것이다.

지하경제, 화폐의 종말, 0과 1의 조합

"궤기(詭寄)하다"는 말이 있다. 이는 중국 당 · 청나라 시절, 논밭을 소작인이나 가난한 사람의 이름으로 바꾸어 탈세를 한다는 의미다. 조선시대에는 여결(餘結), 은결(隱結)이라는 용어가 있었다. 탈세를 목적으로 토지대장인 양안(量案)에 부분적으로 올리지 않은 토지의 결수(結數), 전세(田稅)의 부과 대상에서 부정 · 불법으로 누락시킨 토지를 각각 말한다. 예전부터 차명으로 토지를 소유하거나 재산을 은닉해 세금을 피해가는 것이 흔한 수법이었고, 이를 찾아내려는 국가의 노력도 상당했다.

현대에 와서도 다르지 않다. 지하경제를 양성화해 숨겨진 세금을 걷어 복지 재원을 마련하겠다는 것이 대통령 후보자들의 야심찬 공약이었다. 300조 원을 넘는 것으로 추산되는 지하경제를 양지로 끌어낸 뒤 매년 세금을 걷어 복지재원으로 충당하겠다는 것이다. 지하경제는 사채놀이, 범죄, 절도, 마약거래, 매춘 등의 불법 행위는 물론, 기업의 비자금 조성 등도 해당이 될 수 있다. 모두 세정 당국의 세원에 포착되지 않는 것으로 그 규모가 우리나라 1년 예산에 버금간다고 한다.

쉬운 예를 들어보자. 안경점에 안경을 사러 갔을 때 신용카드가 아닌 현금으로 구매하면 10%를 할인해주겠다는 제의를 받을 때가 있다. 이때 현금으로 할인 받아 구매를 하면 지하경제를 이용하는 것이 된다. 미국 같은 나라에서도 흔한 일이다. 미국 내 한국 음식점 주방장 중에는 멕시코 출신 불법 이민자가 많다. 김치찌개도 제법 그럴싸하게 만든다. 한국인 고용주가 장부에 기록하지 않고 최저임금 이하의 급여를 현금으로 불법 이민자에게 지급하며 값싸게 부리고 있기 때문이다. 그래서 지하경제를 현금경제(cash economy)라고도 한다.

사실 정권 교체기마다 지하경제 양성화를 이슈화했다. 김영삼 정부가 출범하면서 전격적으로 실시된 금융실명제는 지하경제 자금을 지상으로 끌어올린 성공적인 시도로 평가된다. 하지만 금융실명제는 공식 경제 부문에 참여하고 있던 각종 자금이 차명 계좌를 통해 지하경제의 영역으로 숨게 만드는 부작용을 낳기도 했다. 경제연구소의 분석에 따르면 우리나라 지하경제 규모는 1970년대 말 정점이었다가 1980년대에는 평균 37%, 1990년대 24%, 2000년 이후는 20% 등으로 지속적으로 하락했고 지금은 10%대 정도로 추산하고 있다. 외환위기 이후 기업 투명성 증대, 신용카드 사용 활성화, 전자상거래 확산 등으로 자영업자의 소득이 노출되어 세원으로 잡히게 되면서 규모가 줄어든 것이다.

지하경제 규모는 국민의 소득 수준과 반비례하는 경향을 보인다. 1인당 국민소득이 낮은 저개발 국가들의 경우 지하경제 규모가 30~40%를 넘는다. OECD 회원국 중에서도 터키나 멕시코는 30%를 넘고, 반면 독일, 핀란드, 덴마크 등은 16~17% 수준으로 나타난다. 그리스와 이탈리아는 아예 지하경제 규모를 국내총생산(GDP) 통계에 집어넣었다.

하지만 징세 대상을 발굴하는 것이 그리 만만한 작업은 아니다. 경제성장률이 둔화하고 세수가 부족한 시점에서 지하경제를 양성화해 탈세를 막고 세수의 기반을 넓히겠다는 것인데, 세원 포착을 위해서는 많은 인력과 고도의 기술력이 필요하기 때문이다. 또 무차별적으로 징세를 할 경우 자영업자나 서민들에게 지나친 부담이 될 수 있다.

우리나라는 2015년 기준 직접세 비중이 57.3%, 간접세 비중이 42.7%였다. 직접세 비중이 월등히 높은 국가는 미국(93.1%), 캐나다(79.0%), 호주(72.6%), 노르웨이(64.4%), 벨기에(61.2%),

아일랜드(60.6%) 등이다. 우리는 간접세 비중이 높은 편이라 세금의 소득 재분배 효과가 여타 선진국들에 비해 매우 적다. 직접세인 소득세의 경우 소득이 높을수록 많이 낸다. 반면 간접세인 부가가치세의 경우 소득에 상관없이 내기 때문에 저소득층에게 불리하다.

지하경제를 줄이자는 데는 이견이 없다. 현금 거래와 차명 거래를 통한 탈세, 고질적 조세 포탈, 대기업, 자산가, 고소득 자영업자 등의 은닉 재산을 파악하자는 것이다. 쉬운 일은 아니지만 '현금 없는 경제'가 대안이 될 수 있다. 조폐공사가 불필요해진다. 그래서 '조폐보안공사'로 이름을 바꾸자는 의견도 있다. 화폐의 종말이 시작된 건지 모를 일이다.

1993년 〈돈의 죽음〉을 쓴 월터 조엘 커츠먼은 "돈이란 전화선을 통해서 광섬유 고속도로를 통해서, 위성을 통해서, 전파중개소를 통해서 전송되는 (…) 연산의 기본 단위, 곧 0과 1의 조합에 지나지 않으며 만질 수도 없으며 감촉도 없고 무게나 중량감이 느껴지지 않는, 이제 돈은 이미지다"라고 했다. 그의 말대로 이미 탈물질화한 돈은 지금 정보의 형태로 지구 반대편까지 광속으로 전달된다. 신용카드를 비롯해 삼성페이, 카카오페이, 가상화폐 등이 출현하면서 돈은 이제 손 안의 은행인 휴대폰을 통해 정보로 처리되는 세상이다.

하긴 일상을 보면 현금이 필요 없는 시대다. 집에서 나와 편의점에서 커피나 음료수를 신용카드로 사고, 전철은 교통카드로 찍고 출근한다. 점심 저녁 술자리, 밤늦게 택시를 타고 귀가할 때도 현금은 없어도 된다. 100원짜리 동전 하나 없이 돌아다녀도 불편함이 없다. 가장의 권위를 상징하던 월급봉투는 사라진 지 20년은 족히 됐다. 물론 당구나 골프 내기를 할 때나 경조사비를 낼 때 외에는, 기껏 길거리에서 김밥이나 버터로 구운 토스트를 사먹을 때나 현금 몇 푼이 필요하다.

돈과 관련된 한자에는 조개 패(貝) 자가 많이 들어 있다. 고대 사회에서는 조개껍데기가 돈처럼 쓰였기 때문이다. 매매(賣買), 재(財), 보(寶), 탐(貪) 등에 그 흔적이 남아 있다. 로마시대에는 소금이 화폐로 사용됐다. 영어로 월급(salary)이 소금(salt)에서 유래했다는 것은 익히 알려져 있다. 자본(capital)도 예전 아프리카와 유럽 등지에서 교환 수단으로 사용됐던 소(cattle)와 같은 어원에서 나왔다. 이후 동전과 지폐가 출현했으나, 이젠 기술 개발을 통해 신용카드, 디지털화폐 등이 등장하면서 돈은 사이버 세계의 몫이 됐다.

경제의 비효율을 개선하고 성장을 유도하기 위해 '현금 없는(cashless) 사회'를 추진해야 한다는 목소리가 커지고 있다. 이미 이스라엘은 2014년 5월 '세계 최초의 현금 없는 국가추진위원회'를 발족시켰고, 프랑스도 2015년 9월부터 현금 결제 상한액을 1,000유로(약 125만원)로 제한하고 있다. 스웨덴에서는 수년

내 현금 사용률이 0%가 될 거라는 얘기도 나오고 있다.

캐시리스 사회를 추진하는 이유는 화폐 발행 비용도 줄이고, 지하경제 규모를 축소해 세수를 확충할 수 있기 때문이란다. 하긴 5만원권 지폐가 불법 도박업자들의 손에 들어가 마늘 밭에 파묻혀 보관되는 세상이니 그런 주장이 나올 만도 하다.

2장

성장 신화의 종말

아노말리(Anomaly)와 뉴노멀(New Normal)

"문제는 일자리야, 바보야!"

1992년 미국 대통령 선거에서 빌 클린턴이 조지 부시를 누르고 백악관에 입성하게 해준 캐치프레이즈 "문제는 경제야, 바보야!(It's the economy, stupid!)"를 패러디해 보았다. 유사한 책 제목도 있고 언론 칼럼에도 자주 언급되는 걸 보면 일자리 창출이 경제 살리기의 핵심이라는 것에 대대수 의견이 일치하는 듯하다.

일자리가 빈곤을 해결하고 각종 사회 갈등을 줄여나가는 최적의 수단이지만 지금처럼 성장이 더디면 일자리 창출은 요원해진다. 경제를 둘러싼 주변 환경은 점차 험난해지고 있다. 저성장은 물론 가계부채 증가 등 각종 악재가 누적되고, 이 악재의 늪에서 허우적거릴 뿐 경제가 갈피를 잡지 못하고 있다. 더욱이 미국과 중국의 무역전쟁으로 대(對)중국 수출은 물론 우리나라 전체 수출 규모도 대폭 줄어들고 있다. 수출 주도 국가의 입장에서 무역전쟁의 여파를 온몸으로 실감하는 나라가 우리다.

지금 세계 경제는 일부 국가를 제외하면 저성장 기조가 뚜렷하다. 과거처럼 연 10%씩 고속 경제성장을 하는 나라는 더 이상 찾아볼 수 없다. 중국도 경제성장률 목표를 하향 조정해 '중속 성장'을 목표로 삼았다. 성장 속도를 조절하겠다는 뜻이다. 시진핑 국가주석은 '신상태(新常態, 신창타이)'를 강조하고 있다. 신상태란 고속 성장이 끝나고 중 · 고속 성장이 새로운 정상(正常)으로 받아들여지는 '뉴노멀(New Normal)' 시대를 의미한다.

이를 토마스 쿤의 패러다임 이론에 빗대어 설명해 보면 기존 성장 패러다임으로 설명할 수 없는 아노말리(Anomaly, 비정상)들이 발생하면서 뉴노멀이 등장한 것이다. 예를 들면, 금리를 인하해도 돈이 돌지 않고 부동산 경기는 오히려 후퇴하는 등 기존 이론이 먹혀들지 않는 것이다. 수출이 아무리 늘어도 낙수효과가 별로 나타나지 않는다. 이런 아노말리가 자주 발생하면 이를 해결할 새로운 패러다임의 등장이 필요하다. 그래서 뉴노멀이 탄생한 것이다.

이병남 전 LG인화원 원장은 〈경영은 사람이다〉에서 "산업화의 초기 여건은 정보화의 첨단시대를 개척하는 21세기 여건과 판이하다. 이는 생산 품목과 유통 양식의 변화나 자본과 산업 규모를 확장하는 차원이라기보다, 이를 구상하고 제작하고 소비하는 사람들의 생활과 소통 방식, 무엇보다 감수성과 사유 방식이 달라졌다는 점에서 이전 경제학이나 경영학과는 다른 관점, 새로운 사유의 패러다임이 요구되는 것"이라고 주장한다.

그는 또 우리 경제에 대해 "현재 한국의 시장 생태계는 다양성의 잠재적 힘을 살려내지 못하고 있다. 시장 생태계의 특정 서식지를 차지한 건강한 생명체로서 나머지 생명들과 공생해야 할 기업들이, 이를테면 중공업에서 첨단 IT산업, 의식주의 모든 사업 영역을 망라하고, 거기에다 거대한 금융과 유통까지 장악하면서 스스로 시장 생태계가 되려고 한다면, 이는 다양성과 공생이라는 생태계 발전의 기본 원칙을 무시하는 것으로서 조만간 공멸의 길로 접어들 수 있는, 대단히 난감한 현상"이라고 분석한다.

남북 관계에서 탈출구를 기대하는 사람들도 많다. 특히 인건비 비중이 큰 중소기업 경영자들은 통일이 마지막 희망이라는 얘기를 자주 한다. 하지만 현재로서는 통일 대박을 터뜨릴 가능성은 로또에 당첨될 확률만큼이나 낮아 보인다. 따라서 패러다임의 전환에 빠르게 적응하는 것이 급선무다. 이제는 과거와 같은 급속 성장은 우리나라에서 나타날 가능성이 거의 없을 것이다. 따라서 우리에게 남겨진 것은 저속 성장을 견딜 수 있도록 경제 토대를 다듬는 길뿐이다.

레인메이커를 기다리며

외환 위기가 수습되고 벤처 붐이 일었던 2000년 초 포르투갈의 수도 리스본에 간 적이 있다. 1998년 리스본에서 해양박람회가 열렸고, 한국이 해양박람회 유치전에 뛰어들 채비를 할 때였다. 바다로 통하는 테즈 강변에서 '항해 왕자'로 유명한 엔히크(Henrique, 1394~1460) 왕자 사후 500주년 기념비를 보았다. 50미터 높이의 거대한 기념비에는 유럽에서 인도로 가는 길을 개척한 바스코 다 가마, 인류 최초로 지구 일주 항해를 한 마젤란 등 포르투갈의 영웅적 탐험가들이 조각되어 있었다. 가이드는 "당시 항로와 식민지 개척은 지금으로 보면 일종의 벤처기업이다"라고 했다. 야심만만한 젊은 인재들이 국왕에게 탐험 계획서를 제출하면 국왕이 검토해 선박과 필요한 자금을 대준다. 목숨을 담보로 탐험을 하지만 성공하면 엄청난 보수를 챙겼다. 당시 농경사회와는 전혀 다른 차원의 신산업 동력을 발굴한 것이다.

덕분에 포르투갈은 일찍이 '대항해 시대'의 선두주자로 나섰다. 엔히크 왕자는 직접 아프리카 서해안을 따라 인도로 가는 길을 탐험했다. 이탈리아 출신 콜럼버스(1451~1506)는 포르투갈 국왕에게 지원을 요청했다가 거절당한 뒤, 스페인 이사벨라 여왕의 지원을 받아 대서양을 횡단해 신대륙을 발견했다. 수많은 젊은이들이 불나방처럼 항로 개척에 뛰어들어 목숨을 잃는 바람에 포르투갈은 이후 상당 기간 인재난에 시달리게 되었고 이는 곧 국가의 쇠퇴로 이어졌다.

당시 항로 개척은 탐험 정신은 물론 혁신기술이 있어야 가능했지만 벤처기업처럼 성공 확률은 극히 낮았다. 항로 개척의 리스크를 함께 짊어지는 보험업이 발달한 것도 이때부터였다. 하지만 불굴의 모험 정신 덕분에 포르투갈은 한동안 세계 곳곳에 식민지를 건설하고 해양 강국으로 우뚝 설 수 있었다.

경제계의 화두는 늘 '혁신'과 '기업가정신'으로 요약된다. 이는 신대륙 개척과 같은 새로운 성장동력을 찾으라는 요구이기도 하다. 하지만 지금은 창업 1세대인 정주영, 이병철과 같은 모험적이고 기업가정신으로 충만한 인물들을 더 이상 찾기가 힘들어졌다.

짐 클리프턴 갤럽 회장이 〈일자리 전쟁〉에서 주장한 혁신과 기업가정신의 상관관계가 설득력이 있어 보인다. 그는 세계 곳곳에서 혁신은 드물지 않지만, 많은 혁신들이 상업화에 성공하지 못하는 것이 문제라고 진단한다. 미국과 인류를 발전시킨 것은 인터넷의 발명보다 인터넷의 상업화였고, 뛰어난 기업가들은 새로운 일자리를 창출하고 수요와 소비를 증가시켰다는 것이다. 그는 "세계에서 가장 찾기 어렵고, 부족하며, 보기 드문 에너지와 재능은 바로 기업가정신"이라며 "이를 희귀한 세일즈 기술, 천재적인 비즈니스 모델 설계, 혹은 레인메이킹(rainmaking)이라 부르기도 한다"고 했다.

레인메이커(rainmaker)는 가뭄 때 비를 오게 하는 인디언 주술사를 의미하는데, 신규 사업으로 대박을 터트리는 존재를 일컫는다. 애플의 스티브 잡스나 마이크로소프트의 빌 게이츠, 중국 알리바바 그룹의 마윈, 일본 소프트뱅크의 손정의 등이 대표적인 예이다.

우리는 어떤가. 우리 경제를 이끌어가는 쌍두마차는 삼성전자와 현대자동차다. 세계 경제 전선에서 선전하고 있으나 이들 기업에게서 스티브 잡스나 빌 게이츠의 그림자를 찾기란 쉽지 않다. 하드웨어는 강하나 소프트웨어는 맥을 못 춘다. 그렇다고 기업가정신으로 무장한 새로운 기업이나 인물도 눈에 띄지 않는다.

이영환 동국대 경제학과 교수는 〈코리아 디스카운트 vs 코리아 프리미엄〉에서 "재벌의 압도적인 우위는 기업가정신으로 무장한 새로운 기업의 등장에 커다란 장애물이다"라고 주장한다. 샐러리맨의 신화 팬택 박병엽의 몰락이 하나의 사례다. 휴대폰 업체 경쟁력이 기술력이나 품질보다 브랜드파워와 대기업의 보조금 위력에 좌지우지됐기 때문이다. 그뿐 아니다. 재벌의 후예들은 모험정신은커녕 사고만 치고 다니고, 선대가 쌓아 놓은 명성에 먹칠이나 하고 있다.

실패를 용인하지 않는 우리 벤처기업 생태계도 큰 문제다. 한 번 실패하면 영원히 나락으로 떨어진다. 물론 모험이 없으면 대박도 없다. 하지만 실리콘밸리의 성공은 숱한 실패 경험의 축적을 통해 가능했다. 혁신과 기업가정신을 가로막는 장애물을 제거하고, 패자부활전이 가능한 생태계를 조성해야 우리나라에서도 레인메이커가 등장할 수 있다.

무게가 없는 경제, 구독경제

에리히 프롬의 〈소유냐 존재냐〉는 소유라는 개념에 대해 다소 거부감을 느끼게 했던 책이다. 실존양식으로 분류하면 두 종류의 인간이 있다는 내용이다. 하나는 소유형(having mode) 인간, 다른 하나는 존재형(being mode) 인간. 소유형 인간은 축적한 돈, 땅, 명성, 신분, 지식, 자식, 기억 등에 얽매여 있다. 반면 존재형 인간은 오로지 '지금, 여기'를 추구한다. 소유와 탐욕을 떠나 존재 자체를 누리는 능동적인 삶이다. 프롬은 이런 관점에서 자본주의의 과잉 소비와 부의 불평등을 비판한다.

미래학자 제레미 리프킨은 다른 관점에서 소유를 본다. 그는 〈소유의 종말〉에서 소유에 대한 새로운 접근법을 제시했는데,

원제목(The age of access)이 말해주듯 시장은 네트워크에 자리를 내주고 소유가 접속(access)으로 바뀌는 추세라고 했다. 재산이 사라진다는 것이 아니라 재산을 빌려주거나 사용료를 물리는 방식으로 전환된다고 보았다. 물적 재산이건 지적 재산이건 교환이나 구매보다는 접속하는 쪽을 선택하는 방식이다. 그는 또 '무게가 없는 경제'라는 개념을 소개했는데, 호텔을 소유하지 않고 호텔 사업을 하고, 자동차 없이 택시사업을 하는 공유경제를 예측한 것이다. 공유경제가 인류에게 주는 가장 큰 미덕은 자원의 낭비를 줄이는 것이다. 여기서 파생한 것이 구독경제(subscription economy)라는 개념이다.

하지만 책이 발간된 2000년에는 미래가 접속의 양식으로 전환될 것인가에 의문을 갖는 사람이 많았다. 그땐 긴가민가했으나 이제 와서 보니 접속 사회로 이행하고 있다는 리프킨의 예측이 딱 맞았다. 리프킨의 개념은 공유경제와 연결되어 있다. 소비 기반 경제는 퇴조하고 공유, 개방, 연결을 특징으로 하는 새로운 경제가 출몰했다.

서울 북창동에는 최근 몇 년 사이에 비즈니스 호텔들이 우후죽순으로 들어섰다. 덕분에 인근 직장인이 자주 애용하던 맛집이 제법 사라졌다. 이곳뿐 아니다. 서울역에서 회현역 쪽으로도 호텔이 많이 들어섰다. 덕분에 오밀조밀했던 골목길은 깨끗해졌지만 근래 들어 휑한 느낌을 지울 수 없다. 한때 서울 거리를 꽉

메웠던 중국인, 일본인 관광객이 줄었기 때문이다.

서울 시내 숙박업소는 객실을 채우지 못해 발을 동동 구른다. 이들 호텔의 공실률이 40~50%에 달한다고 한다. 서울뿐 아니라 전국의 호텔 객실이 판판이 남아돈다. 2011년 711개였던 호텔이 2017년 말 기준 1,617개로 두 배가 넘었다. 외국인 관광객이 획기적으로 늘지 않으면 호텔은 문 닫을 일만 남았다.

숙박 공유업체인 에어비앤비는 숙박업계의 강한 반발로 외국인에게만 제한적으로 허용되면서 활성화하지 못하고 있다. 중국 관광객이 몰려오면서 숙박 시설이 턱없이 부족했을 때 호텔을 추가로 건설하지 않고 에어비앤비 서비스를 서둘러 도입했다면 어땠을까. 지금처럼 호텔업계가 과잉 투자로 몸살을 앓는 일은 없었을 것이다.

최근 '카카오 카풀' 사업에 반대하며 택시기사가 분신하는 등 택시업계가 강력하게 반발하고 있다. "카카오 카풀이 없어도 별로 손해 보는 사람이 없지만, 이 서비스가 도입되면 택시는 모두 죽는다"고 절규한다. 카카오 카풀 논란은 시민과 카카오의 이익, 택시업계의 이익이 충돌하고, 신기술과 기존 기술이 대결하는 대표적 사안이다. 그러나 여론조사 결과를 보면 시민들은 카카오 카풀을 압도적으로 찬성하고 있다. 우왕좌왕하는 동안 날로 진보하는 기술을 실생활에 적용하는 것도 그만큼 늦어진다. 기술 진보는 늘 인류의 생활에 기회이자 위협이 되어왔다. 원자력이나 다이너마이트를 떠올리면 이해가 쉽다. 그래서 '독이자 약'인 **파르마콘**(pharmakon)으로 간주한다.

파르마콘(pharmakon)
약과 독의 상반된 의미를 갖고 있는 용어. 철학자 플라톤은 글을 망각의 치유 즉, 파르마콘으로 언급하면서 '약'이며 동시에 '독'이고, '축복'이며 동시에 '저주'라는 의미로 썼다.

지금 우리에게 당장 시급한 것은 일자리다. 하지만 기술 진보가 곧 고용 창출을 가져오는 것은 아니다. 오히려 첨단 기술자와 막일 노동자, 억대 연봉자와 최저임금 노동자로 양극화시키는 경향이 있다. 첨단 기술을 사용하는 경제는 적은 인원으로 수백만 명의 고객을 상대한다. 또 막대한 부를 창출하지만 일자리 창출에서는 중소기업보다 못할 때가 있다. 특히 인공지능의 광범위한 도입으로 일자리가 대거 축소될 것이라는 우려가 크다.

이런 조짐은 이미 여러 분야에서 나타나기 시작했다. 편의점이나 마트에서 무인 계산대가 늘고 있고, 대학 도서관에도 무인 대출 반납기가 설치되면서 근로장학생이 일자리를 잃는다. 건물 경비도 무인시스템으로 바뀌고 있다. 우버는 드론을 이용한 음식 배달 서비스를 도입해 조만간 상용화할 것이란다. 우리나라에 도입된다면 오토바이로 질주하는 배달원을 보기 어려워질 것이다.

시대를 역류할 수는 없다. 글로벌 변화의 흐름에 뒤처져서는 국가 경쟁력을 잃게 된다. 따라서 정부의 역할이 더욱 중요해진다. 새로운 기술력을 확보한 기업의 진출을 막을 것이 아니라 이들이 얻은 이익을 사회로 환원시킬 통로를 만들어줘야 한다. 낙오하는 사람들을 위해 사회안전망도 더욱 촘촘하게 확충해야 한다. 그리고 다시 일자리 창출에 전념해야 한다. 여전히 사람의 손이 필요한 분야가 있을 테고, 그런 일자리를 만들어내야 하기 때문이다.

피케티 논쟁과 소득 재분배

우리 경제도 이미 미국이나 유럽과 유사한 저성장 국면에 접어들면서 〈21세기 자본〉으로 유명해진 토마 피케티 논쟁에서 자유롭지 못하다. 피케티가 중심 테마로 지적한 '소득 불평등의 해소'가 우리에게도 절박한 과제로 다가왔기 때문이다. 어찌 보면 피케티 논쟁도 '성장이냐 분배냐' 라며 우선순위를 강요했던 우리 사회의 진보 · 보수 논쟁과 무관하지 않다. 단지 피케티의 논점은 통계를 근거로 '더 이상 고속성장은 불가능하다'는 전제하에서 출발하기 때문에 소득 재분배에 치중하는 것이 특징이다.

지속적으로 경제 성장이 이루어질 때는 분배의 목소리가 크지 않다. 완전 고용에 가깝던 시절에는 분배 기능이 자율적으로 작동하는 측면이 있기 때문이다. 반면 지금처럼 저성장 국면으로 접어들고 실업률이 늘어나면 저소득층이 한계상황에 몰리면서 양극화가 심해지기 때문에 분배에 대한 요구가 절실해진다.

피케티는 미국에서 가장 소득이 높은 상위계층 1%의 소득이 국민 총소득에서 차지하는 비율이 2007년에 23.5%나 된다고 했다. 또 1950~1970년대에는 상위 10%가 차지하는 비율이 35%까지 떨어졌던 것이 최근 50%까지 높아지는 등 1980년대 이후 분배가 악화했다고 분석했다. 복지국가를 대표하는 유럽도 35%까지 올라왔다.

우리나라의 경우 피케티의 분석틀을 이용해 유사한 결과를 얻었다. 동국대 김낙년 교수가 국세청 납세 자료를 분석한 결과 소득계층 상위 10%의 점유율이 45%를 넘었다. 미국보다는 낮지만 일본이나 프랑스보다는 높게 나온 것으로, 우리의 소득 불평등 문제도 매우 심각한 수준에 와 있음을 알 수 있다. 사실 이들 분석이 아니더라도 우리 사회는 이미 소득 불평등 문제를 피부로 느끼고 있다.

피케티는 이 같은 불평등의 근본 원인이 자본 수익률 증가 속도가 경제 성장률 증가 속도보다 빠르기 때문이라고 지적한다. 단순히 보면 주식 투자나 부동산, 이자 수입 등 자본 수익을 통해 돈을 버는 사람들의 수익률이 노동력만으로 버는 사람들의 수익률보다 높다 보니 불평등이 심화한다는 것이다.

이제 각국은 초고령 사회를 눈앞에 두고 있어서 고속 성장이 지속되기는 어렵다. 따라서 저성장 국면에서는 자본에 어느 정도 통제를 가해 소득 불평등을 개선해야 한다는 결론에 이른다. 소득 불평등은 수요를 위축시키고 저소득층의 구매력을 떨어뜨리는 악순환을 유발해 경제위기를 더욱 심화시키기 때문에 조속히 해결해야 할 시급한 문제다.

일본 츠쿠바대 사토 요시유키 교수는 〈신자유주의와 권력〉에서 "케인스 식 복지국가는 세제 조치나 사회보장이라는 수단에 의한 소득 재분배를 통해 구매력을 유지하는 것을 목표로 삼았다. 그러나 신자유주의적 통치에서 소득 재분배라는 목표는 채용되지 않는다. 개인들 사이의 상대적 평등 같은 복지국가적 통치 이념은 최저 생계소득만을 보장한다는 이념으로 교체된다"고 지적한다.

정성진 경상대 경제학과 교수는 공저 〈자본의 세계화와 축적체제의 위기〉에서 "분배의 불평등이 수요를 위축시켜 위기를 심화시키는 것은 분명하다. 신자유주의 하에서 심화한 부익부 빈익빈의 불평등 역시 총수요의 위축을 가져와 위기의 배경을 조성했다"고 설명한다.

위기를 벗어나려면 불평등을 해소해야 한다는 것에는 어느 정도 공감하고 있으나 방법론에 대해서는 견해가 엇갈린다. 최고 소득층에 60%에 이르는 소득세를 매겨 재분배를 확대해야 한다는 피케티의 주장이 우리 현실에서 가능할지는 의문이다. 정부마다 선거를 의식해 증세를 꺼리는 분위기다. 반면 증세를 통하지 않고 교육 투자, 기술혁신 등으로 부의 격차를 줄여야 한다는 주장도 나오지만 저성장 국면을 타개하는 직접적인 대안이 되기는 어렵다. 손성원 미국 캘리포니아 주립대 교수는 "일반적으로 규제가 줄어들면 경제 성장률이 올라가 고용도 창출되고 세금 수입도 늘어나므로 규제 완화를 더 공격적으로 할 필요가 있다"고 주문했다. 참고할 만한 얘기지만 규제 완화 역시 많은 반론이 많아 해소가 쉽지 않다. 이래저래 고민이 깊다.

피곤한 지구와 제로 성장

입술이 부르터 병원을 찾았다가 의사에게 재미있는 얘기를 들었다. 무리해서 그렇고 휴식이 필요하다면서 한자 풀이까지 곁들여준다. 휴식(休息)의 앞 글자 휴(休)는 사람(人)이 나무(木) 옆에 있는 형태로, 나무 옆에서 편안하게 시간을 보낸다는 의미라고 했다. 피곤(疲困)에서 곤(困)은 좁은 공간에 나무가 갇혀 있는 형상으로, 작은 공간에서 복작거리면 피곤해진다는 것이다. 그럴싸한 분석이었다. 한술 더 떠 영어에서 숲을 뜻하는 forest 역시 'for rest' 가 변한 것으로 추정된다고 덧붙였다. 영어 어원사전을 찾아보니 이 부분은 사실 무근이었다. 감기(感氣)는 기운 혹은 체온이 떨어지는 것으로 영어의 cold와 의미가 유사하고, 체온이 36.5도를 유지하는 것은 1년

이 365일이 되는 우주의 이치와 궤를 같이한다고 했다.

한 의사의 설익은 개똥철학이기는 하나 "몸을 막 굴리거나 자연의 이치를 거스르면 탈이 난다"는 충고로는 받아들일 만했다.

지구촌 곳곳이 이상기후로 몸살을 앓고 있다. 우리나라도 비가 내리는 유형을 관찰해보면 아열대까지는 아니더라도 확실히 기후대가 달라진 듯하다. 40도를 넘나드는 2018년 여름의 폭염은 분명 심상치 않았다. 갑작스레 폭우가 쏟아졌다가 볕이 쨍쨍해지며 장마는 사라졌다. 성장을 앞세워 자연의 이치를 거스르다 지구를 피곤하게 한 탓이다. 끝없이 성장을 해야 경제가 돌아간다면 환경은 계속 파괴되고, 지금보다 더욱 무서운 재앙이 기다린다. 자전거가 굴러가려면 계속 페달을 돌려야 하지만 종착점은 불행히도 낭떠러지라는 것이다.

최근 50여년 동안 지구는 전체 숲의 3분의 1, 토양의 4분의 1, 경작 가능한 땅의 5분의 1을 잃었다고 한다. 아마존에서는 무차별적인 벌목으로 한 마을 사람들 전체가 눈이 멀어버린 사건도 있었다. 울창한 숲이 갑자기 사라지자 강한 햇볕에 과다하게 노출되었기 때문이란다. 그러나 인구가 계속 불어나고 각국이 성장 이데올로기를 추구하는 한 피곤해진 지구가 인간들에게 더욱 앙탈을 부릴 것이 확실하다.

프랑스의 철학자 앙드레 고르(André Gorz, 1923~2007)는 20년 간 병상에 누워 있던 아내 도린(Doreen)과 동반 자살해 큰 충격을 주었다. 그는 저서 〈에콜로지카〉에서 "성장하기 위해 자연을 파괴하고, 판매하기 위해 소비문화를 조장하는 것이 문제"라고 지적했다. 더 많이 생산하고 소비하기 위해 욕망을 부추길 것이 아니라, 욕망과 필요에 의해 생산과 소비가 이루어져야 한다는 주장이다. 성장 속도를 늦춰 지구를 쉬게 하자는 것이다.

이미 세계는 제로 성장(zero economic growth)의 시대로 접어든 것으로 보인다. 제로 성장은 로마클럽이 1972년 발간한 보고서《성장의 한계》에 처음 등장하는 개념으로 식량, 환경오염, 자원 낭비, 인구 과밀 등의 요인으로 금세기에 세계는 성장 정체에 빠질 것이라는 비관적인 사고다. 미국과 중국 일본 등 몇몇 국가를 제외하면 전체적으로 성장 동력이 식어가고 있다. 우리나라

앙드레 고르와 그의 아내 도린. 그는 불치병 아내와 함께 동반 자살했다.

도 향후 성장률이 2%대에 머물 것이라는 분석이 많다.

《성장의 한계》에서 제시한 제로성장의 가설이 맞는다면 현재 저성장의 요인은 무엇으로 봐야 할까. 식량, 환경오염, 자원 낭비, 인구 과밀 중의 하나이거나 이들이 복합적으로 상호작용을 한 탓일 게다. 특히 자원 낭비는 서둘러 개선할 필요가 있다.

미국은 9 · 11테러 사건 이후 아프가니스탄과 이라크를 상대로 전쟁을 벌여왔다. 이라크전쟁은 석유 자원 확보를 위한 전쟁이었다. 수조 달러의 자원이 투입된 이 두 전쟁은 미국 경제에 치명상을 안겼다. 미국의 일부 무기업체와 방산업체들은 큰돈을 벌었을 것이다. 무의미한 가정이지만 만약 이 수조 달러를 미국 경제를 재건하는 데 투입했더라면 결과는 어땠을까. 틀림없이 미국 경제는 물론 세계 경제가 상당히 성장했을 것이다. 하지만 결과는 정반대였다.

〈제로시대: 성장 신화는 끝났다〉의 저자 유경찬의 분석을 참고할 만하다. "저성장 단계에서는 대부분의 기업이 이익을 내지 못하지만 국제 경쟁력을 가진 대기업들은 기술혁신, 시장 개척 등을 통해 대단한 수익성을 자랑한다. 결과로 나타나는 부의 쏠림과 양극화 현상, 중산층 몰락, 소비 위축, 투자 위축 현상이 가속화하면서 성장은 어려워진다. 더욱이 성장이 지체되면 분배라는 사회적 문제가 빠지지 않고 등장한다."

1997년의 외환위기는 국지적이고 일시적인 것이었다. 당시 전반적인 세계 경제는 성장세에 있었기 때문에 우리가 충분히 위기를 극복하고 성장 대열에 다시 합류할 수 있었다. 하지만 지금은 주변 환경이 그때와 다르다. 성장률 반등을 기대하기 어려운 상황이다. 따라서 이제는 저성장에 익숙해져야 하고 정부도 이 같은 관점에서 정책을 펴야 할 것이다. 정부는 거시경제 목표를 안정적으로 운영하면서 대오에서 이탈하는 사회적 약자 보호에 더욱 신경을 써야 할 때이다.

지구 대멸종과 꽝철이 쫓기

폭염이 이어졌던 2018년 여름 날씨를 과장해서 표현하면 '불타는 지옥 문 앞에 선' 느낌이었다. 알베르 카뮈의 소설 〈이방인〉의 주인공 뫼르소가 살인 충동을 느꼈다는, 살인적인 햇볕에 대한 이례적인 경험이다. 도심 골목을 휘감으며 열섬현상을 일으켰던, 후덥지근하다 못해 온몸을 달구는 뜨거운 바람은 불쾌감을 넘어 생존에 대한 이유 있는 불길함을 던졌다. 지구는 정말 뜨거워지는 것일까. 세계의 많은 과학자가 공감한다는 '여섯 번째 대멸종'이 정말 한 발짝 앞으로 다가온 것은 아닐까.

과학자들은 지금까지 지구상에 다섯 번의 대멸종이 있었다고 주장한다. 대개 혜성 충돌, 화산 폭발, 빙하기 등 지극히 자연적인 현상에 기인한 것이다. 덩치 큰 공룡이 갑자기 사라진 것도 소행성의 지구 충돌로 지각변동이 발생하면서 한파가 닥쳤기 때문이라는 분석이 유력하다. 하지만 '여섯 번째 대멸종'은 인간의 자연 파괴적인 활동으로 인해 지구의 자연적인 기후변화 주기를 앞당긴 것일 가능성이 크다. 지구 기온이 계속 상승해 2.5~3.5도가 높아지면 생물 종의 50% 전후가 멸종하고, 인류도 생존을 장담할 수 없다.

인류는 기후변화 적응을 위해 나름의 생존 전략을 구상했다. 저수지를 만들어 가뭄에 대비하는 것에서부터 천문관측 연구를 통해 일기예보를 하는 것에 이르기까지 많은 노력을 해왔지만, 기후에 대한 통제는 인간 능력 밖의 문제였다. 그래서 기우제 등 초자연적인 힘에 호소하는 일도 많았다. 하지만 파국적 기후는 끝내 고대세계의 종말을 가져왔고, 기후가 인류에 가장 큰 영향을 준다는 **기후결정론**(climate determinism)을 탄생시켰다. 그러나 이제 인간의 탐욕은 기상이변을 촉발했고, 더 이상 온실가스 감축을 미룰 수 없는 절박한 상황이 됐다.

기후결정론 (climate determinism)
학자들은 인류 문명의 역사가 환경에 의해 지배된다고 생각하는 환경결정론(environmental dterminism)을 주장하고 있는데, 환경 요소 중에서도 기후가 인류에 가장 큰 영향을 준다고 주장하는 이론을 기후결정론이라고 한다.

온실가스를 줄이자며 채택된 2015년 파리 기후변화협약에서 미국은 2017년 탈퇴해 버렸고 중국 반응도 미적지근하다. 중국과 미국은 온실가스의 40% 이상을 배출하면서도 무임승차를 하려는 것이다. 모든 국가가 온실가스 감축에 나서면 서로 이득이지만, 무임승차를 하려 들면 모두가 피해자가 된다. '죄수의 딜레마'나 '**공유지의 비극**'이다. 영국 주간지 〈이코노미스트〉는 커버스토리에서 "인류가 기후변화에 맞선 전쟁에서 패배하고 있다"고 진단했다. 인간 탐욕과의 전쟁을 의미하는 것으로, 패전은 곧 멸종을 예고한다.

공유지의 비극(Tragedy of the commons) 이론
공유자원의 이용을 개인의 자율에 맡길 경우 서로의 이익을 극대화함에 따라 자원이 남용되거나 고갈되는 현상. 생물학자인 개릿 하딘(Garrett Hardin)이 1968년 〈사이언스〉지에 발표한 논문에서 처음 사용했다.

조선왕조실록에는 '행화룡기우제(行畵龍祈雨祭)'라는 문구가 나온다. 용(龍)을 그려 기우제를 지낸다는 뜻이다. 우리나라는 물에 의지하는 농경국가지만, 국토의 삼면이 바다로 둘러싸여 있다. 홍수와 가뭄은 물론, 폭풍과 거센 파도라는 자연현상을 거스를 수가 없는 처지다. 그래서 기우제와 기청제(祈晴祭), 풍어제 등에 빠짐없이 등장하는 것이 용이다. 고려시대에는 토룡을 만들거나 용을 그려놓고, 조선시대에는 용 모양이나 용을 닮은 도마뱀을 장독 안에 가둬 기우제를 지냈다.

'비룡재천 흥운치우(飛龍在天 興雲致雨)'라는 글귀도 있다. 용이 하늘로 올라가야 구름이 가득해지고 비를 내린다는 얘기다. 이처럼 구름과 비, 용이 한 묶음으로 나타나는 한자 문구들이 많다. 가뭄이 들면 자는 용을 깨워서라도 비를 내리게 하는 것이 급선무였다. 용이 사는 못이나 계곡, 바위 등 신성한 공간을 자극했다. 이 공간에 여성들이 집단으로 방뇨하거나 여성의 속옷을 내걸기도 했다. 화가 난 용이 비를 내려 씻어낼 수밖에 없도록 만들겠다는 의미다. 예술가들이 '해갈 퍼포먼스'를 연출하면서 용을 부른 것도 같은 맥락이다.

전설에는 유독 용과 관련된 것이 많다. 용이 되지 못한 이무기가 심통을 부려 가뭄과 흉년이 든다는 이야기도 있다. 경북 청도 지역에서는 '꽝철이 쫓기'라는 기우제가 있다. 절에 살던 상좌 꽝철이가 용이 되려고 갖은 노력을 하다 승천하지 못하고 땅에 떨어졌다. 분노가 치민 꽝철이는 불을 내뿜고 다니면서 구름을 없앴다. 때문에 그가 머무는 지역은 가뭄이 들어 주민들을 괴롭혔다. 그래서 주민들은 가뭄이 심해지면 산 능선을 찾아다니며 꽹과리나 징을 쳐 꽝철이를 내쫓았다고 한다.

기상이변으로 한반도도 기우제를 지내야 할 상황이 많아질 것 같다. 중국 등지에는 인공강우 전문가들이 많다고 한다. 우리나라도 2019년 1월 미세먼지 감소를 위한 인공강우 실험을 했지만 별다른 성과를 얻지 못했다. 인간의 힘으로 자연을 거스를 방법은 없다. 온실가스를 줄이려는 노력부터 하는 것이 먼저이다.

3장

자본주의에 파랑새는 없다

숙제만 던지는 유모국가(Nanny state)

노태우 정부 때인 1990년 1월, 심야 영업 금지 조치가 내려졌다. 단속이 시작되면서 사회부 경찰 출입기자들은 위반 사례를 찾느라 밤새 유흥가를 돌았다. 서울 청진동 해장국 집들은 자정이 가까워 오자 불빛이 새나가지 못하도록 두꺼운 커튼으로 유리창과 입구를 가린 뒤 손님을 받았다. 경찰이나 서울시 위생과 직원도 이런 편법을 눈치챘지만 대부분 눈감아줬다. 그래도 몇 년간은 지속적으로 단속 시늉을 했지만 나중에는 유야무야됐다. 1998년 김대중 정부 들어서자 경기 활성화를 이유로 심야영업 금지 조치는 전면 해제됐다.

30년이 지난 지금 다시 심야영업이 사라지고 있다. 장사도 시원찮은 데다 최저임금까지 올라 직원 일당 주면 몸만 축나고 남는 것도 없어 일찍 문을 닫는다. '24시간'을 간판으로 내건 편의점들도 심야영업을 중단하는 추세가 늘고 있다. 한때 불야성을 이루던 서울 광화문과 시청 일대 밤거리엔 어둠이 깊고 짙게 내렸다. 주머니도 넉넉지 못하니, 음주를 삼가고 일찍 귀가하는 저녁 문화는 반가운 일이다. 하지만 이것이 의도하지 않은 정책의 결과라면 다른 차원의 문제이다.

선의에서 출발한 경제 정책이 실패로 귀결되는 경우가 종종 있다. 최저임금 대폭 인상이나 근로시간 단축, 비정규직의 정규직화 등이 그렇다. 정부가 문제를 해결하는 것이 아니라 오히려 시장에 숙제를 떠넘기는 듯하다. 가이드라인만 내놓고 시장 참여자들끼리 알아서 해결하라는 식이다.

이 대목에서 몇 가지 의문이 든다. 근로자들이 정작 필요로 하는 게 시간일까, 돈일까. 근로시간을 줄이면 일자리가 나눠질까. 차라리 '기본소득'을 지급하는 게 나은 건 아닐까. 아무래도 정부가 당위와 현실을 혼동하는 것 같다. "큰 것을 이루려면 작게 생각하라"는 'Think small' 접근법이 현명할 수 있다. 정부는 정책을 시행하기에 앞서 시장 충격이 예상된다면 당연히 시뮬레이션을 통해 부작용을 걸러내는 작업을 해야 한다. 그런데 종종 이런 과정이 생략된 것 아닌가 의심마저 든다. 아니면 정부 내에서 끼리끼리 '집단 마취 현상'이 존재하거나, 반대 의견을 개진하는 '악마의 대변자(devil's advocate)' 역할이 없는 게 아닐까 싶다. 정부 정책이 현실과 괴리되면서 여기저기서 우려의 목소리가 들려온다.

정부는 남의 주머니에서 돈 꺼내 쓰듯 각종 정책에 돈을 쏟아붓는다. 그렇게 해서라도 문제가 해소된다면 응당 반길 일이다. 하지만 응급처치용 진통제처럼 현금을 뿌리는 식으로는 문제를 근본적으로 해결할 수 없다.

더구나 일단 정책 시행에 돌입하면 후퇴하기 어렵다. 현장에서는 아우성이지만, 정부가 체면을 구길 수 없어 현실을 외면하는 딜레마에 빠지는 것이다. 정부의 오기가 발동하면 민생이 더욱 힘들어진다. 첫 단추를 잘못 끼우니 줄줄이 꼬인다. '일단 시행이라도 해보자'는 방식은 무리다. 똥인지 된장인지 찍어 먹어봐야 아나? 우왕좌왕하는 경제 현장의 모습이 그 후유증이다.

한편으로는 국민을 어린애 다루듯 하는 유모국가(Nanny state) 행태를 보인다. 유모국가는 국민 사생활과 자유시장에 과도하게 개입하는 국가(정부)를 의미한다. 유모가 아이를 키울 때마냥 우유를 먹이고 콧물을 닦아주려는 행태에 비유한 것으로, 1965년 영국 보수당의 이언 매클라우드(Iain Macleod, 1913~1970) 하원의원이 처음 사용했던 말이다. 이후 자전거 헬멧 착용을 의무화한다거나, 공공장소에서 음주를 금지하는 등 소소한 조치에도 빗대졌다. 대표적인 나라가 싱가포르다. 리콴유 전 총리는 그러나 이 같은 비판에 대해 "우리가 유모국가라면 더욱 자부심을 가질 것"이라고 일갈했다. 하지만 이런 방식은 싱가포르처럼 작은 나라에서나 가능할 뿐이다.

"물러나는 것이 공격하는 것보다 열 배는 어렵습니다. 그리고 물러나겠다는 결단은 리더만 내릴 수 있습니다. 리더가 진흙을 뒤집어쓰겠다는 각오를 하지 않고서는 할 수 없는 일이지요." 스기모토 다카시의 책 〈손정의, 300년 왕국의 야망〉에 나오는 충고를 되새겨 볼 필요가 있다.

타조 효과와 카우보이 자본주의

영국 런던비즈니스스쿨(LBS)의 교수가 기업 관리자들을 대상으로 뇌물 관행이 어느 정도 퍼져 있는지 설문조사를 했다. 교수는 "정부 계약을 따내기 위해 뇌물을 준 적이 있으면 손을 들어보라"고 했더니 아무도 손을 들지 않았다. 그래서 질문을 바꿨다. "경쟁자가 뇌물을 주고 있다는 사실을 알고 있는 사람은 손을 들어보라"고 했다. 그랬더니 거의 모든 관리자가 손을 들었다. 미국 경영학자 필립 코틀러의 〈다른 자본주의(Confronting Capitalism)〉에 소개된 내용으로, 뇌물 수수 관행이 광범위하게 퍼져 있지만 잘 드러나지 않는다는 것을 보여주는 에피소드다.

우리 사회에서도 접대 문화나 뇌물 수수 관행은 크게 변하지 않은 듯하다. 대기업에서 관청 업무를 하는 친구 얘기로는 김영란법 이후 공직자들이 몸조심할 뿐이란다. 물론 접대하는 기업 측에서도 얻는 것이 있으니 하는 짓일 게다. 뇌물이 만연한 사회는 부패한 사회다. 부패한 사회는 결국 과다한 사회적 비용을 치르게 되고 부패로 인한 사회적 비용은 고스란히 국민이 떠안는다. 돈을 찍어내든 세금을 걷든 최종적으로 국민의 부담이기는 마찬가지다.

코틀러는 "뇌물과 부패는 경제 성장을 지연시키고 민주주의에 걸림돌이 된다"고 지적한다. 부패한 사회에서는 정직한 기업과 선량한 시민이 사업과 일상 업무를 처리하기 위해 급행료를 지불하는 등 불필요한 대가를 치러야 한다. 그 결과 효율적 · 합리적 거래가 실종되고, 자원 배분의 왜곡 현상이 일어난다. 부패한 경제체제는 결국 중산층을 붕괴시키고, 빈곤층을 더욱 나락에 빠뜨리는 승자독식의 '**카우보이 자본주의**(cowboy capitalism)'를 초래할 가능성이 크다.

> **카우보이 자본주의 (cowboy capitalism)**
> 정당한 경쟁 결과로 얻은 독점의 지위를 인정하고 승자독식을 허용하는 미국의 제도를 말한다. 이와는 반대로 시장 경쟁의 승자가 라이벌 기업의 명맥을 유지하게 해주는 유럽식 제도를 신사 간 경쟁(gentlmen's compstition)이라고 한다.

기자로서 건설 담당 부처를 출입할 때 지방청에서 건설 발주를 담당한 고위 공무원이 자랑스럽게 들려준 얘기가 있다. 일단 건설업자가 사무실에 찾아오면 만나주지 않고 바깥에서 기다리라고 한다. '업자 길들이기'다. 두어 시간을 기다리면 업자들이 지치고 초조해진다. 그때쯤 불러들여 딴청을 피우며 거들먹거리는 것이다. 다루기 쉽지 않은 까칠한 공무원이라는 인상을 줘야 한다. 그래야 무서워하고 접대를 제대로 한다는 것.

하지만 공직사회에 자정 바람이 불면서 수법이 바뀌었다. '돈이 될 만한' 업자나 민원인이 오면 오히려 성심성의를 다한다. 지나치다 싶을 정도로 몸으로 부딪히면서 해결해준다. 미안해서라도 더 큰 사례를 하게 하는 수법으로, 민원인에게 부담을 주기는 마찬가지다.

민원을 처리하다 사고를 치면 좋을 것이 없기 때문에 아예 움직이지 않는 경우도 많다. 유럽에서는 이 같은 공무원의 복지부동(伏地不動) 행태를 타조에 비유해 설명한다. 체코 경제학자 토마스 세들라체크의 책 〈프로이트의 소파에 누운 경제〉에 따르면 맹수가 전속력으로 돌진해오면 타조는 도망갈 생각을 하지 않고 머리를 모래에 박는다. 제 눈에 보이지 않으니 남들도 보지 못할 것이라는 생각에서다. 위기가 구름처럼 몰려오는데도 눈앞에 닥친 문제를 해결할 의지도 없고, 문제를 회피하기만 하려는 공무원의 행태를 꼬집는 비유이다.

위기를 경고하는 변수에 눈을 감아버리는 이런 현상을 경영학에서는 **타조효과**

타조효과(ostrich effect)
위험을 경고하는 목소리에 귀를 막아버림으로써 위기에 둔감해지는 현상을 말하는 경제학 용어. 맹수가 타조에게 달려올 때, 도망가기보다 땅에 머리를 박는 모습에서 나온 말.

(ostrich effect)라고 한다. 영어 'ostrich'는 문제를 회피하려 드는 사람을 의미한다. 타조 세대(ostrich generation)는 어려움이 닥치면 현실을 회피해 버리거나 상황을 핑계로 자포자기해 버린다는 요즘 세대를 이르는 말이다. 실제로 타조는 날지는 못하지만 순간 속도 시속 70킬로미터로 달리고, 한 시간 동안 50킬로미터를 달릴 수 있을 정도로 지구력이 좋다. 맹수를 만나면 발차기로 버틸 정도로 용감하다. 더운 날씨에 체온을 조절하기 위해 모래에 머리를 박는 습성을 사람들이 오해했다는 얘기도 있다.

동양권에도 유사한 비유가 있으나, 타조 대신 꿩이 등장하고 시사점도 약간 다르다. 우리나라 속담에 "꿩은 머리만 풀 속에 감춘다"는 말이 있다. 다급해지면 풀섶에 머리만 처박고 몸뚱이는 드러내는 꿩의 습성에 비유해 당황하여 일을 그르치는 것을 말한다. 중국에도 꿩이 머리를 박고 꼬리를 드러내는 모습을 표현한 장두노미(藏頭露尾)라는 말이 있다. 진실을 감추려 하지만 세상은 이미 다 알고 있다는 뜻이다. 둘 다 인간의 우둔함을 지적하는 비유다.

문재인 정부 들어서도 복지부동이 심각한 수준이다. 정책이 확 뒤집히니 나서기가 쉽지는 않을 것이다. 정권만 바뀌면 공무원을 '부역자'로 만드니 어쩔 수 없다는 변명도 수긍이 간다. 경제는 위기라는데 공무원은 백마고지에서 낮잠 자는 꼴이다.

민주주의를 타락시킨 최악의 판결

언론사 광고 담당 간부들끼리 모이면 심심치 않게 나오는 우스갯소리가 있다. 10대 그룹 오너 중 3~4명 정도 교도소 담장 위를 위태롭게 걸어야 광고 수주가 좀 나아진다는 것이다. 담장 이쪽으로 넘어갈지 저쪽으로 넘어갈지 확실히 결정되지 않았을 때라야 광고 액수나 횟수가 많아지기 때문일 것이다. 그래서 언론계도 대기업 오너들의 법원 판결에 촉각을 곤두세운다.

10대 그룹 오너들 가운데 이 담장을 넘나든 경우가 적지 않다. 개인의 횡령 배임 등이야 기업 내부의 문제여서 관련법에 따라 처벌받으면 된다. 하지만 정경유착 등을 통해 회사나 개인의 이득을 극대화하려 했다면 얘기가 좀 다르다. 일반 국민과 무관하지 않고, 궁극적으로 사회 불평등을 유발하기 때문이다.

우리 현대사를 돌이켜보면 대부분 정치가 경제를 훼손했으나, 때로는 경제가 정치를 옭아맸다. 정치 권력과 경제 권력은 공생을 하다가도 갑자기 적대적으로 변하기를 숱하게 반복했다.

하지만 최종 결과만 본다면 정치 권력은 짧았고, 재벌은 일시적 수난에 그쳤다. 역대 대통령과 재벌 총수의 현재를 비교해 보면 쉽게 알 수 있다. 역대 대통령은 퇴임 이후의 말로가 거의 불행했지만, 재벌 총수들은 복역 이후에도 정상인으로 살아간다. 그런데도 새로운 정권이 출범하면 대통령은 기업인을 청와대로 불러 모은다. 그러고는 정부의 일자리 창출과 경제 살리기를 도와달라는, 부탁인지 강압인지 모를 일들을 반복한다.

정치자금으로 사회가 곤욕을 치른 것은 군사정권 때만의 일이 아니었다. 김영삼 정부 때는 '차떼기'가 있었고, 노무현 정부 이후에도 자잘한 자금이 돌았다. 정경유착에는 교묘하고도 다양한 방식이 동원된다. 법과 제도를 특정 기업에 유리하게 바꾼다거나, 정부기관을 움직여 은밀하게 기업을 도와준다. 당연히 대가가 없을 리 없다. 이런 유착의 결과는 기업이나 권력의 배후세력 등에 더 많은 이익을 가져다주고, 국민에게는 부담을 가중시키는 폐해로 나타난다. 결국 정치 과정에서 '1인 1표'가 아니라 '1원 1표'로 변질되어 민주주의 기본원칙을 훼손하는 것이다.

미국에서 민주주의를 타락시킨 최악의 판결로 꼽히는 것이

'기업이 정치 후보에게 정치자금을 무한정 기부할 수 있다'는 2010년 연방 대법원 판결이다. '아프리카인의 후손이 미국 시민이 될 수 없다'고 한 1857년 판결에 버금가는 나쁜 것으로 평가한다. 이 바람에 미국 사법부에 대한 신뢰는 땅에 떨어졌다. 버락 오바마 대통령은 2011년 연설에서 이 판결에 대해 "정치 기부금을 무제한으로 거둬들이는 소수에게 지나치게 큰 목소리를 실어주어 민주주의를 최고액 입찰자에게 팔아버리는 위험에 내맡긴다"고 했다. 그래서 미국을 '1달러 1표' 민주주의의 대표적 나라로 지목하는 이유다.

정치경제학자 로버트 라이시는 〈1 대 99를 넘어〉에서 민주주의가 일반 국민에게 불리한 방향으로 조작되고 불평등이 심화하는 과정을 지적한다. 경제가 수십 년간 계속 발전했는데도 성장에서 거둔 이익이 대부분 상위층에게 돌아갔고 정치적 영향력도 위로 향하게 된다는 것이다. 그래서 기업과 부자가 받는 혜택은 늘어나지만 일자리는 점점 줄어들면서 사회 · 경제적 불평등이 심화한다. 그는 불평등 심화는 미국뿐 아니라 많은 나라에서도 위험한 현상이라고 진단했다.

우리도 이런 맥락에서 예외가 아니다. 일찌감치 정치자금이 다소 투명해진 것에 그나마 위안을 삼을 수도 있겠다. 하지만 전직 대통령들이 대부분 감방에 가는 나라를 정경유착이 근절되었다고 볼 수 있을까. 절대 아니다.

합리적 무지 가설

자신이 사는 지역구 국회의원이 누구인지 아는 사람은 많지 않다(설령 투표를 했더라도 마찬가지다). 하물며 구청장이나 시의회 의원이야 있거나 말거나 알 바 아니다. 내 생활과 별로 밀접한 관련이 없다. 하지만 아파트 입주민 대표는 잘 안다. 당장 아파트 내에서의 이익과 관련이 있기 때문이다.

50% 안팎의 총선 투표율은 국민의 절반이 정치에 관심 없음을 여실히 드러내준다. '대의 민주주의의 위기'라는 우려의 목소리도 나오고, 정치적 무관심으로 국회의원을 올바르게 뽑지 못해 나라가 잘못돼 간다는 비판도 들린다.

하지만 투표를 하지 않는 것이 유권자 입장에서 오히려 합리적인 측면도 있다. 이른바 '합리적 무지(rational ignorance)' 가설이다. 후보자에 대한 각종 정보를 얻기 위해 투자하고 노력하는 비용이 그 정보를 통해 얻는 이익보다 클 경우 차라리 정보를 습득하지 않고 '무지한' 상태를 유지하는 것이 합리적이라는 것이다.

여기서 정보란 후보자들이 동네를 위해 무엇을 하겠다는 것인지, 그럴 능력은 있는지, 교육이나 복지, 교통 등의 다양한 이슈에 대해 어떻게 생각하고 있는지 등등이다. 어지간히 시간을 투자하지 않으면 판단하기가 쉽지 않다. 더욱이 이렇게 습득한 정보로 판단하고 투표했더라도 원하는 후보자가 당선된다는 보장도 없다. 누가 당선되더라도 도긴개긴일 것이다. 따라서 투표에 참여하지 않고 차라리 여행을 떠나는 것이 지극히 합리적인 행동이 된다.

국민들은 싸움질이나 발목잡기를 일삼는 국회에 대해 불신이 극에 달해 있다. 정부의 실정(失政)에는 국회도 공동책임이 있다고 생각한다. 원천적인 불신이 해소되지 않는 이상 국민은 마음을 돌리지 않을 것이다. 위험하고 무책임하지만, 그래서 가끔 국회 없는 세상을 꿈꾸기도 한다. 그래서 대의 민주주의를 직접 민주주의 형태로 보완할 수 있다고 주장하는 블록체인 기술에 눈길이 가는 것도 당연지사.

2017년 KAIST 문술미래전략대학원 · 미래전략센터가 발간한《RE-BUILD 코리아》에 따르면 블록체인 기술로써 입법부의 혁신을 제시한다. 직접민주제를 대변할 수 있는 블록체인 의사결정 시스템으로 '온라인 하원'을 구성하면 상 · 하원 협치의 장점과 시간, 비용 등의 문제가 해결된 직접 민주제의 장점을 융합할 수 있다는 것. 이렇게 되면 국민소환제 도입이 수월하고, 촛불을 들고 거리로 나서는 수고도 덜 수 있다.

융합 민주제까지는 아니더라도 당장 각종 선거나 여론조사에 블록체인 기술을 도입하면 비용을 획기적으로 절감할 수 있다. 오프라인이 아닌 스마트폰 등을 통해 국민이 정부의 의사결정 과정에 쉽게 개입할 수 있기 때문이다. 또 블록체인의 안전성을 고려하면 보안이 부실한 모바일 투표의 문제점도 보완할 수 있다. 가상공간에서 정치인들의 활동을 감시하고 평가할 수 있게 되는 것도 큰 장점으로 부각될 것이다.

하지만 큰 걸림돌이 예상된다. 바로 정치인들이다. 스스로 커다란 족쇄가 될 수 있는 블록체인 기술을 자발적으로 도입하겠냐는 것이다. 언제나 정치가 말썽이다.

자비를 실천하는 정부가 있을까

"열심히 일하는 사람이 전업 일자리를 갖고도 생활임금을 벌지 못한다. 대학 졸업장이 있어 봤자 변변한 직장을 갖기가 어렵고, 아무리 열심히 벌어도 자기 집 하나 장만하기 힘겹다. 학자금 대출을 상환하지 못한 청년 신용불량자가 즐비하다. 상위 1%를 제외한 나머지 99%는 늘 무언가 도둑맞고 있는 것 같다."

중산층의 몰락을 경고한 톰 하트만의 〈정치에 속고 자본에 털린 중산층은 응답하라〉에 나오는 내용이다. 미국 이야기인데 마치 우리 사회를 보는 듯하다.

우리 중산층도 불안하다. 소득 감소와 가계부채 증가, 일자리 감소, 어두운 미래 때문에 삶이 팍팍하다. 통계청 자료에 따르면 지난 20년간 한국의 1인당 GDP는 3배 이상 증가했으나 중산층 비중은 8%나 감소했고 저소득층은 7.1%에서 12.5%로 증가했다. 반면 고소득층은 17.5%에서 20.0%로 늘었다. 양극화로 고소득층 대 비(非)고소득층의 비율이 '20대 80'이 된 것이다.

삼성경제연구소에서 펴낸 보고서《한국 중산층의 변화와 경제 · 사회적 결과》에서는 중산층이 약화하는 이유가 노동시장에서 임금 격차가 크고 저임금 근로자의 비중이 높기 때문이라고 보았다. 또 과도한 주거비용과 교육비용 등이 중산층의 삶을 짓누르고 있으며, 중산층 붕괴는 양극화를 심화시켜 사회 갈등을 유발할 가능성이 크다고 지적했다. 그런데 재미있는 것은 **지니계수**로 측정한 경제적 양극화 수준과 정당 간 정치적 양극화 지수 사이에 0.96이라는 높은 상관관계가 있다는 사실이다. 즉, 정치적(이념적) 양극화가 클수록 소득 분배의 불균형도 커진다는 의미다.

지니계수(Gini's coefficient)
인구 분포와 소득 분포와의 관계를 분석해 소득분배의 불평등 정도를 나타내는 수치. 이탈리아의 통계학자 C. 지니가 제시했다.

일찍이 마르크스주의자들은 자본주의 사회에서는 자본가 계급과 노동자 계급으로 양극화되기 때문에 중산층의 몰락을 필수적으로 봤지만, 다행히 2차 세계대전 이후 세계 각국에서 오히려 중산층이 튼튼해졌다. 하지만 최근 들어 양극화와 중산층의 몰락은 선진국, 후진국을 막론하고 공통적인 현상이 됐다.

이 대목에서 1936년 프랭클린 루즈벨트 전 미국 대통령의 후보 수락 연설문에 나타난 '따뜻한 정부론'을 참고할 만하다.

"우리는 정부를 기계적인 정책 실현 도구로 삼는 데서 멈추지 않을 것입니다. 정부에 활기찬 인간미를 부여하여 인간적인 자비를 실천하게 만들 것입니다. 정부는 실수할 수 있습니다. 대통령도 잘못을 범할 수 있습니다. 하지만 단테는 이렇게 말했습니다. '마음이 차가운 사람의 죄와 마음이 따뜻한 사람의 죄를 다른 저울로 측정하는 것이 신의 정의이다.' 정부가 자비의 정신으로 움직이다가 간혹 범할 수 있는 잘못은 어려운 사람의 처지를 마냥 무시하는 차갑고 냉정한 태도보다 훨씬 낫습니다."

중산층을 위협하는 불황의 원인은 무엇인가? 이에 대해 경제학자들 간에도 의견이 다양하다. 그중 소득 불균형을 불황의 (결과가 아닌) 원인으로 보는 견해는 파격적이다. 아나톨 칼레츠키의 〈자본주의 4.0〉에 따르면 국가의 소득이 높아지더라도 소득 불균형이 심해지면 이 소득이 점점 자본가에게 집중되는 현상이 나타난다. 자본가는 소득보다 지출이 적은 반면 임금 노동자는 생계를 위해 점점 저축을 줄이고 부채에 의존한다. 이런 상황에서 정부는 성장을 유지하기 위해 적자 재정을 통해 수요를 진작시키고, 은행은 돈을 풀어 서민들에게 대출을 확대한다. 하지만 소득 분배가 계속 노동자에게 불리하게 진행되면 이들이 더 이상 빚을 감당할 수 없다. 이들이 채무 불이행 상태가 될 때 금융 위기와 불황이 발생한다. 우리나라가 바로 이러한 상황에 근접하고 있다. 그래서 소득주도 성장이라는 정책이 나왔지만 그 성과에 대해서는 비판적인 시각이 있는 것도 사실이다.

경제학의 기본이론조차 들어맞지 않는 현 상황에서 칼레츠키의 논리에 백 퍼센트 동의하기는 어렵다. 이미 유럽과 일본이 마이너스 금리 정책을 쓰고 있지만, 소비를 촉진하기는커녕 저축만 늘리는 역효과를 내고 있다. 그럼에도 칼레츠키의 주장에 새삼 주목하는 것은 우리 경제가 익숙한 처방으로는 더 이상 해결할 수 없는 낭떠러지에 처한 게 아닌가 싶어서다. 고도성장을 하지 않는 이상 경제에 낙수효과가 별로 없다는 것은 이미 증명이 됐다. 부는 한쪽으로만 쏠리고 있다. 돈이 실핏줄로 흘러야 하는데 큰 혈관으로만 흐르니 아래쪽으로 스며들지 않는다. 분배와 복지가 부실해지는 것이다.

인구 구조 변화에 따른 복지 확대가 불가피하다고 전제한다면 세제 개편은 필수적이다. 정부마다 증세에 부담을 느끼지만 더 이상 피해 갈 수는 없는 상황이다. 복지 지출도 소득 재분배뿐 아니라 경기부양 효과를 갖는다. 복지도 성장의 한 축임을 잊지 말아야 한다.

패자부활전이 가능한 사회

서울역에서 봉래동 쪽 지하도를 지나다 보면 종이박스 침대에서 웅크려 자고 있는 노숙자들을 늘 만난다. 갑작스런 한파가 몰아닥치자 지하도 절반을 차지하는 노숙자 긴급 대피소가 있는 이곳으로 몰려드는 듯하다. 노숙자들이 아침부터 막걸리를 마시며 싸우거나, 구석에 방뇨를 하는 것을 목격하면 출근길이 유쾌할 리 없다. 지하철로 통하는 낡은 통로는 벽 타일 색깔도 칙칙한 데다 시설물도 지저분하기 짝이 없다. 서울역은 해외 관광객이 필수적으로 거쳐 가는 코스인데 당국은 뭐하고 있나, 하는 생각이 든다. 서울시장과 코레일 사장은 지하철도 안 타보나 싶다. 한편으로는 '누구든 실패하면 노숙자가 될 수 있다'는 두려움이 엄습하기도 한다. 이들에게 패자부활전은 불가능할까.

현대경제연구원의 '창업 관련 국민의식' 조사에 의하면 "우리나라는 한 번 실패하면 재기하기 어려운 사회"라는 의견에 70.9%가, "창업했다가 실패하면 개인 신용불량으로 이어진다"는 의견에 91.7%가 공감했다. 빚을 얻어 창업했다가 망하면 개인의 실패로 끝나지 않는다. 연대보증을 선 가족이나 친인척까지 심한 고통을 받게 된다. 경제 연좌제인 셈이다. 반면 실리콘밸리의 성공한 CEO를 대상으로 한 조사에서는 창업 횟수가 평균 2.6회였다. '삼세번'의 기회가 주어진다는 얘기다.

KFC의 창업자 커넬 샌더스(Colonel Sanders, 1890~1980)가 거듭되는 사업 실패 끝에 프라이드 치킨으로 성공했을 때 그의 나이 65세 때였다. 그는 "실패는 다시 시작하거나 새로운 것을 시도하도록 주어진 기회"라고 말한다. 실패학 창시자로 불리는 하타무라 료타로는 '실패는 수업료'라면서 좋은 실패와 나쁜 실패를 구분한다. 좋은 실패는 도전 과정에서 벌어진 실패이고, 나쁜 실패는 부주의나 오판으로 같은 실수를 반복하는 것이라고 했다.

새로운 정부가 들어설 때마다 우리 사회의 패자와 약자들을 배려해야 한다고 목소리를 높인다. 전두환 정부의 '정의사회 구현', 노태우 정부의 '보통 사람의 시대', 노무현 정부의 '특권과 반칙 없는 사회', 이명박 정부의 '공정사회' 등으로 강조되었다.

친서민적인 의지를 보이며 뒤처진 사람들에게 다시 일어설 기회를 주고 불공정한 관행을 없애 공정한 기회를 주자는 취지일 것이다.

그런데 경제적 관점에서 보면 양극화가 문제의 시발점이 될 수 있다. 양극화로 부자와 빈자의 갈등이 촉발되면 우리 사회의 안정성마저 위협한다. 특히 소속감을 상실한 청년 실업자들이 PC방을 떠돌며 '어둠의 자식들'로 전락하고 있다. 제대로 된 싸움 한 번 해보지 못한 채 패자가 된 것이다. 노숙자들 역시 다시 일어설 기회를 얻지 못한 사람들이다. 실리콘밸리는 승자들의

커넬 샌더스가 거듭되는 실패 끝에
KFC를 창업했을 때 그의 나이 65세였다.

요람이 아니라, 패자들의 요람이다. 패자에게 기회를 주는 사회라야 도전정신이 나올 수 있다.

창업 천국 이스라엘에서는 실패 경험자에게 오히려 가산점을 주고, 핀란드에서는 '실패의 날'을 정해 그 경험을 되새긴다. 미국 샌프란시스코에서는 매년 '실패 컨퍼런스'도 개최된다. 실패자에게 상금을 주는 기업들도 많다. 우리도 SK하이닉스 등 몇몇 기업에서는 개발 과정에서 실패한 연구원에게 상금을 주는 등 실패에 용기를 불어넣는 사례가 생겨나고 있다. 실패에서 많은 것을 배우려 하고 격려하는 분위기가 다소나마 형성되고 있어서 다행스럽다. 발명왕 에디슨의 말처럼 '실패는 성공의 어머니'다. 성공이란 숱한 실패의 축적을 통해서 얻어지는 열매임을 인식하는 사회가 진정 건강한 사회이다.

청년층의 지대(地代) 추구

은퇴를 했거나 은퇴를 앞둔 지인들 중에 주요 역세권 오피스텔을 여러 채 구입해 월세를 받는 경우가 있다. 한 채당 월 100만원 정도니 몇 채면 노후자금으로 훌륭하다. 저금리 시대에 자금의 여유가 있으면 얼마든지 시도할 만한 것이라지만, '지대 추구'라는 차원에서 썩 바람직하다고는 볼 수 없다. 좋은 아이디어로 창업하고 사업을 키워 경제를 선순환시키는 구조가 아니라, 자본을 손쉽게 끌어들여 임대료만 받는 데 치중하는 행태가 우려되기 때문이다.

지대(地代, rent)는 지주가 토지 사용 대가로 소작인에게 받는 금전 등을 의미하는 말로, 그 속에는 착취 개념이 스며 있다. 그래서 오래 전 토지 공개념이 등장했고, 고전경제학자 존 스튜어트 밀은 "인간이 스스로 만든 것에 대한 사유 재산권은 최대한 보장되어야 하나, 토지는 인간이 만든 것이 아니므로 그에 대한 제한이 자유시장 경제와 배치되지 않는다"고 했다. 지금은 '지대 추구(rent-seeking)'라는 개념은 생산 활동이 아니라, 국가 부문의 자원과 영향력에 접근해 수익을 얻는 비생산적인 행위로 의미가 다소 변형되어 있다.

아이들의 장래 희망 중 1위가 '건물주'이고 청년들마저 부동산 임대업 창업과 갭 투자에 열을 올린다고 한다. 뼈 빠지게 일하기보다 편히 돈을 벌겠다는 행태다. 오죽하면 '알바비 모아 갭 투자 한다'는 얘기까지 나올까.

노무현 정부 시절 서울 강남 집값과 관련된 우스갯말이 있다. 집값 잡겠다고 정부가 서슬 퍼렇게 나서자 강남 사람들이 걱정을 많이 했으나 집값은 올라갔다. 반면 이명박 정부가 들어서자 집값이 오히려 내려갔다. 2008년 세계 금융 위기의 여파였지만, 강남 사람들은 "알고 보니 노 정부가 우리 편이었구먼"이라고 했단다. 부동산 시장의 역설이다.

강남을 바라보는 시각은 크게 두 갈래다. 하나는 강남을 몰아세웠더니 집값이 더 오르더라는 기시감이 관심과 투자를 더욱 집중시킨다. 다른 하나는 '강남에 집을 못 샀다'는 타 지역 사람들의 열패감이다. 배가 아프니 더욱 규제를 강화하자는 것이다. 그런데 경제 정책이 아닌 정서적으로 접근하니 해법을 찾기 어렵다. 진단이 제대로 안 되니 훌륭한 처방이 나올 리 없다. 강남 부동산의 특이성은 학군, 문화 여건 등 환경은 좋지만 공급이 항상 부족하다는 점이다.

노무현 정부 때 강남을 비롯한 이른바 버블 세븐 지역의 집값 급등 원인을 둘러싸고 치열한 논쟁이 벌어진 적이 있었다. 온갖 부동산 정책이 먹히지 않자 급기야 학군 문제로 화살을 돌렸다. 국토부는 특목고 정책이나 내신 성적 반영 비율 등이 강남 학군에 유리해지면서 집값이 올랐다고 주장했고 이에 교육부가 발끈했다. 학군이 집값에 영향을 미치는 것을 부인할 수 없다. 하지만 시중 유동자금이 넘치고 금리는 낮은데 투자처는 마땅치 않다. 하이에나 같은 투기 자금이 갈 곳은 뻔하다. 도박판 외에 갈 곳이 없다.

자본주의에 파랑새는 없다. 열심히 일해서 자본을 축적하지 않고 횡재수를 기대하는 것은 로또에 당첨되려는 것과 같다. 1906년 프랑스 극작가 모리스 메테를링크의 아동극 '파랑새'가 큰 반향을 일으켰다. "행복은 무엇이며 행복은 어디에 있을까"를 알아가는 게 주제이다. 주인공 남매 틸틸과 미틸이 파랑새를 찾아 헤매지만, 결국 집 안 새장에서 파랑새를 찾는다는 줄거리를 통해 행복은 먼 곳이 아닌 가까운 곳에 있다는 메시지를 던졌다. 하지만 파랑새는 손에 넣는 순간 색깔이 변하거나 죽지 않으면 날아가버린다. 그래서 사람들이 그토록 애타게 추구하는 진정한 행복은 꿈꾸고 소망하는 것일 뿐, 결코 손에 잡을 수는 없다는 결론에 이른다.

외환위기 무렵인 1997년 KBS 2TV에서 방영됐던 '파랑새는 있다'는 차력사, 창녀, 무명가수, 사기꾼 등 서민들의 소박한 행복을 찾아가는 모습을 그린 드라마이다. 이 드라마의 제목은 당초 '파랑새는 없다'였으나, 느낌이 부정적이라는 이유로 방송국 고위층이 바꾼 것으로 알려졌다. '파랑새 증후군(bluebird syndrome)'은 현재의 일에 흥미를 못 느끼고 막연하게 미래의 계층 상승만을 꿈꾸는 병적인 증상을 뜻한다. 한 직장에 정착하지 못하고 이리저리 옮겨 다니면서 방황하는 세계 각국의 젊은 이들을 빗대는 용어로도 사용된다.

지금은 폐지되었지만 한때 사법시험 합격은 '개천에서 용 나는' 계층 상승의 상징이었다. 가난한 시골 출신 학생도 사법시험만 붙으면 판검사가 되고, 이후 출세 길로 향하는 신분 상승의 통로가 되어주었다. 사법시험이 권력과 명예와 부를 한꺼번에 거머쥘 수 있는 파랑새였던 셈이다. 하지만 2016년 헌법재판소가 사법시험 폐지를 합헌 결정함으로써 사법고시는 2017년을 마지막으로 역사 속으로 사라졌다. 이로써 가장 확실하고 튼튼했던 계층 이동의 사다리가 사라진 셈이다.

부의 쏠림 현상으로 사회 양극화가 심화하면 계층 이동이 어려운 '닫힌 사회'가 된다. 미국, 유럽에서도 금수저와 흙수저가 확연히 구분되는 신분 고착화 현상이 두드러지고 있다. 최근의 설문 조사 결과에는 '계층 이동 가능성이 높다'는 응답률이 아주 낮게 나온다. 그만큼 희망이 없다는 것이다. 파랑새가 없다고 깨닫는 순간 희망마저 사라져버릴까 두렵다.

4장

미국의 패권주의

미국은 정말 불멸의 국가인가?

"그날 밤 토론의 대부분은 우리에게 남겨진 방안들에 관한 것이었는데, 그 어느 것도 그다지 유망해 보이지 않았다. 방안의 하나는 '한국을 그대로 가게 하고(let South Korea go)' 다른 나라들을 지원함으로써 그 주위에 방화벽을 구축하자는 것이었다. 그러나 그런 방법이 실효성이 있을 것으로 보는 사람은 한 명도 없었다. 그래서 우리 노력의 대부분은 신뢰 구축을 위한 다른 방법들에 쏠렸다."

미국의 재무장관으로 1997년 발생한 아시아의 환란 수습을 진두지휘 했던 로버트 루빈의 회고록 〈글로벌 경제의 위기와 미국〉에 나오는 내용이다.

미셸 캉드시 국제통화기금(IMF) 총재가 1997년 12월 3일

550억 달러에 달하는 한국 지원 패키지를 발표했음에도 불구하고 시장이 안정을 찾지 못하자, 한국의 15대 대통령 선거일인 12월 18일 루빈을 비롯해 미국 정부의 고위 관료들이 한자리에 모여 한국 외환위기에 대해 토의한 내용의 일부다. 이중 국가 부도를 의미하는 'let South Korea go'라는 대안이 검토되었다는 대목은 놀랍고 오싹할 따름이다. 지금도 미국이 북한 핵폐기 문제를 논의하는 과정에서 가끔씩 코리아패싱(Korea passing) 얘기가 나올 때 이 대목이 생각난다. 결국 강력한 국제 지원 패키지를 끌어내면서 한국 시장은 안정을 찾아갔고 김대중 정부는 IMF의 개혁프로그램을 충실히 실행, 환란을 성공적으로 수습했다.

세계 경제를 좌지우지하는 미국도 위기가 없었던 것은 아니다. 2007년 미국발 금융 위기는 지구촌을 공포로 떨게 했다. 미국 경제도 구조적인 취약성을 안고 있었지만 결과는 사뭇 다르게 나타났다. 이에 대해 구소련의 붕괴를 예언해 화제를 모으기도 했던 프랑스의 역사학자 엠마뉘엘 토드는 〈제국의 몰락〉에서 흥미로운 분석을 했다. 미국은 경기 후퇴기조차 소비를 늘려 경기를 부양하는 경향이 있었다. 반면 미국 가정의 저축률은 제로에 가깝고, 미국의 무역 적자는 매년 신기록을 세우며 확대되고 있다. 이 정도라면 일반 국가의 경우였으면 부도가 나야 마땅하다. 하지만 미국은 달랐다. 달러라는 '화수분'이 있다. 일각에서는 미국의 역할은 재화를 생산하는 것이 아니라 화폐를 생산하는 일이라고 꼬집을 정도다. 또 전 세계에서 기업, 은행, 투자가, 개인들이 달러를 사려고 달려든다. 이들은 미국의 소비재를 구입하는 것이 아니라 직접투자나 재무성 채권 등을 구매한다. 빚을 내 잔치(소비)를 하고 달러를 찍거나 투자를 받아 운영을 해온 '모래성' 구조다. 토드는 이 같은 메커니즘을 분석하고 현재의 미국은 근본적으로 취약한 구조라, 자칫하면 세계 경제를 심각한 혼란에 빠뜨릴 수 있다고 지적한다. 미국으로 금융 유입이 중단되는 순간 곧바로 지구촌이 위기를 맞을 수 있다는 얘기인데, 트럼프의 미국은 호황이라니 아이러니가 아닐 수가 없다.

그렇다고 이런 상황이 영원할 수는 없을 것이다.

앨빈 토플러는 1990년에 출간한 〈권력이동〉에서 금융 위기의 위험성을 예측했다.

"최소한의 규제를 받는 완전 개방된 단일 금융체제는 밀폐 칸막이가 없는 초대형 유조선과 같다. 커다란 시스템은 적절한 칸막이나 객실이 있어야 일부분이 파괴되어도 살아남을 수 있다. 이것이 없으면 선체에 단 하나의 구멍만 뚫려도 유조선이 침몰할 것이다. (…) 한 가지는 분명한 것 같다. 앞으로 수십 년 내에 세계 금융 개편을 위한 투쟁이 절정에 달할 경우 최강의 '(금융) 권력' 중 다수가 쓰러지리라는 것이다."

역시 미래학자다운 대단한 통찰이다. 토플러는 당시 자본시장의 자유화를 의심스런 눈으로 바라봤다. 금융 권력이 중앙은행이나 개별 국가에서 떨어져 나가 전 세계 국가들을 유린하다 지금까지 경험하지 못한 위기를 초래하리라는 것을 알아차렸다. 그런데 미국은 2008년 리먼 브라더스가 파산하고 서브프라임 모기지발 금융 위기를 한 차례 겪고도 토플러의 충고를 받아들이지는 않는 것 같다.

토플러의 저서보다 2년 전인 1988년 폴 케네디의 〈강대국의 흥망〉이 발표되자 세계는 술렁거렸다. 당시는 미국과 구소련의 냉전 막바지 무렵이었고 미국 경제가 불황의 터널을 지날 때였다. 책의 핵심 내용은 국가의 경제력이 커질수록 이를 지키기 위한 군사력이 필요하지만 '경제력'과 '군사력' 두 요소 중 어느 한 쪽으로 무게 중심이 쏠리면 몰락의 징후가 나타나고, 당시 미국에 그 징후가 있다는 분석이었다. 미국은 로널드 레이건 대통령 집권(1981~1989) 8년 동안 조세 감면과 기업 규제 완화를 골자로 하는 '레이거노믹스'와 미사일방어체제(MD) 구축('스타워즈'라고 불렸다)으로 인한 국방비 과다 지출 등으로 재정 · 무역 적자가 깊어졌을 때였다. 게다가 거품경제가 최고조에 달했던 일본 자본이 록펠러센터, 엠파이어 빌딩 등을 싹쓸이하자 미국인들 사이에 '제2의 진주만 공습'이라며 위기의식이 팽배하던 때였다. 지식인들 사이에서 '정말 미국은 몰락하는가'를 놓고 격렬한 논쟁이 불붙었다.

〈강대국의 흥망〉이 출간된 다음해인 1989년 레이건 대통령이 퇴임했고 조지 H. 부시(조지 W. 부시의 아버지)가 대권을 이어 받았다. 이즈음부터 국제정세는 미국에게 유리하게 돌아갔다. 미국 경제가 곤두박질치는 와중에 1989년 베를린 장벽이 무너지고 이어 1991년 구소련이 해체됐다. 덕분에 미국은 경쟁자 없는 유일의 초강대국으로 우뚝 섰다. 당시에도 일본 차에 밀린 미국의 자동차산업이 위기라는 얘기가 나올 정도였고 미국의 제조업은 내리막길을 걸었다.

하지만 미국을 건져올린 것은 '금융'이었다. IT 버블과 주택 버블기를 거쳐 각종 파생상품으로 무장한 금융 파워가 활짝 열린 국경을 넘나들며 맹위를 떨치면서 미국을 '신기루 제국'의 통치자로 끌어올린 것이다. 미국은 아프가니스탄(2001년)과 이라크(2003년)에서 두 차례의 큰 전쟁을 치렀고 한국을 비롯한 세계 각국에 군사기지를 운영하고 있다. 여러 위기를 겪고도 미국은 여전히 전 세계를 압도하는 초강대국으로 군림하고 있다. 미국은 정말 불멸의 국가일까.

미국의 SOC 투자와 한반도 안보

대통령의 정책은 반드시 국가 이익만을 대변할까. 혹시라도 그를 둘러싼 정치집단의 이익을 우선시하는 건 아닐까.

도널드 트럼프 미국 대통령의 행태를 보면 그런 의심이 고개를 든다. 이란 핵 협정 탈퇴, 시리아 공습, 이스라엘 미국 대사관 예루살렘 이전, 북한 비핵화 협상 등 일련의 정책이 과연 미국 국민, 국가 이익을 위한 것인지 의문이다. 트럼프 대통령은 오히려 분쟁을 촉발시킬 수 있는 위험성 높은 정책에 몰입한다.

트럼프의 북한 비핵화 정책도 미국의 국가 이익에 어떤 도움이 되는지, 분쟁 의도는 없는지 궁금하다. 단순하게 보면 북한이 대륙간탄도미사일(ICBM)에 핵을 실어 미국 본토를 공격할 수 있다는 우려에 대처하자는 것이겠다. 하지만 이참에 리비아식으로 북한 정권을 아예 전복시키려는 것인지, 아니면 진정 지구촌 평화를 위한 것인지 속뜻을 알 길이 없다. '러시아 스캔들'을 회피하거나, 그의 재선을 위한 것이라는 분석도 많다.

그런 맥락에서 자본시장연구원장을 지낸 경제학자 김형태의 분석이 흥미롭다. 그는 저서 〈부채 트릴레마〉에서 미국의 경제 정책과 북한 문제의 상관관계를 놓고 가정과 추론을 이어간다. 국제정치적 패권 역학 구도에 대한 그의 분석은 꽤 설득력 있게 들린다. 트럼프 대통령은 취임 직후 1950년대 아이젠하워 대통령 이후 최대 인프라 투자를 하겠다는 정책을 내놓았다. 그런데 미국이 공항, 고속도로 등에 대규모 투자를 하는 것이 우리 기업의 건설 수주에는 다소 도움이 되겠지만, 한반도 안보에는 오히려 위험 요인이 될 수 있다는 가정에서 출발한다. 북한이라는 변수 때문이다.

미국은 경제적으로는 기축통화국이고 국제정치적으로는 패권국이다. 따라서 언제라도 세계 무대에 긴장감을 조성할 능력이 있다. 국제사회에 긴장감이 높아지면 누구든 최고 안전 자산인 미국 국채를 찾는 성향이 있다. 서브프라임 모기지(비우량 주택담보대출) 사태로 미국이 세계 금융 위기의 시발점이 됐을 때도 미국 국채 가격은 오히려 올라갔다.

국지적 긴장감만 증가해도 미국 국채 수요는 확대되고 가치는 올라간다. 말하자면 트럼프의 공약인 대규모 인프라 투자를 위해 미국이 국채를 남발해도 달러 가치가 떨어지는 부작용 없이 재정 정책을 어렵지 않게 수행할 수 있다. 국지적 긴장이 유발될수록 미국의 재정이 무리 없이 유지되는 기형적 패턴이 나타나는 것이다.

'양털깎기 수법'도 있다. 미국이 금리나 환율을 이용해 주변 나라들을 굴복시키는 방식이다. 경제가 휘청거릴 때면 늘 증권가에는 외환 위기의 어두운 그림자를 연상시키는 분석이 많이 나온다. 1994년 중국이 위안화 환율을 달러당 5.8위안에서 8.7위안으로 평가절하하면서 주변국들이 위기를 맞이했다. 여기에 미국은 예고 없는 금리 인상으로 세계 금융시장을 뒤흔들었다. 미국 채권 시장에서는 대학살(Blood bath)이라고 불린 채권 가격 폭락 사태가 이어졌다. 멕시코는 곧바로 '테킬라 위기'에 직면했고 아시아 신흥국들은 3년 뒤인 1997년 외환위기를 맞이했다.

지금은 당시의 외환위기 때와는 상황이 많이 다르다. 이후 아시아 국가들은 변동환율제를 채택, 탄력성을 갖춘 데다 외화 보유액도 충분하다. 우리도 외환위기 당시 39억 달러였던 외화 보유액이 지금은 천 배 이상 늘어난 상태라 그때처럼 쉽게 무너질 구조는 아니다.

그럼에도 불구하고 중국의 국제문제 전문가 레이쓰하이(雷思

海)가 〈G2 전쟁〉에서 거론한 '3차 금융전쟁'이 눈길을 끈다. 그에 따르면 미국은 1970~1985년, 1985~2000년 두 차례 15년 단위의 금융전쟁에서 승리했다. 10년간은 달러 가치가 떨어지고 나머지 5년은 급등한다. 약(弱)달러 정책으로 타국 통화가치를 끌어올려 자산 거품을 부추긴 뒤, 금리를 인상해 국제 자본을 미국으로 유입시킨다. 미국은 이 자본으로 고속성장하고 다른 나라들은 불황을 겪는 방식이다. 미국과 중국의 무역전쟁 등은 결국 3차 금융전쟁이 되고 있다는 얘기다.

경제위기 때는 늘 그럴싸한 음모론이 등장한다. 〈화폐전쟁〉의 저자 쑹훙빙(宋鴻兵)은 "동남아 외환위기 때 국제 금융 세력은 한국 등 네 마리 용에 대해 '양털 깎기'를 했다"고 주장한다. 신흥국의 자산 거품을 조장한 뒤 통화량을 갑자기 줄여 불황과 자산가치 폭락을 유도, 헐값에 손에 넣는 수법이다. 어디까지가 진실인지는 알 수 없지만 약자는 늘 당하기 마련이다. 언제 어디서 공격이 들어올지 모르니 긴장을 늦출 수 없다. 외화 보유액이 넉넉하다고 안심할 일이 아니다. 곳간 단속을 단단히 해야 한다.

코끼리 옆에서 잠자기

캐나다 사람들은 미국과 인접한 것을 두고 '코끼리 옆에서 잠자는 것과 비슷하다'고 불평한다. 코끼리가 미쳐 날뛰거나 다쳐 쓰러지기만 해도 화를 당할 수 있기 때문이다. 조지프 나이의 〈권력의 미래〉에 나오는 얘기다. 그나마 캐나다 옆에는 한 마리지만 우리 주변에는 미국을 비롯해 중국, 러시아, 일본 등 적어도 네 마리의 코끼리가 있다.

2차 세계대전 이후 미국과 소련의 양극체제로 유지되던 세계 정세는 구소련의 붕괴(1991년) 이후 미국 중심의 일극체제로 변했다. 국제 질서를 미국이 좌지우지한다는 얘기다. 덕분에 국제 권력 구조는 단순해졌고 우리 역시 평온한 시기를 보냈다. 군부 독재를 청산하고 민주화의 길로 접어든 데다 경제도 눈부시게 발전했다. 하지만 2017년 도널드 트럼프가 미국 대통령이 되면서부터 갑자기 세상이 달라졌다.

사실 미국은 최강대국이라는 자부심과 쇠퇴에 관한 불안감을 동시에 가진 조울증 국가다. 여기에 트럼프의 병적 기행이 상승작용을 불러왔다. 불안의 저변에는 떠오르는 중국이 있다. 중국의 부상은 미국의 일극체제를 위협하는 중대 요소다. 미국은 특히 경제 분야에서 중국을 집중 견제한다. 중국산 수입품에 엄청난 관세를 부과하면서 경제전쟁을 선포했다. 미국 무역 적자의 상당 부분이 대(對)중국에서 발생하기에 위협 요인이 아닐 수 없다. 중국도 미국의 압박으로 적지 않은 고통을 당하고 있지만 견디기가 쉽지 않은 상태다.

미국이 한때 급부상하던 일본을 응징한 예를 보면 미 · 중 충돌의 미래를 짐작할 수 있다. 1980년대 초 레이건 정부가 들어서면서 미국은 대규모 무역 적자에 시달렸다. 특히 일본에 대한 적자는 1985년 429억 달러에 이르렀다. 전체 무역 적자의 38% 수준이었다. 현재 가치로는 몇 배는 더 클 것이다. 게다가 일본의 GDP는 미국의 70% 선까지 육박했다. 때문에 '미국 쇠퇴론'이 번졌고, 미국 언론은 일본이 미국을 대신해 초강대국이 될 것이라는 우려를 내놓기도 했다. 미국이 일본을 손볼 때가 되었던 것이다.

미국은 그해 9월 뉴욕 플라자호텔에서 G5 재무장관 회의를 열어 엔화 강세에 합의했다. 합의라지만 실은 강요였다. 이후 미국 제조업체는 해외시장에서 약진한 반면, 일본은 엔고 현상으로 거품 붕괴 등을 거치며 '잃어버린 20년'을 겪어야 했다. 미국이 힘의 우위를 바탕으로 1인자 자리를 넘보는 자를 혼내주는 방식이다.

고대 그리스의 역사가 투키디데스는 펠로폰네소스 전쟁의 원인을 아테네의 권력 부상과 그에 대한 스파르타의 견제로 파악했다. '**투키디데스 함정**'이란 관점이 나온 배경이다. 빠르게 부상하는 신흥국과 기존 강대국은 충돌할 수밖에 없고, 패권 분쟁은 권력의 쇠퇴와 침식에 대한 불안에서 촉발된다는 것이다. 일부 역사학자들은 제1차 세계대전의 근본 원인을 독일의 부상과 그에 대한 영국의 우려라고 분석한다. 미국이 중국의 부상을 견제하는 것도 같은 맥락일 것이다.

투키디데스의 함정 (Tuchididdes trap)
새로운 강대국이 부상하면 기존의 강대국이 이를 두려워하게 되고 이 과정에서 전쟁이 발발한다는 뜻의 용어. 아테네 출신의 역사가 투키디데스(Thukydides, BC 460?~BC 400?)가 편찬한 역사서 〈펠로폰네소스 전쟁사〉에서 나왔다.

하지만 중국도 만만치 않다. 중국은 상당 기간 은밀하게 힘을 기르며 때를 기다리는 **도광양회(韜光養晦)** 기조를 유지해 왔지만, 지금은 '할 말은 한다'는 입장으로 선회했다. 중국은 "우리가 도자기 만들고 비단을 짤 때 미국은 인디언들이 뛰놀던 땅이었다"고 비

도광양회(韜光養晦)
국력이 생기기 전까지 몸을 낮추는 전략을 취했던 1980년대 중국 덩샤오핑의 외교정책. 원래는 <삼국지연의>에서 유비가 조조의 식객으로 있으면서 자신의 재능을 숨기고 은밀히 힘을 기른 것을 뜻한다.

아냥거린다. 더욱이 미국에 'America first'가 있다면 중국에는 '주동작위(主動作爲)'가 있다. 즉 국익에 필요한 것은 적극 주도하겠다는 것이다.

그런데 난감한 것은 한국의 선택과 전략이다. 한반도는 육지의 끝이자 바다의 시작이다. 정치학자 강성학은 〈한국의 지정학과 링컨의 리더십〉에서 "강대국에게 한반도는 완충지대이자 교두보, 충돌지대"라며 "한반도의 지정학적 위상은 16세기 말 일본의 도요토미 히데요시가 명나라 정벌의 교두보로 삼기 위해 침략한 이후 변한 적이 없다"고 했다. 긴장을 늦출 수 없다는 얘기다. 이럴 때는 마키아벨리의 충고가 현실감이 있어 보인다. "훌륭한 무기와 훌륭한 친구가 당신을 지켜주고, 훌륭한 무기가 있으면 훌륭한 친구는 항상 따른다."

총알, 위스키

미국 서부시대 총잡이들은 바에 가서 독한 위스키 한잔을 시키고 주머니에 돈이 없으면 혁대에서 총알 하나를 꺼내 술값 대신 내밀었다. 그래서 위스키 한잔을 'a shot of whisky'라고도 한다. 그 시절 미국은 '술보다 총을 사기가 더 쉬운 나라'였다. 지금 우리나라 커피집에서도 '샷(shot) 추가'라면 알아듣는다. 커피 원액을 '한 방' 추가하라는 말이다. 대부분의 미국인들은 이처럼 총과 무척 가깝게 지낸다. 벽난로 위나 장식장에 총기를 전시하고 자녀들에게 총 쏘는 법을 가르친다. 미국에 사는 한국 교민 집 차고에서도 흔하게 총기류를 볼 수 있다.

미국에서는 골프를 치다가도 골프장 주변 주택 마당으로 공이 날아가면 찾을 생각을 하지 않는다. 화가 난 집주인이 총을 쏴도 주거침입에 따른 정당방위가 인정되기 때문이다. 미국에서는 수시로 총기 난사 사건이 발생한다. 2001~2017년까지 미국에서 200여만 명이 총격을 당했고 매일 92명, 연간 3만여 명이 총에 맞아 죽었다. 1970년 이후 총기 사고 사망자는 미국 역사상 모든 전쟁 전사자를 합친 것보다 많다. 통계상 미국인은 1인당 1정 이상의 총기를 갖고 있다. 소형 권총은 500달러, 중고 권총은 200달러가 채 안되는 것도 수두룩하다.

2007년 한국계 학생 조승희가 저지른 버지니아 공과대학 참사 사건, 2017년 59명이 사망하고 500여 명이 부상한 라스베이거스 사건 등 총기 난사 사건이 벌어질 때마다 미국 전역에서 총기 규제를 강화해야 한다는 여론이 들끓었지만 결국은 흐지부지됐다. 미국 대통령들은 늘상 "총기 규제를 논의할 시기가 아니다"라는 유보적인 태도를 보였다. 도널드 트럼프 대통령도 라스베이거스 참사 직후 "(총기) 규제에 관해 얘기할 분위기가 아니다"며 기자들의 질문을 피해 나갔다.

미국인 상당수는 총기 소유를 압제자에 저항하는 국민 기본권으로 생각한다. 식민지 시절 영국의 압제와 탄압에 대항하기 위해 스스로 무장할 권리를 갖고 있다는 생각이 지금까지 이어져 오고 있는 것이다. 토머스 제퍼슨(1743~1826) 등 미국 건국의 아버지들은 '모든 미국인들은 무장하여 전제적인 정부에 대항할 것'을 요구했다. 그래서 미국인들에게 총은 공격용이라기보다는 방어용이다. 이런 역사적 맥락에서 미국에서는 여전히 총기 규제는 허술하고 불법 거래가 판을 친다.

지금은 시대가 바뀌어서 총기 규제를 철저히 하고 판매도 줄여야 한다는 목소리가 커지고 있지만 총기업자의 막강한 정치권 로비 때문에 규제 문제는 거의 진전이 없다. 어느 대통령이나 집권당도 이미 총기업계의 로비에서 자유로울 수 없다.

오죽하면 미국을 '총기가 지배하는 사회(gunocracy)'라고 할까. 총기업자와 정치인의 유착 관계가 도를 넘을 정도로 긴밀해 '총기의 정치학'이라는 용어까지 나왔다(손영호, 〈미국의 총기문화〉). 총기업자의 배후에는 막강한 조직과 자금력을 갖춘 미국총기협회(NRA, National Rifle Association)가 있어 여론몰이를 한다. 2000년 대선 때 민주당 후보 앨 고어가 부시에게 패한 것도 강력한 총기 규제 정책을 내걸었기 때문이라는 분석이 있다.

최악의 총기 사건이 발생해도 열흘이 채 지나지 않아 총기 반대 여론이 식어버리는 이유를 알 것 같다. 그래서 미국에서의 총기 규제는 요원하기만 하다.

열전(熱戰), 냉전(冷戰), 환전(換戰)

"미국이란 나라는 무얼 팔아 먹고 살까?" 연수 시절 미국 사회를 조금씩 알게 될 즈음 이런 의문이 들었다. 자동차도 일본이나 유럽 차에 점령당한 상황이고, 코스코나 월마트에는 중국산이 넘쳐났다. TV나 카메라, 휴대폰 등을 만드는 미국 제조업체도 뚜렷하게 떠오르는 게 없다. 물론 대형 항공기를 만드는 보잉 사나 마이크로소프트, 구글, 애플 등 세계를 주름잡는 명품 IT기업들이 즐비하지만 미국은 엄청난 무역 적자를 면치 못하고 있다. 도널드 트럼프 대통령이 중국 등 각 나라에게 무차별적으로 무역 제재를 가하는 것도 이 같은 이유 때문이다.

그나마 미국의 군수산업이 무역 적자를 메워왔다는 지적도 있으나 실제 통계 수치를 보면 별로 그렇지도 못했다. 더욱이 수많은 종류의 중국산 저가 제품이 없다면 미국 국민의 일상생활 자체가 올스톱될 상황이다. 1980년대에는 일본의 공략으로 인해 재정 수지 적자와 무역 수지가 동시에 일어나는 쌍둥이 적자를 냈고, 2000년대 이후에는 이 자리를 중국이 꿰찼다. 이후 단 한 번도 적자가 아닌 상황이 없었다. 조지프 스티글리츠 컬럼비아대학 교수의 지적처럼 중국이 위안화를 절상해도 중국에 팔아먹을 물건이 별로 없다. 트럼프가 중국산에 대해 철퇴를 가하려는 것도 이런 맥락일 것이다.

세계는 늘 이런저런 전쟁 중이다. 1차, 2차 세계대전이 화력을 동원한 열전(熱戰)이었다면, 1950년대 이후 냉전(冷戰) 시기를 거쳐 지금은 경제전쟁의 시대로 돌입했다. 특히 앞으로는 환율전쟁(換戰)이 자주 나타날 것이다.

전쟁보다는 규모나 범위가 작은 것이 난(亂)이다. 1997년 외환위기는 환란(換亂)으로 표현했다. 우리나라와 동남아 일부 국가에서 발생한 것으로 국지적으로 난리가 난 셈이다. 우리가 겪은 환란에 대한 아픈 기억이 20년이 지난 지금도 생생하다. 난리가 이 정도라면 전쟁은 어떠할까. 외환위기 때보다 피해와 규모가 훨씬 커질 것이다.

열전(熱戰)의 발생 원인이 경제 공황이듯, 환율전쟁(換戰) 원인 역시 경제적 다툼이다. 상호 충돌하는 전선도 선진국 대 선진국, 선진국 대 신흥국 등 다각적인 구도로 나타난다.

선진국은 신흥국의 환율 절상을 통해 무역 불균형을 해소하려 하고, 신흥국은 이를 거부하고 자구책을 마련하면서 충돌하는 형국이다. 미국은 1985년 플라자합의 때도 무역 적자의 원흉으로 지목한 일본의 엔고를 유도, 위기를 탈출했으나 덕분에 희생양이 된 일본은 장기불황에 빠졌다. 그랬던 미국이 이번에는 중국을 지목했다.

미국과 중국과 무역전쟁을 벌이면 우리에게도 불똥이 튄다. 특히 우리처럼 수출 의존도가 높고 환율 변동에 취약한 국가들이 피해자가 될 공산이 높다. 전쟁의 반대말은 평화다. 어떤 평화적 해법이 있을까 궁금하다.

1989년 일본 기업이 뉴욕의 록펠러그룹 빌딩을 매입하자 미국 국민들은 큰 충격에 빠졌다. 이보다 몇해 전인 1982년에 빈센트 친이라는 중국인이 디트로이트에서 처참한 죽음을 맞이한 사건이 있었다. 디트로이트 자동차 공장에서 쫓겨난 백인 실직자들이 그를 일본인으로 착각해 야구 방망이로 살해한 것이다. 그런데 백인 가해자들은 무죄를 받고 풀려났다. 이 사건은 나중에 영화로도 만들어졌다.

당시 미국 시장은 도요타 등 일제 차량들에게 점령되었고 미국 자동차들은 사경을 헤매고 있었다. 대학 캠퍼스에서 일본제 스포츠카를 몰고 가면 동양인이라도 백인 여대생들이 선망의 시선으로 쳐다볼 정도였다. 일본이 세계 경제의 주역으로 떠오를 것이라는 데 대해 이견이 없었다. 반면 미국 자동차의 경쟁력은 턱없이 쇠락했다. 그 즈음 폴 케네디의 〈강대국의 흥망〉이라는 책이 큰 인기를 끌었다. 이 책은 당시 미국의 방만한 재정 운영과 엄청난 부채, 과도한 군사력 등이 미국의 패권을 곧 몰락시킬 수 있음을 암시했다. 당시 우리나라 학계도 그런 분위기가 팽배했고, 그와 관련된 논의도 상당 부분 진전을 이루었다. 그런데 모두가 간과한 것이 있었다. '버블'이라는 예외적 변수였다. 미국은 당시 적자를 누적하면서 동시에 재정적자 확대, 닷컴 버블, 주택 버블 등 각종 버블을 키우며 경제를 지탱했다. 이 부분은 매우 중요한 문제다. 특이한 금융기법으로 무려 30년간 미국 경제를 끌고 나간 것이다. 결국 미국의 버블은 2008년을 기점으로 꺼졌고, 10년이 지난 지금은 회복의 길로 접어들었다.

록펠러그룹 빌딩이 팔리고 19년 후인 2008년 7월, 뉴욕의 상징 중 하나인 크라이슬러 빌딩이 일본도 중국도 아닌 중동의 아부다비 정부 투자기구에 팔렸다. 그 즈음 잠비아 출신의 석학인 미국의 거시 경제학자 담비사 모요는 〈미국이 파산하는 날〉에서 미국의 파산이 멀지 않았다고 강조했다. 폴 케네디의 경고가 20년 뒤에 다시 부활한 것일 수 있다. 하지만 미국은 파산하지도 않았고, 여전히 세계 초강대국으로 군림하고 있다. 알 수 없는 나라다.

용과 코끼리

강남의 유명 성형외과에 들렀다가 '○○ 整形外科(정형외과)'라는 병원 간판을 보고 원장에게 물은 적이 있다. "정형외과는 뼈를 다친 사람들이 오는 곳인데 혹시 成形外科(성형외과)를 잘못 쓴 것 아니냐"고. 원장은 "중국에서는 성형외과를 整形外科(정형외과)라고 쓴다"면서 "중국인 고객이 많아 대부분 강남의 성형외과가 이렇게 표기한다"고 했다. 하긴 성형수술이 피부 시술뿐 아니라 코뼈, 광대뼈, 턱뼈를 깎아내는 수준이니 정형이라고 해도 틀린 건 아니겠다. 병원 내부 안내 간판에도 수술중심(手術中心, 수술센터) 등의 병원 용어를 한글과 중국식 한자로 병기해 놓았다.

싫든 좋든 중국은 우리에게 차세대 성장 동력을 제공할 나라다. 제조업과 수출을 통한 우리의 경쟁력은 한계에 봉착했다. 대신 서비스업에서 고용을 창출하고 성장을 유지하려면 중국을 지목할 수밖에 없다. 우리 교역 규모에서 중국은 이미 미국을 앞질러 1위로 올라섰다. 웨이하이(威海)에서 닭이 울면 인천에서 들린다고, 중국과는 담벼락을 넘나드는 거리다. 이보다 좋은 황금어장은 없다. 용(龍)이 될 수 없으면 용의 등에라도 올라타라고 했다. 그래야 승천(昇天)할 수 있다. 그나마 중국이 용틀임을 하기 전이라야 가능할 것이다.

중국 전문가 전병서 중국금융경제연구소장은 〈한국의 신국부론〉에서 "중국의 상위 5%의 부자 6,500만 명의 식탁과 옷장을 장악하고, 2억 명의 중국 노인들의 건강을 책임질 수 있으면 한국의 4,500만 명이 30년은 편하게 살 수 있다"고 했다. 그는 "일본을 배우던 1980년대, 미국을 따라 하던 2000년대는 갔고 이제는 미국과 일본에서 배운 노하우를 중국에 팔 때가 왔다"며 "100만 명 이상의 중국 전문가를 양성하자"고 제안한다.

중국 다음으로 잠재력이 큰 나라가 인도다. 인도의 부상에 주목할 필요가 있다. 마이크로소프트 본사가 있는 미국 워싱턴주 시애틀의 레드먼드 지역의 아파트 단지에는 저녁이 되면 늘 카레 냄새가 진동한다. 인도 사람들이 많이 거주하기 때문이다. 이미 미국의 IT업계에서는 인도 출신 기술자들이 두각을 나타낸 지 오래다. 실제로 마이크로소프트의 직원 상당수가 인도인이고, 대표적 IT산업단지인 실리콘밸리의 분위기도 크게 다르지 않다.

인도인들은 단순히 연구원, 기술자에 머물지 않고 미국 IT업체의 2인자 자리까지 올라간 사람이 많다. 2012년 실리콘밸리에서 탄생한 기업의 33%를 인도인이 창업했다는 통계도 나와 있다. 첨단산업 분야를 앞장서 이끄는 단계까지 가 있는 것이다. 첨단산업 분야에서 인도인들이 대거 약진한 이유로 숫자에 강한 그들의 특성으로 보는 시각도 있다. 어릴 적부터 '9×9단' 대신 '19×19단'을 외우는 특별한 교육방식 때문이라는 것이다. 미국에서 수학과 과학, 공학은 물론이거니와 회계, 통계, 재무 등 숫자와 계산을 다루는 거의 모든 분야에서 인도 출신이 뛰어난 능력을 발휘하는 걸 보면 꽤 설득력이 있는 말이다.

무엇보다 13억이 넘는 인구 대국인 인도는 인력 배출 규모부터 남다르다. 인도의 이공계 대학 졸업생은 매년 70만 명에 달한다. 이 어마어마한 인력이 구글과 마이크로소프트, 페이스북 등의 취업을 목표로 공부를 한다.

인도의 IT 인재들이 미국에 진출하기 시작한 건 1970년대부터다. 그러다 이후 세기말 '밀레니엄 버그' 소동 때 미국이 이 문제를 해결하기 위해 IT 인력을 폭넓게 받아들이면서 인도의 이공계 인재들이 대거 미국으로 쏟아져 들어갔다. 인도에는 영국식 교육을 받아 영어로 소통이 가능한 인구가 2억 명 이상이고,

소프트웨어 개발자는 수백만 명에 달한다.

인도인들이 세계 곳곳에서 두각을 나타내면서 인도식 리더십에 대한 연구도 활발하다. 인도가 원래 다민족, 다언어, 다문화, 다종교 국가이기 때문에 다른 인종이나 새로운 문화에 대한 포용력과 적응력이 높다는 것이다. 또한 인간관계를 중시하는 정서를 갖고 있어 조직을 융화하고 잘 이끌 수 있다는 분석도 있다. 실제 인도 이민자들은 서로가 힘을 합쳐 도와주는 문화로 정평이 나 있다. 새로운 이민자가 오면 직장도 잡아주고 안착할 때까지 뒤를 봐주는 경우가 많다. 창업 1세대는 후속 세대가 자리 잡을 때까지 자금과 재능을 지원한다. 그래서 실리콘밸리에서는 이들을 '인디언 마피아'라고 부른다.

인도는 국내총생산(GDP) 가운데 제조업 비중이 낮기 때문에 산업화 가능성이 많이 남아 있다. **모디노믹스**(Modinomics)는 외국인의 투자를 통한 제조업 육성과 확충, 이를 통한 일자리 창출이 핵심이다. 따라서 국내 기업들에게는 커다란 기회다. 인도와의 무역 규모도 아직은 미미한 상황이라 확대할 여지가 크다. 우리의 제조업 기술, 자금력이 인도의 젊은 인력과 소프트웨어 인프라와 접목되면 양국 모두에게 엄청난 시너지가 될 것이 틀림없다. 더욱이 인도 경제는 성장 속도가 가파르다. 출구를 찾는 우리에게 중국에 이은 또 다른 기회의 땅이

> **모디노믹스(Modinomics)**
> 인도의 모디 총리가 시행하고 있는 경제정책. 적극적인 외자 유치와 시장 개혁, 친기업 정책이 핵심이다.

될 만한 곳이 인도다. 코끼리 등에 서둘러 올라타지 않으면 안 되는 이유다.

큰 깡패, 작은 깡패

고교 시절 학교에 깡패들이 많았다. 덩치 큰 깡패들은 이따금 패를 지어 싸우지만 평소에는 대체로 전략적 협조를 할 때가 많았다. 당시 서울 영등포 우범지대 조직과 연결돼 있다던, 나이가 좀 든 깡패는 학생들을 건드리지 않았다. 반면 잔챙이 깡패들이 설쳐댔다. 그러자 큰 깡패들이 잔챙이 소탕 작전을 벌였다. 큰 깡패들이 잠잠한 사이 잔챙이들이 학생들을 수시로 괴롭혔기 때문이다. 큰 깡패들이 잔챙이들을 학교 담벼락으로 불러모아 본때를 보인 뒤부터 학교가 조용해졌다. 미국과 북한의 핵 협상을 보면서 40년 전의 생각이 났다.

도널드 트럼프 대통령이 김정은 북한 국무위원장과 두 차례 정상회담을 하고 마이크 폼페이오 미국 국무장관이 평양을 여러 차례 방문했지만 북한의 비핵화는 여전히 구체화되지 않고 있다. 오히려 북한은 협상 진행이 더뎌지거나 마음에 들지 않으면 간간이 미국을 향해 깡패라는 용어까지 써가며 비판을 할 때가 적지 않다. 북한은 "미국의 강도적 심리가 반영된 강도적 요구"라고도 했다. 영문판에서는 '깡패 같은(gangster-like)'이라고 썼는데 '강도(robber 혹은 mugger)'라는 표현보다 강해 보인다. 폼페이오 장관도 당시 "우리 요구가 깡패면 세계가 깡패"라고 응수했다. 국가 간 협상에서 깡패나 강도 같은 격한 표현이 나오는 경우는 흔치 않지만 미국도 북한이라는 특이한 집단이라 그러려니 하는 듯하다.

세계적 석학 노암 촘스키는 '악당 국가(rogue state)'라는 말을 즐겨 썼다. 그의 한국어 번역판 제목은 〈불량국가〉다. 악당 국가는 미국을 지칭하지만, 미국의 적으로 등장하는 이라크, 리비아, 쿠바, 북한도 이 범주에 포함시켰다. 큰 악당이냐 작은 악당이냐의 차이다. 미국 전략사령부의 1995년 비밀 연구보고서에 따르면 구소련 해체 이후 미국은 이들을 불량국가로 지목해 공격 대상으로 삼았다. 미국의 이익이 치명적으로 공격당할 경우 반드시 보복하는 국가로 인식시키기 위해 핵무기 사용 가능성도 시사한다. 더욱이 미국이 국제법이나 조약상의 의무 준수 같은 어리석음을 고집하는 것, 너무 이성적이고 냉철한 머리를 가진 나라처럼 행동하는 것은 자해 행위라고까지 했다.

트럼프 대통령의 행태를 보면 이런 전략을 이어받은 것이 틀림없다. 촘스키가 지목한 작은 악당국가 중 이라크와 리비아는 미국 손에 와해됐다. 2008년 피델 카스트로(Fidel Castro, 1926~2016)가 50년 독재를 내려놓으며 쿠바 국가평의회 의장은 '혁명 후 세대'로 넘어갔다. 남은 것은 북한뿐이다. 하지만 미국에 '미치광이 전략'이 있다면 북한은 '벼랑 끝 전술'이 있다. 북한이 미국에 밀리지 않는 것이 신기할 따름이다.

5장

돈으로부터의 자유

‘Fuck you money’와 ‘Money Talks!’

영어에 ‘Fuck you money’라는 말이 있다. 표현은 좀 거칠지만, 펑펑 쓰고 살 만큼은 안 돼도 월급에 목매지 않고 새로운 직업을 선택할 자유를 줄 만큼은 되는 돈을 말한다. 그것은 돈에 영혼을 파는 것을 막아주며, 외부의 권력으로부터 당신을 자유롭게 해준다. 유혹의 전화를 단호히 끊어버리기 전에 이 함축적인 말(Fuck you!)을 내뱉을 수 있는 유쾌한 능력을 상징한다. 나심 니콜라스 탈레브의 베스트셀러 〈블랙 스완〉에 나오는 얘기다.

은퇴를 앞둔 동료나 선후배들과 만나면 대화의 주제는 “도대체 재산이 얼마 정도 있어야 남은 인생을 여유롭게 살아갈 수 있을까”로 흘러간다. 다들 집 한 채 달랑 갖고 사는 형편이라 늘 미래에 대한 불안감을 안고 살기에 모은 재산 없이 은퇴하면 노후는 어떨까를 두려워했다. 다들 "집 빼고 '+α'가 있으면 버틸 수 있을 텐데…"라고 입을 모은다. 하지만 플러스 알파의 범위에는 제법 편차가 있었다. 하지만 무슨 재주로 원하는 만큼 재산을 모을 것인가에 대해서는 정답이 나올 리가 없다.

통상 이런 자리 끝에는 "누가 부동산이나 주식 투자를 해서 얼마를 벌었다더라"는 '샐러리맨 신화'가 나올 법도 한데 저성장을 지속하는 경제 탓에 '신화'는 자취를 감췄다. 우리 사회에서 이들 정도면 중상위층이다. 그런데도 직장생활을 하는 동안 늘 미래에 대한 부담을 갖고 있다고 했다. '로또밖에 기대할 것이 없다면 막장 인생'이라지만 사회 지도층에 속하는 주변 사람들도 로또 대박을 꿈꾼다고 했다.

심사가 뒤틀릴 때 시원하게 사표를 던질 능력을 갖추는 것이 샐러리맨의 꿈일지도 모르겠다. 거기까지는 아니더라도 새로운 가능성을 발견했을 때 미련없이 훌훌 털고 전직을 할 수 있을 정도도 괜찮다. 하지만 어느 경우라도 월급봉투로부터 자유로워야 가능한 일이다. 주변을 둘러봐도 그런 '유쾌한 능력'을 갖춘 지인들은 보이지 않는다. 정도의 차이는 있지만 대개 그리 풍족하지 못한 인생을 산다. 더구나 많지 않은 월급이지만 이를 받지 않고 몇 달간이라도 버틸 재간이 없다. 얘기는 다시 부자들 주변으로 흘러 우리나라도 '상위 20%가 부의 80%를 소유한다'는 파레토 법칙까지 갔다.

가나어에 '칼라불레(Kalabule)'라는 단어가 있다. 이 단어는 매수, 뇌물 제공, 부패 등을 뜻하는 것으로 기업과 정부 관리들의 부적절한 협력 방식을 표현하는 말이기도 하다. 1981년 군사 쿠데타로 집권한 가나의 제리 롤링스(Jerry Rawlings, 1947~) 대통령이 부패 관료들과의 전쟁을 벌이면서 유명해진 말이다. 19년간 장기 집권했던 롤링스도 2000년 12월 치러진 대통령 선거에서 존 쿠푸오르에게 정권을 넘겼다(클라우스 뮐러, 〈돈과 인간의 역사〉).

노무현 대통령 시절 청와대 안에서 달러 뭉치가 오간 것이 드러난 적이 있다. 전두환, 노태우 전 대통령이 수천억 원대의 비자금을 조성한 죄로 수의를 입었던 전례보다는 보잘것없는 수준이다. 이명박 전 대통령도 재판 과정에서 엄청난 돈을 끌어모았다는 것이 드러났고, 박근혜 전 대통령도 결국 돈 문제 때문에 갇히는 몸이 됐다. 우리 같은 소시민의 생각으로는 재산도 있을 만큼 있고 대통령씩이나 했는데 무슨 돈이 그리 필요한지 의문이지만, 허기와 갈증을 채우듯 돈을 빨아들였다.

정상적인 기업 행위는 고용 창출, 제품 생산 등을 통해 국가 경제에 기여한다. 하지만 권력과 결탁해 쉽게 부당이득을 챙기는 기업 행위는 결국 다른 경쟁 기업의 이익을 빼앗고 좌절시킨다는 점에서 시장 기능을 교란하는 범죄이다. 이것이 권력과 기업의 결탁을 철저하게 막아야 할 이유이다. 케임브리지대학 역사학 교수였던 액튼 경(Lord Acton)은 "권력은 부패하기 쉽다. 절대적 권력은 절대적으로 부패한다"고 했다. 가까운 현대사만 살펴봐도 이 말이 잘 들어맞지만, 그간의 경험으로 볼 때 개선의 여지는 없고 악순환이 계속될 것이라는 우려가 엄습한다.

부패의 근원에는 기업과 돈이 있다. 기업가는 권력을 이용해 많은 돈을 벌려 하고, 권력은 직위를 이용해 그 대가를 받아 축적하는 것이다. '돈이면 다 된다(Money Talks!)'는 천박한 토양과 기이한 권력 관계에서 탄생한 것들이다.

아랍어로 마몬(Mammon)은 재산을 뜻한다. 이 단어가 성서에서는 '지상의 부'라는 뜻으로 주로 쓰이는데 인간을 타락시키는 탐욕의 화신, 하느님과 대립된 우상 등으로 간주된다. 기독교를 비롯한 많은 종교가 '부'를 우상 숭배, 탐욕의 화신, 정신을 병들게 하는 악령의 도구 등으로 여긴다. 예수는 "두 주인을 같이 섬길 수는 없다. 하느님과 재물을 함께 섬길 수는 없다"고 했다. 마몬 신의 '위력'과 '위험'의 양면성을 경고하는 말이다.

소금도 먹은 놈이 물을 켠다고 했다. 검은 거래는 언젠가 드러나게 마련이다. 'Fuck you money!'를 외칠 수 있는 정도라면 만족할 일이다.

화폐의 타락과 보톡스 경제

1,000만 달러짜리 짐바브웨 지폐를 선물 받은 적이 있다. 어린 시절 가지고 놀던 가짜 돈 같기도 해서 서랍에 넣어 두었다가 책상 정리를 하면서 버렸다. '큰돈을 벌 수 있다'는 복돈으로 받은 것인데, 알고 보니 진짜 짐바브웨에서 통용되는 돈이었다. 100조 달러짜리 짐바브웨 지폐도 있었다.

대학 교수이자 작가인 빌 포셋의 〈역사를 바꾼 100가지 실수〉에 따르면 인플레이션과 화폐 가치의 하락은 국가 쇠망의 원인이었다. 제1차 세계대전 후 독일 바이마르 정부는 돈을 마구 찍어내다 실각했다. 빵 한 조각을 사려면 수레로 하나 가득 돈을 싣고 가야 할 정도였다. 이 틈을 타서 나치가 경제를 안정시키겠다는 공약을 내세워 집권했고, 전 세계가 그 대가를 톡톡히 치렀다.

로마제국의 네로 황제는 대리석으로 도시를 재건하고 자신만의 궁전을 짓기 위해 은화를 마구 찍어냈다. 은이 부족해지자 동전의 은 함유량을 낮췄고 다른 황제들도 이 방식을 따랐다. 이를 '화폐의 타락(debasing the currency)'이라고 했다. 결국 은화의 은 함유량은 1%도 되지 않았고, 인플레이션이 극심해지면서 로마는 쇠락의 길을 걸었다. 청나라도 유사한 방법으로 돈의 가치를 하락시키다 최후를 맞이했다. 지금도 지구촌 곳곳에 인플레이션 비율이 연간 수백~수천 퍼센트가 되면서 돈이 종이조각으로 되는 나라가 적지 않다.

2008년 이후 미국과 유럽이 연이어 금융 위기를 맞이하면서 세계 자본시장에 천문학적인 돈이 풀렸다. 각국 중앙은행이 통화를 시중에 공급해 신용 경색을 해소하고 경기를 부양시키는 양적완화 정책을 앞다투어 펼쳤기 때문이다. 글로벌 금융 위기 이후 미국과 일본 유럽연합(EU) 등이 뿌린 돈이 5조 달러를 넘는 것으로 추산된다.

일본의 경우 상당 기간 노골적으로 자국 통화의 가치를 하락시키고, 인플레이션 목표율까지 공공연하게 제시하면서 경기부양에 나서고 있다. 각국의 중앙은행도 신용 창출을 통해 사실상의 인플레이션을 유발하고 있다는 지적이 많다. 우리나라의 경우도 5만원권이 발행된 이후 해마다 10조원 가까이 화폐 발행이 늘어나 발행 잔액이 조만간 100조 원에 달할 전망이다. 이제는 세뱃돈이나 경조사비에 1만원짜리를 넣기가 민망할 정도다. 5만원권이 등장하면서 자연스럽게 돈 가치가 떨어진 셈이 됐다. 워런 버핏의 말처럼 '돈이 소비에 사용할 수 있는 종이조각'으로 전락할까 걱정이다. 하긴 당장 쓸 돈도 별로 없는 서민이 걱정할 일은 아니다.

강대국들이 자국의 화폐가치를 인위적으로 하락 · 상승시키는 경쟁을 벌이는 것은 과거 로마제국이나 청나라, 바이마르공화국 등의 경우처럼 예상치 못한 결과를 초래할 수 있다. 특히 우리처럼 경제 규모는 작은데 외환시장 개방 수준이 높은 국가들은 피해국이 될 가능성이 짙다. 많은 자금이 갑작스럽게 유입되어도 문제지만, 그 자금이 한꺼번에 빠져나가면 더욱 위험하기 때문에 **토빈세**(Tobin's tax) 도입 등의 논의가 필요한 것이다.

토빈세(Tobin's tax)
국제 금융 시장에서, 유리한 금융 시장을 찾아 투기적으로 움직이는 단기 자금의 유출입을 막기 위해 단기성 외환 거래에 부과하는 세금. 노벨 경제학상 수상자인 토빈(Tobin, J.) 교수가 1972년 주장했다.

금융 파생상품과 리스크 관리 분야의 세계적 권위자인 사트 야지트 다스는 〈익스트림 머니〉에서 이 같은 '보톡스(botox) 경제'의 위험성을 경고했다. 금융 위기가 터지면서 세계중앙은행이 엄청난 양의 금융 보톡스를 주입했지만, 이는 깊이 뿌리 박힌 문제들을 더욱 은폐시켰을 뿐이라는 것이다.

“(넘쳐나는 강물처럼) 시중의 과잉 통화도 어딘가로 흡수되지 않으면 범람하여 큰 재앙을 일으키고, 화폐는 결국 가치 절하의 궤도에 진입하게 된다.” 중국의 유명 경제 예측가인 스한빙의 지적을 잘 새겨두어야 할 듯하다.

영혼의 족쇄, 월급

미국의 한인 이민자들 사이에 "은행 돈 잘 쓰고 죽으면 잘산 것"이라는 얘기가 있다. 은행 빚으로 집 사고, 차 사고, 가게 얻어 장사해서 조금씩 갚으면서 평생 무리 없이 살아가면 잘살았다는 얘기다. 미국 서민 사회를 들여다보면 대개가 이런 식이다. 평생 빚을 떠안은 채 평생 그 빚을 갚으며 살아가는 것이다. 서브프라임 모기지가 대표적이다. 그런데 신용등급이 낮은 서민들에게 대출을 해주던 서브프라임 모기지에 문제가 발생해 미국발 금융 위기가 터졌다. 부동산 버블시기에 빚을 내서 집을 샀다가 집값이 폭락하면서 집주인들이 쪽박을 차고 쫓겨난 것이다. 이러한 현상이 한두 곳이 아니라 미국 전역에서 동시다발적으로 발생하면서 돈을 빌려준 제2금융기관들이 먼저 쓰러져 경제위기를 불러왔다.

우리 사회에도 위험 신호가 울리고 있다. 엄청난 가계부채가 신호탄이다. 빚을 얻어 집을 산 뒤 생활비가 부족하면 다시 마이너스 통장으로 막는 방식이겠다. 빌린 사람은 죽어나지만 은행들은 대박이 터진다. 죽어라고 벌어서 은행원들 먹여 살리는 것이다.

〈베니스의 상인〉에서 샤일록이 안토니오에게 요구하던 '1파운드의 살'처럼 빚은 결국 살벌한 대가를 요구한다. 큰 빚을 지면 큰 희생이 따른다. 특히 국가가 할 일은 국민들이 많은 빚을 지지 않고 편안하게 살아갈 수 있게 하는 것이다. 가계부채가 눈덩이처럼 불어나는 것은 위기의 징후다. 정부가 손 놓고 있으면 나라가 망할 수 있다. 일찍이 토머스 제퍼슨은 "은행은 군대보다 더 위험한 존재"라고 했다. 은행은 그만큼 중요하지만 우리 사회를 위험에 빠뜨릴 수도 있다는 얘기다.

"사람이 자지 돈이야 자나"라는 속담이 있다. 낮이나 밤이나 공휴일에도 이자는 쉬지 않고 불어나는 것을 고통스러워하는 서민들이 만들어낸 비유이다. 돈을 빌려주는 대가로 받는 이자는 동서양을 막론하고 골칫거리였던 모양이다.

체코의 경제학자 토머스 세들라체크의 〈선악의 경제학〉에 따르면 이자를 받는 것이 죄인지 아닌지에 관한 논의가 지난 천년 동안 지속되어왔다. 구약은 유대인이 동족에게 이자를 받는 것을 명확하게 금지했지만 타국인에게는 허용했다. 훗날 기독교인들은 이런 금지 조항을 자신들에게도 적용했으며 오랜 기간 동안 이자를 받는 행위는 금지되고 공개적으로 처벌을 받았다. 하지만 이자 없이 돈을 빌려줄 사람은 없었다. 그래서 기독교는 유대인이 이자를 붙여 돈을 빌려주는 행위는 허용했다. 대금업은 중세 시대 유대인들이 맡을 수 있는 몇 안 되는 직업에 속했다. 샤일록도 유대인이었다. Bank(은행)는 대부업자들이 앉았던 이탈리아어 벤치(banci)에서 유래했다.

이슬람 율법인 샤리아(Shariah)는 돈을 빌려주는 대가로 이자를 받는 것을 기생 행위 또는 부당이득으로 간주한다. 이 율법에 맞춰 개발된 금융상품 중 대표적인 것이 수쿠크(Sukuk)라는 채권이다. 막강한 중동의 오일머니를 근간으로 하는 수쿠크는 투자자들에게 이자를 주지 않고 수익을 배당금 형태로 지급한다. 우리 정부에서도 18대 국회 때 '수쿠크'를 발행하기 위해 조세특례제한법 등 관련 법률 개정을 추진했으나 종교계 등의 반대 여론에 밀려 좌초된 적이 있다.

〈부자 아빠 가난한 아빠〉로 유명한 로버트 기요사키의 책 〈부자 아빠의 세컨드 찬스〉에 다음 같은 얘기가 나온다. "봉급은 인간이 만든 가장 강력한 도구다. 봉급을 주는 사람은 받는 사람의 신체와 정신, 영혼까지 노예로 만들 수 있는 힘을 갖는다. 노예제도가 폐지되었을 때 부자들이 만들어낸 것이 바로 봉급제도다.” 봉급의 교묘한 측면을 간파한 것으로 나름 설득력이 있다. 실제 봉급을 가지고 장난치는 사용자가 많다. 떼어먹기도 하고 체불도 한다. 열정페이까지도 강요한다.

봉급에 목매지 않고 살 수 있는 사람이 몇이나 될까. 봉급은 당초 공직에 봉직하는 대가로 주어졌지만, 지금은 일반 근로자 월급이나 시급, 연봉 등을 포함한다. 근로자의 노동력이 상품화되어 가격이 책정된 것이 봉급이라 하겠다. 남성에게 월급봉투는 가부장제의 상징이었다. 하지만 통장이 온라인화하면서 월급봉투는 종말을 고했다. 비자금도 사라지고 가장의 권위는 통장을 주무르는 아내에게로 넘어갔다. 봉급을 알뜰살뜰 모아 저축해야 집도 사고 재산도 불린다. 그만큼 서민 생활에서 저축이 차지하는 비중이 컸다.

그런 저축 성향에 함정이 있다는 이색적인 주장이 있다. 기요사키는 돈을 저축하면 오히려 부가 줄어든다고 지적한다. 누군가가 돈을 저축하면 그 부는 신용 확대를 통해 유통이 늘어난다는 것이다. 빌 클린턴 대통령의 재임 기간(1993~2001)을 보면 미국에서 1달러를 저축하면 신용 공급을 통해 34달러까지 부풀어 대출됐다. 극단적으로 보면 돈의 구매력이 34분의 1로 약화하면서 인플레이션이 초래되고, 저축을 한 사람은 결국 손해를 보는 구조가 된다. 그래서 부자들은 저축하지 않고 부동산 투자 등을 통해 돈을 계속 움직여 부를 창출한다.

2011년 4월 기준 한국은행의 화폐 발행 잔액은 43조 원을 넘었다. 하지만 당시 신용 창출을 통해 유통시킬 수 있는 통화는 1,684조 원으로 잔액의 30배를 훌쩍 넘었다. 기요사키의 주장대로라면 신용 창출로 화폐 가치 하락이 뒤따라 구매력은 형편없이 떨어졌을 것이다.

돈은 사람을 가만두지 않는다. 돈은 사람을 영웅으로 만들기도 하지만 노예로 만들 수도 있다. 특히 은행은 불가근불가원(不可近不可遠)이다.

매몰비용 오류와 콩코드 오류

홈쇼핑으로 구두를 샀다. 그것도 한 꺼번에 세 켤레나. 그런데 며칠 신고 다녔더니 볼이 좁아 발이 아프다. 환불하기에는 이미 늦었고 아까워서 계속 신고 다녔더니 발이 부어오른다. 할 수 없이 전에 신던 구두를 꺼내 신고 새 구두는 창고에 넣었다. 이런 사례를 '매몰비용 오류'라고 한다. 구두를 팔 수도 없을 테니 한푼도 되찾을 수 없다. 돈만 까먹은 셈이다. 영화를 보다가 재미없다고 중간에 뛰쳐나올 수도 없는 것도 유사한 사례다. 이성 교제, 물품 구입, 기업 경영 등 우리 일상에서는 이런 일이 자주 발생한다.

그런데 매몰비용에 연연해 판단을 그르치는 것을 '콩코드 오류(Concorde fallacy)'라고 한다. 어떤 결정을 내리고 추진한 일이 결과가 만족스럽지 않은데도 이미 투자한 것이 아깝거나 그 선택을 정당화하기 위해 더 깊이 개입하는 것이다. 영국과 프랑스가 합작 투자했던 초음속 여객기 '콩코드'에서 유래한 용어이다. 1976년 상업 비행을 시작한 콩코드 여객기는 프랑스 파리에서 뉴욕까지 3시간이면 갈 수 있을 정도로 빨랐다. 하지만 항공요금이 너무 비싼 데다 소음 공해와 대기오염을 유발하는 것이 문제였다. 투자자들은 투자비용 회수가 불가능하다는 것을 알면서도 매몰비용이 아까워 투자를 이어갔다. 총 190억 달러를 쏟아부은 끝에 결국 2003년 4월에 운행을 중단했다. 그래서 '콩코드의 오류'라는 오명을 썼다.

개인의 일상이야 소소하게 손해를 보면 그만이라지만 정부 차원에서는 얘기가 좀 다르다. 최대 수십조 원씩 투입되는 국책사업들은 한번 예산이 투입되면 사후 관리비용까지 막대하게 들어가기 때문이다. 애물단지로 전락한 우리나라 지방 국제공항들이 대표적이다. 연간 878만 명이 이용할 것으로 추정했던 무안공항은 이용객이 연간 10만 명 수준에 불과해 활주로는 고추 말리는 데 쓰인다니 할 말이 없다. 그런데도 새만금공항, 가덕도 신공항, 울릉공항, 흑산도공항 얘기가 나온다. 이 좁은 땅덩어리에 이미 국제공항 8개, 국내 공항 7개 등 15개다. 이것도 모자라서 더 짓자는 얘기가 국민들로서는 황당하기 짝이 없다.

여객기를 타고 홍콩의 첵랍콕 공항으로 접근할 때 내려다보면 숟가락 모양의 대형 인공섬과 이곳을 잇는 해상 다리가 눈에 띈다. 홍콩과 주하이, 마카오를 연결하는 강주아오 대교다. 세계 최장 해상대교로 총 길이 55킬로미터에 이른다. 다리 상판 면적은 축구장 100개에 달하고 수면 40미터 아래 터널은 33개의 튜브로 연결되었다. 해상의 만리장성처럼 보이는, 중국의 대국굴기가 느껴지는 섬뜩한 규모다.

책랍콕 공항에서 홍콩으로 들어가는 다리에서 내려다보는 항만에는 화물 컨테이너가 가득했다. 우리나라 해운사의 컨테이너도 띄엄띄엄 보였다. 홍콩역 건물 위로 우뚝 솟아 있는 국제금융센터(IFC) 건물은 백화점과 어우러진 곳으로 인종 전시장을 방불케 했다. 페리로 한 시간여 거리의 마카오 대형 호텔의 카지노에는 평일인데도 사람들이 바글바글했다. 홍콩은 한때 아시아의 '4마리 용'이라며 우리와 경쟁하던 곳이다.

우리나라는 어떤가. 내우외환이다. 특히 경제가 엉망이다. 아르바이트 자리도 줄어들고 소상공인들은 사업을 접고 있다. 산업의 쌀이라는 반도체 수출도 휘청거린다. 항룡유회(亢龍有悔)라고 했던가. 하늘로 올라간 용이 내려갈 길밖에 없음을 후회한다는 뜻이다. 외부 환경은 상황이 더욱 어렵다. 각종 관세 장벽이 강화되고 있어 수출로 먹고 사는 우리 경제에 큰 위협이 되고 있다. 화불단행(禍不單行)이라고, 재앙은 홀로 오는 법이 없다. 영어에도 유사한 말이 있다. 'Misfortunes never come alone.'

1997년 외환위기 때다. 김영삼 대통령은 아들 현철이 국정 개입으로 구속되면서 국정 동력을 상실했다. 정책 결정은 혼란스러웠고, 경제는 점차 악화했다. 국회는 대통령 선거를 의식해 구조개혁의 발목을 잡았고 노동계는 파업을 거듭했다. 급기야 국제통화기금(IMF)의 '통치'를 받는 상황이 됐다. 정치가 흔들리면서 **'핀볼 효과(pinball effect)'**가 나타난 것이다. 정치라는 핀볼이 흔들리면서 줄줄이 다른 핀볼들을 쓰러뜨렸다.

> **핀볼 효과(pinball effect)**
> 제임스 버크(James Burke)가 저서 〈핀볼 효과〉에서 처음 사용한 말로, 사소한 사건들이 도미노처럼 연쇄 반응을 일으켜 증폭되면서 큰 사건을 만들어내는 현상을 말한다.

커다란 얼음을 쪼개는 것도 작은 바늘이고, 큰 사건에는 징후가 있게 마련이다. 작은 사고가 대형 사고를 예고한다는 '하인리히 법칙'이다. 최저임금 인상 사태를 비롯해 경제가 급락하고 있다. 크건 작건 기업들이 울상이다. 이 같은 사태가 어떤 핀볼들을 쓰러뜨릴지 걱정이다. 이미 여러 경제 지표는 엉망이다. 반도체도 언제까지 버틸지 알 수 없다. '제2의 외환위기'가 온다면 1997년 위기와는 좀 다른 형태일 것이다. 그때는 외환위기였지만 이번에는 실물 위기가 유력하다. 산업 기반이 서서히 붕괴하는 것이다. 금융 부문은 문제가 없어 보이지만, 가계부채가 뇌관이다. 국내총생산(GDP) 성장률, GDP 대비 투자 비중, 제조업 가동률, 청년 실업률 등 실물 부문은 매우 취약하다.

이런 와중에 도널드 트럼프 미국 대통령은 무역전쟁을 일으켜 진두지휘하고 있다. 관세 장벽이 높아지는 등 미국의 보호무역주의가 강화하면서 대미 수출이 막대한 타격을 받을 수 있다. 소비도 생산도 절벽이다. 산업 빙벽(ice cliff)이라는 단어가 꼭 들어맞는다. 정치는 자신들의 자리를 보전하기 위한 권력 놀음에 골몰할 뿐 국가 앞날과 민생을 걱정하는 법이 없다. 위기조차 개인과 정당의 이해타산에 대입하기에 바빠, 대승적 차원의 문제 해결 노력을 보여주지 못한다. '장군의 아들' 김두한이 오죽하면 국회에서 똥물을 뿌렸을까. 이해가 간다. 경제는 하루가 급하다. 위기는 도둑처럼 순식간에 닥친다.

하지만 인생에 굴곡이 있듯, 국가도 늘 부침이 있다. 극즉반(極則反)이라고 했다. 극한 상황에 도달하면 다시 돌아온다는 희망이다. 1966년 미국의 〈이브닝 스타〉지는 "한국에서 민주주의가 피길 기다리는 것은 마치 쓰레기통에서 장미꽃이 피기를 바라는 것과 같다"고 했다. 20여년 후 우리는 그 말이 틀렸음을 입증했다. 우리 국민은 쓰레기통에서 장미를 피운 저력이 있다. 하지만 바닥을 쳤을 때 다시 치고 올라가는 동력이 없으면 그대로 나락으로 떨어질 수도 있다. 생각만 해도 오싹하다.

페니 대학과 속임수 저울

영국 런던에서 금융이 발달한 요인 중 하나가 커피라고 한다. 17세기 중반 이후 이슬람 세계에서 유입된 커피 맛에 빠진 영국에 커피하우스(카페)가 우후죽순 생겨났다. 사업가들은 런던 번화가에 밀집한 카페에 모여 각종 정보를 교환했다. 카페는 해당 업계 정보지까지 발행했다. 1687년 문을 연 로이드 카페를 들락거렸던 해상보험업자들은 이곳에서 로이드협회를 결성, 지금의 로이드 보험사를 탄생시켰다. 주식 중개인들이 북적거리던 조나단 카페 자리에는 런던증권거래소가 들어섰다.

영국 최초의 카페는 1650년 유대인 사업가 제이콥이 개설한 '엔젤'이다. 옥스퍼드 지역에 있던 이 카페는 자유로운 의견과 정보를 교환하는 통로였고, 사교와 문화적 교류가 활발한 장소가 됐다. 정규 대학이 학문에 치중했다면, 카페는 대학보다 훨씬 다양한 주제의 토론을 통해 사회에 활력을 불어넣었다. 1페니만 있으면 커피도 마시고 토론 참여도 가능했다. 그래서 옥스퍼드 지역의 초창기 카페를 '페니 대학(Penny universities)'이라고 불렀다.

18세기 런던의 커피하우스. 의견과 정보를 교환하는 통로였다.

이후 카페는 유럽 전역으로 퍼져나갔다. 특히 1686년 파리에 문을 연 프랑스 최초의 카페 '르 프로코프'는 계몽주의를 탄생시킨 곳으로 유명하다. 위대한 소설가, 사상가, 예술가들이 이 카페에서 영감을 얻고 토론을 통해 자신의 생각을 발전시켰다. 각종 사상과 문예사조들이 꽃을 피울 수 있었던 것도 모두 카페 덕분이었다. 이곳에선 격조 있는 대화와 토론이 강조되었다. 반면 부작용도 있었는데, 남편들이 밖으로 나돌고 커피를 많이 마셔서 성생활에 지장을 준다는 주부들의 탄원서가 제출되기도 했다.

카페에서의 활발한 토론이 프랑스혁명의 이념적 토대가 되었다면 또 다른 면에서 혁명을 촉발한 것이 '속임수 저울'이다. 혁명 직전 농촌은 혼란과 흉작으로 인해 식량 사정이 급속히 악화했고, 빵의 크기는 자꾸 작아졌다. 당시 영주 등이 도량형을 악용해 서민들을 속이는 일이 잦았던 것이다. 급기야 민초들의 분노가 폭발했다. "빵이 없으면 케이크를 먹어라"는 마리 앙투아네트 왕비의 말은 분노에 불을 지른 격이 됐다(앙투아네트가 그런 말을 하지 않았다는 얘기도 있다).

프랑스혁명이 마무리되자 혁명 정부는 거금을 들여 도량형 개량에 나섰다. 개량 추진 세력들은 도량형을 합리적이고 자연으로부터 얻어진 것이어야 하고, 속일 수 없어야 하며, 쉽게 복제해서 전파할 수 있는 것이어야 한다고 생각했다.

이후 적도에서 북극점까지 자오선의 1,000만 분의 1 길이를

1미터로 한다는 합의가 이루어졌다. 문제는 자오선의 길이를 어떻게 실측하느냐였다. 과학자들은 측량 탐사를 나갔다가 스페인 등지에서 간첩으로 몰려 투옥되거나 측량 기구를 빼앗기는 등의 수난을 겪어야 했다. 결국 자오선을 기준으로 표준을 만드는 것은 불가능하다고 결론짓고, 이 수치에 가깝게 백금자를 만들어 1미터라고 선언했다(〈홍성욱의 STS, 과학을 경청하다〉). 이 길이의 100분의 1인 1센티미터를 각 변으로 하는 입방체에 채운 물의 질량을 1그램(g)으로 정의했다. 지금 1미터는 '빛이 진공 상태에서 2억 9,979만 2,458분의 1초 동안 진행한 거리'이다.

도량형 표준은 영원하지 않고 계속 변화한다. 2018년 프랑스에서 열린 제26차 국제도량형총회에서는 기본단위 7개 중 킬로그램(kg)과 암페어(A) 등 4개에 대한 정의가 획기적으로 달라졌다. 킬로그램은 1889년 이후 백금 90%와 이리듐 10%로 구성된 물체를 원기(原器)로 사용했으나, 이번에는 불변의 물리 상수인 플랑크 상수(h)가 기준이 됐다. 다소 어렵기는 하지만, 도량형 기준이 바뀐다는 것은 기초과학과 첨단기술 발전의 밑거름이 된다고 한다.

블루 먼데이와 아동 노동

서양에는 월요일과 관련된 시사용어가 많다. Monday의 어원은 '달의 날(day of the Moon)'이다. 우리나라와 중국 일본 등에서도 月曜日(월요일)로 쓴다. '해의 날(Sunday)'에 비해 어둡고 음울한 분위기다. 주말에 쉬고 월요일에 출근하는 직장인들이 겪는 월요병도 묵직한 느낌을 준다. 검은 월요일(Black Monday)은 1987년 10월 19일 뉴욕 월스트리트에서 주가가 폭락한 사건으로, 이후 주기적인 주식시장 폭락을 지칭하는 용어가 됐다.

'푸른 월요일(Blue Monday)'도 있다. 1830년대부터 영국과 프랑스 등지에서 쓰이던 용어다. 한 주간 입었던 작업복을 '표백시키는(bluing) 날'에서 비롯됐다는 분석이 유력하다. 노동자들은 월요일을 '성스러운 월요일', '동료들의 날'이라며 일요일 저녁부터 밤새 선술집 등에서 술을 마시며 시간을 보냈다. 하지만 결속력과 협상력이 강한 숙련 노동계층에서만 유효했고, 쉬는 날이 부족한 견습공이나 비정규직에게 월요일은 되려 우울한 날이었다. 1950년대 발표된 'Blue Monday'라는 노래에 이런 대목이 있다. "난 우울한 월요일이 너무 싫어. 하루 종일 노예처럼 일을 해야만 하지(How I hate blue Monday. Got to work like a slave all day)."

고용주들과 정부는 숙련 노동자들의 행태를 걱정스럽게 바라보았다. 일각에서는 "숙련 노동자들 같은 고임금의 노동계층이 퇴폐적 생활에 물들어 있어 건강과 도덕이 피폐해졌다"고 한탄했다. 여기에 그치지 않고, 숙련 노동자들은 견습공들이 기술을 습득하는 통로를 엄격하게 통제하면서 막강한 이익집단을 구축했다. 이들은 비밀 회합, **프리메이슨**과 유사한 악수와 선서, 의식 등을 통해 유대를 강화하면서 고용주에 맞섰다(폴 메이슨, 〈포스트 자본주의〉).

프리메이슨(Freemason)
1717년 영국에서 결성된 세계 시민주의·인도주의적 우애(友愛)를 목적으로 하는 단체. 비밀 단체의 성격을 띠었다.

숙련 노동자들은 노동에 관한 한 완전한 자율성을 누렸고, 그들이 소유한 연장을 파업 때 반출하기도 했다. 그래서 파업을 의미하는 용어 중에는 '연장을 챙겨 공장 밖으로 나간다(taking their tools out of the shop)'는 표현도 있다.

이태 전 현대자동차 노조가 파업기간 중 중소형 SUV '코나'의 추가 생산을 막기 위해 일부 생산라인을 쇠사슬로 묶어 컨베이어벨트를 멈추게 한 적이 있다. 생산라인까지 투쟁 도구로 삼는 것은 아니지 싶다. 제 밥그릇을 걷어차는 행위이기 때문이다.

나라 밖에서는 최악의 상황에서 돈벌이를 하는 광경이 벌어지고 있다. 태국 곳곳에서 어린 아이들이 수련하는 무에타이 도장이 성업 중이라고 한다. 무에타이는 천년의 역사를 가진 태국 전통 무술로 UFC, K-1과 같은 격투기의 일종이다. 보호장구 없이 글러브만 끼고 격투를 벌이기 때문에 매우 위험하고, 뇌손상 · 골절 등 심각한 부상이 불가피하다. 이런 위험한 경기에 어린 아이들이 출전하면서 목숨을 잃는 경우도 많다. 2018년 11월에도 방콕에서 열린 자선경기에서 13세 소년이 상대 선수의 주먹에 맞아 뇌내출혈로 사망한 사건이 있었다. 숨진 소년은 학비와 생활비를 벌기 위해 8세 때부터 170여 차례나 경기에 출전했다.

무에타이는 어린 아이들에게 일종의 가족 밥벌이다. 나이 규제가 없기 때문에 4세 아이까지 링 위에 오른다. 인권단체와 의학계는 어린 선수들이 돈벌이 수단으로 위험에 내몰린다고 반대해왔다. 이번 사건으로 12세 미만 아동의 대회 출전을 전면 금지하는 법안이 제출됐다. 하지만 무에타이 업계의 반발이 심해 매번 입법 시도가 무산됐다. 무에타이 선수들도 입법에 반대한다. 태국의 15세 이하 무에타이 소년은 어림잡아 30만 명에 이른다고 한다.

1819년 영국 의회에서는 아동 노동을 규제하는 면직공장 규제법을 상정했다. 9세 미만 아동의 고용을 금지하고, 10~16세 청소년의 고용은 가능했다. 단지 이들의 노동시간을 하루 12시간으로 제한했다. 그럼에도 이 법안은 엄청난 논란을 초래했다. 노동과 계약의 자유를 침해해 자유시장의 기반을 훼손한다는 상당수 상원의원들의 주장 때문이었다. 공장주뿐만 아니라 가난한 아이들조차 가족의 생계를 위해 돈을 벌어야 하기 때문에 이 법안에 반대했다(장하준, 〈그들이 말하지 않는 23가지〉).

200년 전이나 지금이나 시장 원리와 규제가 충돌하는 방식에는 별반 차이가 없다. 최저임금 인상 문제도 마찬가지다. 최소한의 생계 유지를 위해서는 노동자의 최저임금이 지금보다 대폭 인상돼야 한다. 그래서 정부가 개입해서 임금 수준을 결정하고 규제를 가한다. 하지만 현실에서는 무에타이나 면직공장 경우와 유사한 일이 벌어진다. 최악의 조건에서도 돈벌이를 해야 하는 상황에 직면하는 것이다. 사용자는 물론 일자리에서 밀려날 우려가 있는 노동자들조차 반대한다. 당위와 현실을 일치시키기가 그만큼 어렵다는 얘기다.

지금 몸살을 앓고 있는 최저임금 후유증을 어떻게 해결해야 할지 지혜가 필요할 때이다.

슬픈 숫자

"어른들은 숫자를 좋아한다. 새로 사귄 친구 이야기를 할 때면 그들은 '그 애 목소리는 어떻지? 그 애가 좋아하는 놀이는 무엇이지? 나비를 수집하니?'라는 말을 하지 않는다. '나이가 몇이지? 형제는 몇이고? 체중은 얼마지? 아버지 수입은 얼마야?' 만약 어른들에게 '창턱에 제라늄 화분이 있고 지붕에 비둘기가 있는 분홍빛의 벽돌집을 보았어요'라고 말하면 그들은 어떤 집인지 상상하지 못한다. 그들에게는 '10만 프랑짜리 집을 보았어요'라고 말해야만 한다."

생텍쥐페리의 〈어린 왕자〉에 나오는 이야기다. 현대인들은 단 하루도 숫자와 떨어져 살 수가 없다. 특히 증시, 환율, 가상화폐, 부동산이 끊임없이 요동치는 세상에서는 더욱 그렇다. 월요일부터 금요일까지 국내 증시와 환율의 등락을 주시하는 것도 모자라, 토요일에는 미국의 금요일 다우지수까지 챙겨본다. 학생은 교과목의 점수와 석차, 수학능력시험 등급에 따라 울고 웃고, 학부모와 교사는 이를 근거로 자녀와 제자를 평가한다. 직장에서는 업무 능력을 A, B, C 등급 등으로 수치화하고 이를 근거로 월급이나 연봉을 산정한다.

또 사람의 두뇌 능력은 IQ로 수치화하고, 여성의 몸매를 '36-24-36' 방식으로 표시한다. 프로야구 선수에게는 승률, 타율, 안타수, 홈런수 등이 연봉으로 치환된다. 매일 프로야구 구단의 승차와 프로 선수의 성적표를 보며 선수와 팀을 비교 평가하는 것이 야구 마니아들의 무의식적인 습관이다. 이른바 '숫자 중독'이다.

인간 세상의 온갖 것들이 숫자로 표시되다 못해 이제는 거꾸로 사람들이 숫자에 매달려 울고 웃는 세상이다. 최고 점수를 받은 사람을 제외한 나머지 모두를 불행하게 만드는 것이 숫자의 장난이다. 그래서 숫자에 관한 한 행복한 사람보다 불행한 사람이 수십 배는 많다.

IT 버블 시절 7,000만 원을 코스닥에 쏟아부었다가 큰코다친 적이 있다. 당시 매일 지옥과 천당을 오갔다. 하루 600만~700만 원이 오르락내리락했다. 일이 손에 잡히지 않고 주가가 떨어진 날은 아내와 식탁에 마주 앉아도 머쓱했다. 부부싸움도 잦아졌다. "자기 때문에 그 주식 사서…." "누가 그렇게 많이 지르라고 했나." 후유증이 2년 이상 지속됐고 기어코 그 회사는 상장 폐지됐다. 그놈의 주가 등락 때문에 매일 속을 새카맣게 태운 터라 이후 증시에는 눈길조차 주지 않았다.

숫자 놀음은 슬프다. 주가 때문에 가슴에 못박히는 사람들이 애처롭다. '자본주의의 꽃'이라는 증권시장은 사실상 합법적 투기판이다. 이론상 하루 최대 30%(상 · 하한 각 15%)의 변동폭을 가진 증시를 투기판이라 말하지 못할 이유가 없다. 걸핏하면 하루에 수십조 원이 증발됐다는 기사가 뜬다. 사설 경마장이나 성인 오락실은 불법이라며 단속을 벌이는데, 이보다 훨씬 큰 투기판인 증권시장이 합법이라는 것도 아이러니다. 수많은 투자자들이 롤러코스트를 타는 주가지수를 보면서 조울증 환자가 되어 가는데도 말이다.

숫자는 현대인들에게 떼려야 뗄 수도 없는 애증의 대상이다. 숫자에 밝지 못하면 과학고나 외고는 물론 좋은 대학도 갈 수 없다. 고스톱을 쳐도 승산이 없다. 하지만 지나치게 숫자에 탐닉하면 필히 탈이 난다. 증시에 투자해서 돈 벌었다는 사람을 별로 보지 못했다. 드라마 'SKY 캐슬'처럼 성적이나 숫자를 조작하다 파멸에 이르는 경우도 흔하다. 하버드 등 미국 명문대 MBA 출신, 심지어 유능한 수학자에 이르기까지 숫자의 귀재들이 월스트리트 중심부에 포진해 있다. 하지만 결국 지구촌 경제위기에 불을 지른 것도 그들이었다.

이래저래 숫자가 우리를 슬프게 한다.

6장

예측 불가, 기술의 미래

등자(鐙子)와 빅브라더의 세계

신기술이 탄생하면 인류와 문명, 국가나 개인의 운명과 흥망성쇠가 달라지곤 한다. 신기술로 이득을 보는 세력과 적응하지 못해 쇠락하는 세력이 생기기 때문이다. 이런 사례로 흔히 인용되는 것이 등자(鐙子)다. 등자란 말을 탈 때 발을 딛는 발걸이를 말하는데, 600그램 정도에 불과한 이 작은 물건이 동서양에서 전투 혁명을 촉발시켰다. 등자로 발을 고정시키고 자유로워진 양손으로 활과 창 등의 무기를 편리하게 활용할 수 있게 된 것이다. 기병 전투력은 급격히 향상됐으나 보병은 약화했다. 등자 때문에 유럽에서 기사 계급이 탄생하고 봉건제가 형성됐다고 한다.

등자를 가장 잘 활용한 민족은 유목민인 몽골인이다. 태어나면서부터 말과 친숙한 몽골인들은 등자를 활용하면서 전쟁에서 혁혁한 전과를 올렸다. 말의 고삐를 잡지 않은 채 사방으로 활을 쏘는 것이 가능해졌다. 칭기즈칸(1162~1227)은 이 전투 기술을 이용해 주변 국가를 차례로 정복해 한때 세계 최대의 제국을 건설했다. 문제는 정복하는 곳마다 도시를 약탈하고 불을 지르고 엄청난 인명을 살상했다는 것이다. 인류는 석기, 청동기, 철기시대 등을 거치며 기술 발달을 이루고 생활도 획기적으로 향상됐지만 정복 전쟁이라는 역풍을 맞은 것이다.

기술 혁명은 '양날의 칼'이라 한다. 다이너마이트는 토목 사업에 커다란 도움을 주었지만, 전쟁에서는 대량 살상무기로 변질됐다. 다이너마이트를 발명한 알프레드 노벨(1883~1896)에게는 '죽음의 상인'이라는 별명이 붙었고 그는 죄책감으로 노벨상을 만들었다. 핵물리학의 발전도 결국에는 의도치 않게 핵무기를 만들어냈다. 2008년 노벨 물리학상을 수상한 마스카와 도시히데는 〈과학자는 전쟁에서 무엇을 했나〉에서 "과학을 인간이 어떻게 사용할까 하는, 과학의 사회적인 역할을 생각할 때 진면목이 나온다. 인류에게 행복과 이익을 가져올지, 아니면 해를 입힐지 그것은 전적으로 인간이 어떻게 과학기술을 사용하는가에 달려 있다"고 했다.

미국 시애틀에 계산원 없는 인공지능(AI) 식료품점 '아마존 고(Amazon Go)'가 문을 열었을 때 '일자리 소멸'이란 측면에서 우려의 목소리가 나왔다. AI로 인해 미국 전역에서 위협받고 있는 일자리가 350만 개에 달한다고 한다.

반대로 낙관론도 있다. AI 기술은 '독이자 약'인 파르마콘(pharmakon) 같은 것으로 인간을 고용지옥에서 해방시켜 줄 것이라는 의견이다. 다보스포럼에서도 AI 기술 발전을 인류가 어떻게 통제해야 하는가를 고민하는 목소리가 높았다. '해고는 곧 살인'이라 했는데, 우리나라도 예외가 아니어서 최저임금 인상 역풍으로 일자리가 줄어드는 것이 피부로 느껴진다.

더욱이 인공지능은 빅브라더의 세계를 가능하게 할 것이다. 1980년대 대학 시절 휴거와 관련된 종말론적 종교 영화를 본 적이 있다. 가까운 미래, 개인 정보가 기록된 칩을 사람 몸에 주입한 뒤 적그리스도가 통치하는 세계 정부가 개인을 감시하고 통제한다는 내용이었다. 범죄자 등 칩이 없는 사람은 가게에서 물건을 살 수도 식당에서 밥을 사 먹을 수도 없다. 개인의 일거수일투족이 적그리스도의 손바닥 안에 있으므로 그의 명령에 복종할 수밖에 없게 된다. 영화를 보며 현실감에 섬뜩했던 기억이 있다.

영화 같은 일이 현실에서도 일어나고 있다. 미국의 바이오칩 회사가 사람 몸속에 주입할 수 있는 쌀알만 한 베리칩(verification chip)을 개발했다. 애초 애완동물이나 가축 관리 등에 사용되던 이 칩에는 무선 송수신 식별장치(RFID, 전자 태그)가

내장되어 있고 유전자와 같은 생체 정보, 앓고 있는 병명이나 진료기록 등이 담겨 있다. 알츠하이머, 당뇨, 심장병 등 복합 치료를 요하는 환자 관리를 쉽게 하기 위한 것이다. 환자가 의식불명 상태일 경우 의사는 이 칩에서 정보를 확인, 적절한 치료를 신속히 할 수 있다. 2010년 미국 의회는 건강보험 개혁법을 통과시키면서 2017년부터 전 국민에게 강제로 칩을 이식하는 내용을 포함시켰다가 종교계의 거센 반발로 철회하기도 했다.

신용카드의 IC칩에도 다양한 정보가 수록되어 있다. 개인의 신상 정보는 물론, 돈을 지불한 위치와 액수, 점포 등에 대한 정보가 다 들어가 있다. 그 때문에 가정불화를 일으키는 경우도 종종 있다. 룸살롱에서 신용카드를 썼다거나, 밤늦게 시내 모텔 현금인출기에서 현금을 빼낸 기록 때문에 외도 의심을 받기도 한다. 실제로 범인을 잡는데도 신용카드 정보가 종종 활용된다. 신용카드 사용 내역을 조회하면 어디서 물건을 샀는지 등 범인의 이동 경로를 추적할 수 있기 때문이다.

이제는 한술 더 떠서 신용카드가 휴대폰 속으로 들어갔다. ○○페이 등의 간편결제 비중이 폭발적으로 늘고 있다. 이제 지갑은 물론 신용카드가 필요 없는 세상이 코앞에 와 있다.

이런 변화가 반가운 것만은 아니다. 불순한 의도를 가진 자가 맘만 먹으면 휴대폰으로 개인의 위치 확인부터 돈 쓴 내역까지 상세히 들여다볼 수 있다. 일거수일투족이 감시되는 것이므로 사실상 몸에 베리칩을 삽입한 것과 별반 차이가 없다. 누군가가 내 휴대폰을 해킹한다면? 생각만 해도 끔찍하다.

과학의 발전은 양면성을 갖는다. 편리한 만큼 삶은 위험해진다.

사막에 파묻힌 전기차 EV_1

전기자동차는 가솔린자동차보다 먼저 1900년대 초반에 처음 등장했다. 그러다 석유 개발 붐과 가솔린자동차의 대량생산에 밀려 역사 속으로 사라졌다. 그 후 100년 지난 1996년 미국 GM은 EV_1이라는 전기자동차를 판매하기 시작했다. 캘리포니아 주정부가 공해를 줄이기 위해 각 자동차 업체에 판매량의 10~20%를 배기가스가 나오지 않는 자동차를 판매하도록 '배기가스 제로'법을 만들었기 때문이다. EV_1의 성능은 의외로 놀라웠다. 4시간 충전해 160킬로미터를 주행하고 시속 130킬로미터로 달릴 수 있어 호평을 받았다. 그런데 어느 날 갑자기 도로 위에서 전기차가 사라졌다.

그 이유는 다음과 같다. 전기차의 등장으로 석유 재벌들이 긴장했다. 화석연료를 사용하는 자동차가 줄어들면 큰 타격을 받기 때문이다. 미국 석유 재벌들은 대통령까지 만들어내는 막강한 세력이다. 휘발유 소비가 줄어들면 세금도 줄어들고, 자동차 부품, 엔진오일, 오일 필터를 만드는 회사도 줄줄이 위기에 빠진다. 결국 GM은 FBI까지 동원해 전기차를 수거해 사막에서 폐기했다. 크리스 페인 감독의 다큐멘터리 영화 '누가 전기자동차를 죽였는가?(Who killed the electric cars?)'는 전기차가 사라지는 충격적인 과정을 보여준다.

노면(路面) 전차의 운명도 비슷했다. GM을 비롯한 자동차 회사들은 정유 회사, 타이어 회사와 손잡고 미 연방정부와 주정부

GM이 개발한 전기자동차 EV1. 1996~1999년까지 1,117대가 생산되었다.

에 도로를 건설하도록 압력을 가했다. 동시에 전차를 제거하는 작업에도 앞장섰다. 자동차 회사들은 1920년대 후반부터 전차 회사를 사들여 전차를 폐기하고 선로와 전선을 제거했다. 한국에서는 1898년 청량리-서대문 사이에 최초로 전차 운행을 시작해 1968년 운행을 중단하며 모두 폐기됐다. 당시는 자동차가 20만 대가 채 안 되던 시절이었다. 나이가 젊은 세대는 실제로 전차를 타보지 못한 사람도 많을 것이다. 전차에 대한 추억은 은방울자매의 '마포종점'에서 노랫말로 남아 있을 뿐이다.

요즘에는 친환경 자동차가 화두로 떠오르고 있다. 저탄소차 협력금제라는 것이 있는데 이산화탄소 배출량이 많은 중·대형 차량 소비자에게 부담금을 부과하고 이를 경차나 친환경차 소비자에게 보조금으로 지급하는 제도다. 원래는 2013년부터 시행될 예정이었으나 자동차업계의 반발로 여러 차례 늦춰지다 슬그머니 사라졌다. 환경부가 조성했던 1,000억 원의 기금은 지방 하수처리장 개선사업 등에 쓰였다고 하니 황당한 일이다. 전기차나 하이브리드카 등 친환경 자동차의 보급 속도가 늦은 것이 혹시 자동차·석유업계의 음모 때문이 아닌지 의심이 든다.

하지만 환경오염 문제가 심각해지고 자동차 제조 기술이 급격히 발달하면서 다시 전기차가 대세로 자리잡고 있다. 특히 EV_1을 사막에 묻어버렸던 미국에서 전기차 테슬라가 인기를 끌고 있다. 주문이 밀려 구입에 몇 년씩 걸린다고 한다.

나도 테슬라 모델S를 타볼 기회가 있었다. 아직 국내 수입 물량이 얼마 되지 않던 때라 지인의 차를 보자마자 호기심이 발동했다. 조수석에 앉아 평소 관심이 있던 자율주행 기능에 주목했다. 오토파일럿(autopilot) 모드는 자율주행차의 인공지능 특성을 잘 보여주는 기능으로, 고속도로에서 운행해 보니 꽤나 만족스러웠다. 운전대에서 완전히 손을 놓고 주행이 가능했다.

하지만 운전대에서 손을 놓으면 조금 뒤 경보음이 계속 울리기 때문에 테슬라 운전자들은 운전대를 잡지 않고 달릴 수 있는 꾀를 냈다. 운전대에 모래주머니를 묶는 것이다. 모래주머니 무게를 운전자 손 무게로 착각하기 때문에 경보음이 울리지 않는다.

유튜브에는 오렌지를 운전대에 매달고 달리는 동영상도 나온다. 운전자가 오토파일럿 모드에서 졸기도 했으나 자동차가 별 탈없이 제 갈 길을 가는 것이 신기했다. 테슬라의 자율운행 수준은 아직 완성 단계에 이르진 못했다. 하지만 꾸준히 보완하면 1980년대 미국 드라마 '전격 Z작전'에서 호출하면 달려오는 인공지능 무인자동차 '키트(KITT)'가 현실화할 날도 얼마 남지 않았다.

테슬라와 구글 등 미국 업체뿐 아니라 각국 자동차업체가 자율주행차 개발에 열을 올리고 있다. 유럽에서도 사르트르(SARTRE, Safe Road Trains for the Environment)라는 프로젝트가 가동된 바 있다. 메르세데스 벤츠는 2015년 아우토반에서 자율주행 트럭을 시험 운행했고, 3년 후 독일 하노버에서 열린 2018 국제 상용차 박람회에서 자율주행 기술을 선보였다. 우리나라에서는 경기도 차원에서 자율주행 미니버스 '제로셔틀'이 일반 도로에서 시범 운행을 했다. '제로'는 배기가스와 사고가 없다는 의미로 상용화 직전 단계라고 한다.

그런데 만약 모래주머니를 운전대에 매단 테슬라 자율주행 자동차가 오토파일럿 모드로 운행하다 사고가 나면 누가 책임을 질까? 일단 운전자 책임으로 각종 보험 처리가 될 것이다. 하지만 오토파일럿 모드에 기술적 결함이 있다며 운전자가 테슬라 제조사에 책임을 물을 수 있을까. 또 사고 발생시 운전자 1명과 보행자 2명 중 희생을 선택해야 하는 상황에서 오토파일럿 모드는 어떤 선택을 하도록 프로그래밍 되어야 하는 걸까. 갖가지 의문이 들기는 하지만 어쨌든 자율주행 자동차의 발전은 인류의 미래에 큰 도움이 될 것임은 분명하다.

누가 라디오 스타를 죽였나?

휴대폰 제조업체로 잘 알려진 모토로라는 1928년 설립되어 1950년 대 중반 TV와 라디오를 주로 생산했다. 1970년대 초 안방에 있던 흑백 TV가 모토로라에서 만든 제품이라 기억을 한다. 모토로라는 2차 세계대전 때 워키토키 등의 무선 통신기기와 휴대용 라디오 등 방산용 제품을 생산하면서 통신 분야의 독보적인 업체로 성장했다. 1969년 달에 착륙한 닐 암스트롱과 지구가 교신한 것도 모토로라 덕분이다. 1950년대부터는 TV 등을 생산하면서 가전업계의 선두 주자로 나섰으나 1974년 TV사업 부문을 매각하는 등 가전 분야를 정리하고 통신 분야에만 집중했다.

모토로라는 1920년대에는 자동차에 장착하는 진공관 라디오를 처음 시판한 회사였다. Motorola라는 회사명도 자동차를 뜻하는 'Motor'에 이탈리아어로 목소리라는 의미의 'Ola'를 붙여서 만든 것이다. 모토로라는 1946년에 카폰, 1973년에 휴대폰 개발에 성공했고, 10년 뒤인 1983년에는 세계 최초의 상업용 휴대폰 '다이나택 8000X'를 출시했다. 이후 무선 통신 분야에서 승승장구했다. 1996년 출시된 '스타택'은 6,000만 대를 팔았다. 2003년 선보인 '레이저'는 1억 4,000만 대를 팔아 휴대폰 시장의 선두주자로 '모토로라 쇼크'를 일으켰다.

다양한 업종 변신에 성공했던 모토로라는 그러나 2007년 '아이폰 쇼크'를 맞은 이후 스마트폰 시장에서 맥을 못 추고 뒷걸음질쳤다. 모토로라는 결국 2011년 구글에 인수됐으나 이후 중국 업체 등으로 매각됐다가 지금은 노키아처럼 흔적을 찾기가 쉽지 않다. 기업이라는 정글은 이처럼 냉혹하다.

비디오의 운명도 유사한 과정을 겪었다. 1979년 영국의 2인조 그룹 버글스(Buggles)의 1979년 히트곡 '비디오가 라디오 스타를 죽였다(Video killed the radio star)'에는 다음 같은 가사가 나온다.

> 영상시대가 찾아오면서 넌 상처를 받았지.
>
> 난 너의 아들을 만났어.
>
> 네 아들에게 뭐라고 얘기한 거니. 넌 최고였어.

하지만 넌 마지막이 됐어.

비디오가 라디오 스타를 죽인 거야.

넌 라디오 스타야.

여기서 '아들'은 TV와 비디오 등 영상물을 말한다. 공교롭게도 뮤직비디오 전문채널을 표방하며 등장한 미국 케이블 전문 MTV가 1981년 개국 첫 방송으로 이 노래를 내보냈다. 잔인한 기획이 아닐 수 없다.

비디오 카세트 리코더를 통해 록 그룹 '키스'의 불꽃 튀는 실황 공연을 친구 집에서 처음 본 것이 고교 시절인 1979년이다. 그보다 10년 전 카세트 형태의 비디오테이프가 개발되어 미국 가정 등지에 널리 보급됐지만, 우리나라에서는 부잣집에서나 볼 수 있는 진귀한 첨단 제품이었다. 당시 영상을 저장하고 재생하는 첨단 기술에 큰 문화적 충격을 받았다. 이후 국내 일반 가정에 보급되기까지는 적지 않은 시간이 걸렸다. 비디오는 연속극이나 축구 중계를 보여주는 TV와는 차원이 달랐다. 반복적으로 영상을 볼 수 있는 것이 큰 특징이었다. 하지만 비디오도 디지털 기술에 밀려 흔적도 없이 사라졌다.

그즈음 라디오도 쇠락의 길로 접어들었다. '장희빈', '왕비열전' 같은 전설적 라디오 연속극은 더 이상 나오지 않았고, 성우들이 설 자리도 좁아졌다. 가수들은 노래만 불러서는 성공하기가 쉽지 않았다. 오디오(목소리)에서 비주얼(율동)로 옮겨간 것이다. 비디오 등장 이후 춤이 주가 되고 노래가 보조가 됐다. 노래 실력이 형편없는 가수들도 외모로 버텼다. 목소리는 죽이고 입 모양을 따라하는 립싱크도 유행했다.

곧 사라질 것 같았던 라디오가 여전히 사랑받고 있고 여전히 유용하다. 출퇴근길 정체되는 도로에서 지루하지 않게 해주고, 여행길을 심심치 않게 한다. 한밤중에 깨어나 뒤척일 때도 나직한 음성과 음악으로 다시 잠들게 해주고 아침이면 뉴스로 잠을 깨운다. 재난 상황에서는 특히 라디오가 중요하다. 국산 스마트폰에 라디오 탑재를 의무화한다고 하니 기대가 된다.

혁신의 주인공들

창문을 열 때 손잡이를 잡다가 깜짝 깜짝 놀랄 때가 많다. 정전기 때문이다. 악수를 할 때도 그럴 때가 가끔 있다. 가정용 전기 전압은 200V이고, 정전기는 번개 수준인 수천 볼트(V)에 이르지만 전류가 거의 흐르지 않기 때문에 위험할 것은 없다. 그런데 휘발유는 발화점이 낮기 때문에 특히 주의를 기울여야 한다. 그래서 주유 도중 정전기로 인해 화재가 발생하기도 한다.

정전기는 건조한 겨울철에 많이 발생한다. 땀을 적게 흘리고, 건성 피부를 가진 사람에게 자주 일어난다. 정전기가 무조건 나쁜 것만도 아니어서 그 현상을 이용한 제품도 많다. 공기청정기는 강한 정전기를 이용해 먼지를 모으는 원리이고 포장 랩이나 건식 복사기 등에도 정전기가 이용된다.

고대 그리스 사람들은 호박(琥珀) 속에 신의 기운이 있다고 믿고 부적처럼 몸에 달고 다니기도 했다. 철학자들조차 호박을 '마법의 돌'로 불렀다. 정전기 현상 때문이다. 물질의 근원을 물이라고 했던 고대 그리스의 과학자 탈레스(Thales, BC 624~BC 545)는 호박에서 전기적 현상을 발견했다. 호박을 모피에 문지르면 먼지 같은 가벼운 물체를 끌어당기는 현상을 관찰한 것이다. 그래서 호박을 의미하는 그리스어 '엘렉트론(elektron)'에서 전기를 뜻하는 '일렉트리시티(electricity)'가 나왔다.

전기를 인공적으로 만들 수 있게 된 이후에는 "전기를 유리병과 같은 용기에 저장할 수는 없을까"라는 고민이 시작됐다. 1692년 네덜란드의 작은 도시 라이덴(Leyden)에서 과학기기 제조 상인의 아들로 태어난 피터르 판 뮈스헨부르크는 의대를 졸업했지만 전기에 관한 연구에 골몰했다. 그는 전기 발생 장치를 주석 판이 안팎으로 붙고 물이 반쯤 채워진 실험용 대전(帶電) 유리병에 연결시켜 전기를 일시적으로 저장하는 데 성공했다. 이 병은 지역 이름을 따서 '라이덴 병(Leyden jar)'이라고 불렸다. 배터리의 시초다(한근우, 〈일렉트릭 빅뱅〉).

배터리의 경쟁력은 크기는 줄이고 저장 용량은 키우는 데 있다. 전자제품에는 초소형인 적층형 세라믹 배터리(MLCC, Multi Layer Ceramic Capacitor)가 많이 쓰이는데 스마트폰과 PC 등에 수백 개씩 배치된다. 2016년 8월 출시한 갤럭시 노트7은 출시 직후 고용량 배터리 때문에 폭발 사고가 잇따랐다. 삼성전자는 발빠르게 리콜을 결정했지만 교환된 배터리도 폭발이 속출했고 결국 세상에 나온 지 2개월 만에 단종되는 불행한 결말을 맞았다. 애플 역시 배터리 때문에 소송에 휘말렸다. 춥거나 충전량이 부족할 때 기기가 꺼지는 것을 막기 위해 고의로 아이폰 속도를 늦추는 운영체제(OS)를 제공했다는 것이다.

전기가 발견됐을 즈음 서양에서는 전기의 발견과 실용화에 대한 담론이 뜨거웠던 모양이다. 〈주홍글씨〉의 저자 너대니얼 호손은 1851년에 이런 글을 썼다. "전기 덕분에 물질세계가 하나의 거대한 신경이 되어 순식간에 수천 마일을 오갈 수 있다는 게… 사실인가? 그렇다면 둥그런 지구는 지성으로 가득 찬 거대한 머리요 뇌란 소리! 아니 지구 자체가 사고(思考), 그야말로 오로지 사고일 뿐이며, 우리가 당연하게 여겨온 실체가 더 이상 아니라고 말할 수도 있을까!"(제러미 리프킨, 〈소유의 종말〉)

호손이 150년 전에 어쩌면 이렇게 미래 인공지능(AI)에 대해 정확히 예측했는지 놀라울 뿐이다. 리프킨의 말대로 호손의 상상력은 전자공학, 컴퓨터, 원격통신이 글로벌 통신망으로 통합되면서 현실이 되었다.

이세돌 9단과 알파고가 대국을 펼칠 무렵 어느 모임에서나 알파고가 화제였다. 한 참석자는 "알파고 덕분에 중학교에 다니는 아들에게 도움이 됐다"고 운을 뗐다. 산만한 성격을 가진 아들이 기원에서 바둑을 배우기로 결심했다는 것이다. 이에 다른 참석자의 훈수가 걸작이다. 그는 "아니, 인공지능을 배울 것이지 왜 바둑을 배우느냐"는 것. 그의 우스갯소리에 참석자들이 웃음꽃을 피웠지만, 곰곰 생각해보니 적절한 지적이었다. 물론 바둑 동호인들에게는 좀 미안한 얘기지만.

원자력이 처음 등장했을 때처럼 인공지능의 등장에 대해서도 우려의 시각이 있다. 일본 후쿠시마 원전 사고의 사례가 종종 언급되기도 한다. 영화에서 자주 등장하는 인간을 공격하는 사이보그의 출현을 우려하는 시각도 있다. 관리를 잘못할 경우 인간에게 엄청난 피해를 줄 수 있기 때문이다. 또 한국고용정보원이 분석한 것처럼 인공지능이 사람의 일자리를 빼앗는다는 점도 당면한 걱정거리다. 실제로 대형마트나 패스트푸드점, 음식점 등에서 자율계산대가 계산원의 자리를 급속도로 대체하고 있다. 2020년부터 큰 영향을 미칠 것이란다. 콘크리트공이나 청원경찰, 환경미화원 등처럼 단순 반복적인 직무뿐만 아니라, 조세 · 행정 사무원, 행정 · 경영지원 관련 서비스 관리자, 손해사정사, 선장 · 항해사 · 도선사, 일반 의사, 관제사 등의 전문직 성향의 직업군조차도 인공지능으로 대체될 확률이 90%를 넘나든다는 것이다.

이처럼 기술혁신은 양날의 칼이다. 과거 기술혁신은 더 많은 이윤을 추구하거나, 신무기를 만들 때 주로 쓰였다. 따라서 이 혁신기술을 인류에게 유용하게 쓸 수 있도록 제도적 안전장치 마련이 뒤따라야 함은 물론이다.

더 큰 문제는 우리가 이 같은 혁신 경쟁에서 한참 뒤처졌다는 것이다. 기술 혁신을 하는 것은 결국 사람이다. 빌 게이츠나 스티브 잡스는 물론, 알파고를 만든 구글 딥마인드 대표 데미스 허사비스(Demis Hassabis, 1976~) 등은 혁신의 주인공들이다. 과연 우리나라도 이런 혁신가들을 배출할 수 있을까. 또 우리는 4차 산업혁명의 물결에 올라탈 준비가 되어 있는가. 우버 택시는 고사하고 심야 콜버스 운행조차 불가능한 규제투성이의 나라에서 혁신을 꽃피울 수 있을까. 기술 혁신을 주도하지 못하면 순식간에 낙오자로 전락한다는 것을 우리는 역사를 통해 배웠다.

1970년대 국내에서도 방영된 미국 드라마 '보난자(bonanza)'는 훈훈한 가족 이야기로 인기가 높았다. 골드러시 열풍이 불던 1850년대 서부 개척시대를 배경으로 하는 이 드라마에서 지문을 활용해 살인범을 잡는 장면이 등장한다. 살인에 사용된 몽둥이에서 채 마르지 않은 페인트에 찍힌 지문을 발견한 중국계 요리사가 집주인에게 "중국에서는 오래 전부터 지문을 신원 파악 수단으로 사용해 왔다"며 이를 증거로 제출하자는 의견을 내놓는다. 그때까지 지문의 존재에 생소했던 집주인이 보안관을 설득해 살인범을 잡는다는 내용이다.

생체인식(biometrics) 기술 중에서 가장 오래된 것이 지문이다. 중국에서는 700년경부터 활용됐다는 기록이 있다. 조선왕조실록 1453년 기록에도 "처음 간원(諫院)에 장고(狀告)할 때는 손수 서명하고, 헌부(憲府)에 장고할 때는 그 아내로 하여금 손의 지문을 그리게 하였으니"라는 내용이 나온다. 또 1980년대 동아일보 연재소설 〈임꺽정 전(傳)〉에는 "손바닥에 먹물을 묻히고 종이에 찍게 하여 지문을 대조해 보면 알 게 아니겠소"라는 내용이 나온다. 임꺽정은 1500년대 인물이다.

서양에서는 지문 활용이 훨씬 늦었다. 일본에서 활동했던 선교사이자 의사였던 영국인 헨리 폴즈가 일본인들이 신분 인증 수단으로 지장을 활용하는 것을 목격한 뒤, 1880년 과학 잡지 〈네이처〉에 지문에 관한 논문을 발표했다. 그는 런던 경찰에 지문 활용을 권고했으나 거절당했다. 하지만 1892년 아르헨티나 경찰이 지문을 확보해 살인범을 검거하면서 비로소 지문이 범죄수사 영역으로 들어왔다. 이후 1897년 영국령 인도 콜카타를 시작으로 1901년 스코틀랜드, 1902년 뉴욕에서 '지문국'이 발족했다.

지문은 닳기도 하고, 건조하거나 이물질이 묻으면 인식이 안 되기도 한다. 반면 스마트폰 등에 장착된 홍채 인식은 지문보다 보안성이 높다. 인식 오류가 나타날 확률이 지문이 1만분의 1인데 비해, 홍채는 1조 분의 1이라고 한다. DNA가 같은 일란성 쌍둥이도 홍채로 구별할 수 있다.

하지만 세상에 완벽한 것은 없다. 2014년에 독일 해커 단체가 푸틴 러시아 대통령의 고해상도 사진에서 홍채를 복제해 세상에 공개하는 바람에 한바탕 시끄러웠다. 암호는 바꾸면 되지만 홍채는 한번 공개되면 대책이 없다. 앞으로 어떤 생체인식이 개발될지 궁금하기도 하고 한편으로는 두렵기도 하다.

사이버네틱스와 켄타우로스의 비극

1948년 미국 수학자 노버트 위너(Norbert Wiener, 1894~1964)는 사이버네틱스(cybernetics) 이론을 처음 소개했다. 기계 제어체계에 관한 작동원리를 생물 유기체의 신경계와 관련지어 연구하는 인공두뇌학의 일종이다. 이 이론은 기계와 동물의 결정적 차이를 피드백(feedback) 회로의 존재 여부로 봤다. 기계는 열이 나서 불에 타더라도 명령을 계속 수행하지만, 동물은 피드백 과정을 통해 체내의 열을 점검하고 이를 근거로 스스로 중단하는 능력이 있다. 그래서 항상성을 유지하는 장치가 있는 것에 대해 위너는 사이버네틱스라는 이름을 붙였다.

'컴퓨터와 관계가 있는'이라는 뜻의 사이버(cyber)와 '망(網)'

을 의미하는 넷(net)이 결합한 형태의 이 용어는 인공지능망을 연상시킨다. 하지만 당시는 컴퓨터나 인터넷이 없었다. 사이버네틱스의 어원은 키잡이(舵手)를 뜻하는 그리스어 'kybernetes'에서 왔지만 지금 보면 절묘한 용어가 아닐 수 없다. 이후 사이버네틱스 이론은 기계와 컴퓨터 제어분야에서 급속히 발전했고, 자연 · 인문 · 사회과학, 예술, 스포츠 분야로까지 진출했다.

인공지능(AI) 분야의 집결체인 바둑 프로그램 '알파고'는 사이버네틱스의 최첨단 형태다. 그러나 결코 인간의 두뇌를 뛰어넘

노버트 위너는 인공두뇌학의 일종인 사이버네틱스 이론을 처음 소개했다.

을 수 없으리라 생각했던 인공지능이 인류 대표인 이세돌 9단을 연거푸 꺾으면서 인간에게 절망을 안겨주었다. 이 바람에 전 지구촌이 인공지능에 대한 공포와 두려움에 떨었다.

기술 진보에 대한 공포는 오래 전부터 있어왔다. 산업혁명 시절 러다이트(Luddite, 기계파괴) 운동, 1980년대 유나보머(Una Bomer)식 네오 러다이트 운동 등이 그것이다. 하지만 인공지능을 제어하는 것은 인간일 뿐, 기술 진보의 스위치를 끌 수는 없다. 단지 방향성이 문제다. 일찍이 미래학자 앨빈 토플러는 1980년 출간한 〈제3의 물결〉에서 "기술 발전을 수수방관하거나 낙관하는 것은 우리와 자손의 운명을 파멸로 몰고 갈 것"이라며 "기술 발전이 인류의 진화에 미치는 영향을 생각할 때, 올바른 방향으로 이끄는 게 중요하다"고 충고한 바 있다. 대단한 통찰력이다.

1997년은 인공지능(AI) 역사에 전환점이 된 시기였다. IBM의 딥 블루가 체스 세계 챔피언 게리 카스파로프를 누른 뒤 승승장구하면서 체스의 인기가 시들해졌다. 하지만 카스파로프는 데이터베이스를 이용해 인간의 능력을 더욱 향상하겠다는 발상의 전환을 했다. 컴퓨터와 힘을 합쳐 대국을 하는 방식이다. 일종의 프리스타일 체스 경기인 셈이다. 대국자가 인간과 AI가 협조한다는 의미에서 켄타우로스(Centauros) 경기라는 이름이 붙었다.

오래 전 영국 출신 여성 포크 가수 조앤 글래스콕이 부른 '더

센토(The Centaur)'는 반인반수(半人半獸)의 괴물이 인간 소녀를 사랑한 이야기를 담은 슬픈 곡조의 노래다. 센토는 머리부터 허리까지는 사람이고 나머지 몸체는 말(馬)로, 그리스 신화에 나오는 켄타우로스의 영어식 발음이다. 그는 인간과 말, 양쪽 모습을 가졌지만 어느 쪽에서도 환영 받지 못했다. 자신의 포부를 알아주는 인간 소녀를 사랑했지만, 숲을 걸으며 사랑을 속삭인다 해도 산들바람이 불면 마음이 흔들리고 질주 본능을 버릴 수 없는 존재였다.

2017년 중국 저장성 우전 국제인터넷컨벤션센터에서 열린 '바둑의 미래 서밋'에서도 켄타우로스 방식의 대국이 있었다. 구리 9단과 알파고A, 롄샤오 8단과 알파고B가 각각 팀을 이뤄 차례로 수를 놓는 방식이다. 인간과 AI의 협업 가능성을 타진한 것으로, AI와 인간 모두 같은 편 선수의 전략까지 고려해 다음 수를 놓아야 한다. 이 대회에서 바둑 세계 1위 커제 9단은 알파고와 세 번의 대국에서 세 번 모두 패했다. 이미 바둑계에서 AI는 인간의 능력을 넘어섰고, 2016년 이세돌 9단의 1승이 처음이자 마지막 승리라고 보고 있다.

세계적 과학 칼럼니스트 케빈 켈리는 〈인에비터블(Inevitable)〉에서 AI보다 훨씬 뛰어난 초지능이 등장하는 미래에는 두 가지 시나리오가 있다고 했다. 첫째는 AI가 신과 같은 지혜로 모든 문제를 해결할 만큼 영리해져 인류의 생존을 위협하는 것이고, 둘째는 인간의 걸러내기와 통제를 통해 AI가 인간과 상호 의존하도록 환경을 조성하는 것이다. 켈리는 전자는 가능성이 높지 않고 후자가 바람직하다고 봤다. AI와 공존을 서두르지 않으면 켄타우로스처럼 비극적 운명을 피할 수 없다는 것이다.

이미 일상생활에서도 AI의 영향력을 수시로 느낄 수 있다. 스위치를 켜놓으면 집 안을 열심히 돌아다니며 청소하는 로봇청소기를 볼 때마다 귀엽다는 생각이 든다. 먼지를 쓸어 담고 물걸레질까지 한다. 가끔 전선에 뒤엉켜 몸부림치기도 하지만, 배터리가 떨어질 즈음이면 제자리로 돌아가 스스로 재충전한다.

로봇은 늦잠을 자지도 않고 가혹한 기후에도 끄떡없다. 아무리 힘든 일을 시켜도 불평불만을 하지 않는다.

남북 군사분계선에는 반자동 살상 로봇이 배치되어 있다. 인간을 대신해 경계 근무를 하기에는 로봇이 최선이다. 이라크와 아프가니스탄 전쟁 때 미군은 로봇이 지뢰나 폭발장치를 찾아내면 '승진'도 시켜줬다. 인간처럼 대우해준 것이다.

로봇은 점점 포유동물 모습으로 진화하고 있다. 식당에 배치된 로봇은 사람을 닮아가고 애완용 개 로봇도 인기를 끌고 있다. 아마존의 인공지능(AI) 플랫폼인 '알렉사'도 장차 움직이는 가정용 로봇으로 변신할 것이라고 한다. 나중에는 인간과 안드로이드 로봇을 구분하지 못하는 날이 오는 것은 아닐까 궁금해진다.

'불쾌한 골짜기(uncanny valley)'라는 용어가 있다. 로봇이 인간과의 유사성이 증가할수록 호감이 커지다가, 어느 수준을 넘어서면 강한 거부감을 갖게 되는 시점을 말한다.

로봇이라는 어원이 처음 등장한 것은 1920년 체코 극작가 카렐 차페크의 극본 〈로숨의 유니버설 로봇〉이다. 당시 로봇이라는 단어는 농노의 노동을 의미하는 '로보타(robota)'라는 체코어에서 나왔다. 로보타는 슬라브어족에서 노예를 뜻하는 'rab'가 어원이라고 한다(존 조던, 〈로봇 수업〉). 노예, 혹은 노동 예비군의 의미라 하겠다.

로봇은 단조롭고 더러우며 위험한 일을 수행했고, 덕분에 인간은 그러한 직무에서 해방됐다. 지금은 로봇에 인공지능을 장착하면서 빠른 속도로 기능이 발전해 인류의 생활 속으로 깊숙이 침투하고 있다. 세계 각국 기업들이 로봇 개발에 박차를 가하고 있고 우리도 예외가 아니다. 중공업회사들이 현대로보틱스, 두산로보틱스 등을 만들었고, LG와 삼성 등 전자업체도 로봇회사를 인수 · 합병하거나 지분을 사들이고 있다.

그렇다면 로봇이 인류에게 축복일까, 재앙일까? 인간은 AI와 경쟁해야 하는가?

세계경제포럼(WEF, 다보스포럼)은 AI와 로봇으로 인해 2020년까지 500만 개의 일자리가 사라질 것이라는 암울한 전망을 내놓은 데 이어 좀 더 섬뜩한 경고를 했다. WEF가 연례 글로벌 리스크 보고서를 통해 AI와 로봇기술이 인간의 통제를 벗어날 위험이 있다고 전망한 것이다. 특히 군사용 로봇 개발 경쟁이 일어나고 있음을 지적하면서, AI의 '초지능(super intelligence)'이 인류의 생존을 위협할 수 있다고 우려했다.

한근우의 책 〈일렉트릭 빅뱅〉에 따르면 '약한 AI'와 '강한 AI'가 있다. 딥러닝 알고리즘을 기반으로 바둑 경기에서 이세돌 9단과 중국의 커제를 잇달아 제압한 알파고는 약한 AI에 속한다. 이 정도만으로도 인간을 가볍게 제칠 수 있고, 다보스포럼이 우려한 일자리도 이 약한 AI에 점령당하는 것이다. 다음 단계인 '강한 AI'는 인간처럼 감정, 자아, 창의성 등을 갖추고, 인간 명령과는 별개로 스스로 진화한다. 지능의 무한화가 가능한 초인공지능(Artificial Super Intelligence, ASI)의 출현을 예고하는 것이다.

미래학자들은 ASI 출현 시점을 2045년 전후로 본다. 이에 대해 테슬라 모터스의 CEO 일론 머스크는 '악마의 소환', 물리학자 스티븐 호킹(1942~2018)은 '인류의 종말'로 경고했다. 일본 소프트뱅크 손정의 회장도 "인간의 지적 능력을 한 번 뛰어넘으면 다시 역전할 수 없을 것"이라고 했다. 과학 저술가 케빈 켈리는 〈인에비터블〉에서 "제1의 자동화 물결이 육체노동을 대체했다면 AI에 의한 제2의 자동화 물결은 지식노동을 대체한다"며 "금세기가 저물기 전에 현재의 직업 70%는 자동화로 대체될 것"이라고 했다.

2017년 유럽연합 의회는 AI 등 다양한 형태의 로봇에 '킬 스위치(kill switch)'를 장착하자는 로봇시민법 결의안을 채택했다. 인간에게 피해를 줄 수 있는 상황을 상정, 설계 단계부터 긴급사태 때 인간이 작동을 멈출 수 있도록 안전장치를 만들자는 것이다. 그리고 AI 로봇의 지위를 '전자 인간(electronic persons)'으로 규정했다는 점도 눈에 띈다. 법인(法人)처럼 전인(電人)이 자연인에 준하는 권리와 의무를 획득할 날이 머지 않았다는 것인가. 로봇이 인간을 닮아가는 것이 좋은 징조만은 아닌 듯하다.

달콤하고 위험한 법인카드

경제가 어려워져서 그런지 모임에서 비용을 각자 나누어 부담하는 더치페이(Dutch pay)가 흔해졌다. 참석자들에게 일정액을 받아 놓은 뒤 술값이나 밥값을 낸다. 1차, 2차, 3차 등으로 차수 변경을 할 때마다 부족하면 조금씩 더 걷어서 충당한다. 주머니가 두둑하거나 법인카드를 가진 친구들이 각각 1차, 2차를 통째로 도맡아 계산하던 방식에서 각자 조금씩 갹출하는 방식으로 바뀌는 것이다. 우리에게 익숙한 일본말 분빠이(分配)와 유사한 더치페이는 한국과 일본에서만 통하는 말이고, 정확한 표현은 고잉더치(Going Dutch), 더치 트리트(Dutch treat)이다.

더치(Dutch)는 네덜란드를 말한다. 식민지 쟁탈전이 치열할 당시 영국인들이 네덜란드인을 비하했던 말로, 독일(Deutsch)을 열등하게 지칭한 것에서 유래했다. 더치페이 방식은 네덜란드뿐 아니라 스웨덴, 덴마크 등 스칸디나비아 국가들에서 흔하다고 한다. 그 지역 사람에게 직접 들었던 더치페이는 좀 더 정교했다. 식사 자리에서 7~8명이 각자 좋아하는 메뉴와 곁들여 포도주를 시켜 먹고 난 뒤의 계산은 그리 쉽지 않다. 각자 먹은 음식, 포도주의 양과 가격을 마음속으로 계산한다. 포도주를 병째 시켰을 때는 난이도가 좀 높다. 그래서 카운터에 줄을 서서 계산할 때 시간이 많이 걸리지만 크게 불편해하지 않는다. 게르만식 합리주의가 반영된 관습인 듯하다. 담배 한 개비를 빌리더라도 반드시 며칠 안에 돌려줘야 한다.

우리도 골프장에서만큼은 더치페이가 확실하게 지켜진다. 주로 친구들과 한 팀을 이룰 때가 그렇다. 그늘집에서 먹고 마신 것과 카트 비용, 그린피 등이 합산되어 계산되므로 조금 더 먹거나 덜 먹어도 상관없다. 4명이 각자 신용카드를 내밀어 이름을 말하면 골프장 계산원이 10원 단위까지 정확히 4등분해서 결제한 뒤 각자에게 돌려준다. 이런 독특한 풍경은 코리안페이(Korean pay)라고 해야 할까 보다.

신용카드는 매우 편리하지만 위험성도 많다. 신용카드를 보편화시킨 인물은 뉴욕 플랫부시(Flatbush) 지역 내셔널뱅크의 혁신적인 은행가 존 비긴스이다(벤 벤슨, 〈돈에 관한 생각〉). 그는

1947년 지역공동체 내에서만 통용되는 'Charg-It'이라는 카드를 고안했다. 이 카드는 은행 주변의 두 블록 내에서만 사용할 수 있고, 비긴스의 은행에 계좌를 가지고 있어야 했다. 비긴스의 아이디어는 대성공을 거두었고 2년 뒤 다이너스클럽이 차별화된 신용카드를 출시했다.

국내에서 신용카드는 1억 건 넘게 발급되었고 2018년 신용카드의 전체 매출 규모가 630조 원에 달한다. 2002년 호되게 카드대란을 겪은 바 있지만, 미래의 소득을 미리 당겨 쓰는 신용카드의 씀씀이는 해마다 늘어나고 있다. 유용한 만큼 그 위험성도 크다. 미야베 미유키의 소설 〈화차〉는 일본의 거품 경제와 신용카드의 허상을 다룬 작품으로 참고할 만하다.

현영진 서울대 교수는《신용카드 이자율은 왜 높은가》라는 논문에서 "시장 지배력이 커진 은행들이 소비자보다 협상력에서 우위를 점하면서 신용카드 이자율이 상승했다"고 주장했다. 소비자의 신용카드 대출 의존도가 올라가면서 은행이 횡포를 부리는 것이다.

신용카드에도 여러 종류가 있지만 유독 눈에 띄는 것이 '엄카', '아카'다. 엄마, 아빠가 자식에게 준 신용카드다. 엄카족이라는 용어도 있는데 부모 신용카드로 생활하면서 월급은 고스란히 모으는 직장인을 말한다. 엄격히 따지면 불법 증여에 해당하지만, 현실적으로 적발하기는 어렵다. 내 경우 대학 입시를 앞둔 아이에게 급할 때 쓰라고 신용카드를 줬다가 상당 기간 돌려받지 못했다. 줬다가 뺏는 것이 더 얄미울 것 같아서다. 그래도 굳이 장점을 찾는다면 카드 사용 문자 메시지로 자식의 동선을 파악할 수 있다는 점이랄까.

각종 모임에서 법인카드를 가진 사람이 그날의 '갑'이다. 법인카드는 경비의 투명성을 높이고 손비 처리로 인정되는 항목이 많아 사용이 늘고 있다. 비품 구매나 접대비, 차량 유지보수 비용 등에 쓰임새가 많다. 법인카드 결제 규모는 매년 급증세를 보이고 있어 전체 카드결제에서 차지하는 비중도 30%에 이르고 있다. 김영란법 시행 이후에는 상품권 구입과 특급호텔 이용, 유흥주점, 화훼업종 등의 분야에서의 사용이 눈에 띄게 줄었다고 한다.

법인카드의 남용 사례도 많다. 법인을 위해 사용하는 것이 아니라 사적인 용도로 사용하기 때문인데, 실제로 업무와 무관하게 가족, 동창회, 친구 등을 위해 사용하는 경우가 흔하다. 또 작은 규모의 회사에서는 대표가 법인카드로 가족 살림을 하기도 한다. 인터넷 카페에는 법인카드 유용에 대한 고발이 많다. 하지만 식당 주인들은 법인카드 결제가 제일 반갑다. 술과 음식을 푸짐하게 시키고 내역을 상세하게 따져보지 않기 때문이다. 그래서 '법카'는 곧 '마법카'라는 별칭도 갖고 있다.

하지만 달콤한 만큼 위험천만한 것이 법인카드다. 감사 조사를 할 때 법인카드가 빠질 수 없다. 디지털 포렌식 수사기법에 법인카드 추적도 포함된다. 법인카드 사용 장소에 따른 지출 패턴 분석이나 카드깡 적발 등을 통해 뇌물수수 확인 절차가 이루어진다. 마음에 들지 않는 직원을 내보낼 때도 법인카드 사용 내역을 뒤진다. 꼬투리를 잡히면 도덕성에 치명상을 입기 때문에 저항도 어렵다. 적폐 청산에도 유용한 도구가 될 수 있다.

이래저래 신용카드는 잘 쓰면 약이지만 잘못 쓰면 독이 된다.

싸구려 현대차 '윤다이'

1994년부터 2004년까지 미국 NBC에서 방영했던 '프렌즈'는 뉴욕시 맨해튼의 그린위치 빌리지에 살고 있는 미국 젊은 남녀의 생활상을 그린 시트콤 드라마이다. 우리나라 TV에도 소개되어 많은 인기를 끌었다. 안젤리나 졸리와 이혼 소송 중인 브래드 피트의 전처 제니퍼 애니스톤은 시트콤 '프렌즈'에서 레이첼 그린의 역을 맡아 일약 스타가 됐다.

미국 시애틀 워싱턴대(UW) 연수 시절 10권짜리 '프렌즈' DVD 세트를 사서 '잠 못 이루는 밤'을 즐겁게 보낸 기억이 있다. 수많은 에피소드 중에 현대 자동차가 한 차례 등장한다. 가난한 친구가 자동차를 싸게 구입했다고 자랑하자 제니퍼 애니스톤이 "윤다이(Hyundai) 차냐?"고 묻는 장면이다. 당시에는 '윤다이'(스페인 등 라틴계 언어를 쓰는 나라들에서는 'h'가 묵음이다)라고 하면 싸구려 차의 대명사쯤으로 통했다. 그 DVD를 구입해서 볼 때가 2005년 무렵이었으니 선진국 문턱에 들어섰다는 한국에서 온 연수생으로서 자존심이 꽤나 상했다.

미국 본토를 처음 밟은 것은 1994년 여름이었다. 미국에서 '프렌즈'가 방영되기 직전이다. 휴가차 샌프란시스코의 친구 집에 놀러 갔는데, 그 친구 집에 있던 두 대의 자동차 중 한 대가 일본 차였다. 그때 미국은 온통 일본 차로 넘쳐났고, 일본 차는 '비싸고 고급진' 이미지로 인식되었다. 친구에게 "한국 차는 없느냐"고 물었더니 거의 보기가 힘들다면서 별다른 관심을 보이지 않았다.

인근 지역에 있는 버클리대학을 방문했을 때 '포니2'를 만났다. 미국 땅에서 한국산 자동차를 처음 본 것이다. 반가움도 잠시뿐, 낡아빠진 데다 고철판을 누더기처럼 덧댄 그 차에는 불량해 보이는 젊은이들이 여럿 타고 있었다. 포니2가 처음 생산된 것이 1983년이니 연식이 최소 10년은 되었을 것이다. 고급스런 이미지의 일본 차와 너무 대비가 되어 씁쓸했던 기억이 있다.

1974년 첫 국산차인 포니가 생산됐고, 2년 후인 1976년 현대자동차는 7대의 포니를 남미 에콰도르에 처녀 수출하면서 세계 자동차 시장에 첫발을 내디뎠다. 하지만 1998년까지만 해도 국산 자동차의 미국 시장 점유율은 0.9%에 불과했다. 기아자동차가 만든 브리사가 첫선을 보인 것은 1974년 10월이다. 국내에서 대중적 인기를 끌었던 첫 승용차였다. 라틴어로 산들바람(Brisa)이라는 뜻을 가진 추억의 자동차가 탄생한 것이다. 배기량 1,000cc 미만의 소형 승용차 브리사는 1970년대 세계 경제를 강타한 오일쇼크 속에서도 국민차로 살아남았다. 브리사는 선풍적인 인기를 끌며 1975년에 1만대 이상 판매됐고, 승용차 시장의 51.2%를 점유하는 놀라운 실적을 자랑했다. 당시 승용차 시장 규모로는 대단한 수치다. 브리사는 1981년 생산이 중단되기까지 7만 대 가까이 판매됐다.

하지만 기아자동차는 이후 혹독한 시련기를 거쳤고 급기야 1997년 부도유예 협약에 이은 법정관리를 거쳐 1998년 현대차에 흡수됐다. 한층 몸집을 키운 현대기아차는 완전히 새롭게 변모했다. 지금은 현대기아차의 미국 시장 점유율이 10%에 육박할 정도로 급성장했다. 하지만 자동차 산업은 부침이 심하고 위기에 취약하다. 우리는 과거 미국 자동차 산업의 쇠락을 보았고, 디트로이트 거리에 넘쳐나는 실업자들을 목격했다. 위기는 때와 장소를 가리지 않고 오는 법. 지금 한국 자동차에 위기의 그림자가 어른거린다.

전기자전거, 정주영 자전거

10여년 전 베이징과 하노이의 풍경은 대조적이었다. 하노이에서는 출퇴근 시간에 오토바이가 거리를 메웠지만, 베이징은 자전거로 가득했다. 남녀노소를 가리지 않고 오토바이와 자전거를 타고 거리로 쏟아져 나오는 광경이 인상적이었다. 최근 다시 가본 두 도시의 풍경은 조금 달라져 있었다. 하노이에는 오토바이가 물샐틈없이 빽빽해진 반면 베이징은 바퀴 작은 전기자전거가 대세였다. 아이를 품에 안고 오토바이를 타는 하노이의 여인, 한 손으로 문자메시지를 하면서 자전거를 타는 베이징 젊은이들.

중국의 전기자전거 이용 인구는 4억 명에 달한다. 전 세계 전기자전거 판매량은 연간 4,000만 대가 넘는데 그중 중국이

3,000만 대를 생산한다. 전 세계적으로 전기자전거 시장이 큰 폭으로 성장하고 있지만 국내 시장은 주춤하고 있다. 관련 법률 미비 때문이다. 얼마 전까지만 해도 우리나라에서 전기자전거는 규제에 막혀 자전거 도로를 달릴 수 없었다. 이에 따라 전기자전거의 보급도 막혀버렸고 일부 전기자전거 생산업체들은 사업을 접어야 했다.

2018년 자전거법이 개정되면서 비로소 전기자전거의 자전거 도로 주행이 허용됐다. 다만 페달보조 방식의 전기자전거만 자전거 도로 이용이 가능하다. 황당한 규제 때문에 관련 산업이 지지부진한 대표적 사례다.

전기자전거는 공해를 발생시키지 않는 데다 여성이나 노약자가 이용하기 편리하다. 땀에 젖지 않고 출근할 수 있다는 것도 장점이다. 특히 우리나라처럼 언덕길이 많은 지형에 유용하다. 유럽 일부 도시는 공공 전기자전거를 도입하고 있는데, 이제라도 전기자전거를 주변에서 볼 수 있다니 다행이다.

자전거하면 떠오르는 사람이 정주영 전 현대그룹 명예회장이다. 현대중공업 울산 본사에는 아산 기념 전시실이 있는데 아산(峨山) 정주영의 삶과 발자취를 한눈에 볼 수 있는 곳이다. 그의 유품 중에서 유독 눈에 띄는 것이 있다. 닳아빠진 구두 세 켤레와 수십 년 된 낡은 소파 한 세트. 한때 한국 최고의 갑부였지만 근검절약을 실천했던 흔적이다. 특히 그의 첫 직장인 쌀가게 복흥(福興)상회에서 배달을 할 때 탔던 자전거는 넘어지고 자빠지면서도 불굴의 의지로 우뚝 설 수 있게 했던 도전의 상징물처럼 다가온다.

정주영은 한국 기업의 창업 1세대 중 도전정신을 최고조로 발휘한 거목으로 꼽힌다. 복흥상회에서 봉급을 모아 서울 신당동에 쌀가게 경일상회를 차리면서 도전이 시작되었다. 이후 자동차 수리 공장을 설립한 것이 현대자동차의 모태가 됐고, 경부고속도로를 건설하면서 얻은 노하우로 해외로 진출했다. 배 한 척 만들어보지 못했지만 500원짜리 지폐의 거북선 그림을 들이밀며 선박을 수주(受注)했고, 해외 차관을 얻어와 현대중공업을 키웠다. 여기서 만든 배로 현대상선을 설립했고, 금강산 유람선을 사들여 대북사업을 시작하는 등 그의 도전정신은 끝을 몰랐다.

"해 보기나 했어?"로 대표되는 그의 어록은 읽을 때마다 새롭다. "모든 일의 성패는 그 일을 하는 사람의 사고와 자세에 달려 있다. 진취적인 정신, 이것이 기적의 열쇠다."

한국 경제가 성장을 멈춘 채 표류하는 요즘 상황에서 그의 말이 방향타처럼 들린다. 구자경 LG그룹 명예회장은 정주영에 대해 "스스로 땅을 찾아 말뚝을 박은 사람"이라고 평했다. 지금 우리에게 필요한 것은 정주영 식의 창의적 도전정신이다.

우리 사회에 기업가정신이 퇴조하고 있다는 우려의 목소리가 들려오고 있다. 최근 유난히 기업가정신이 강조되는 것은 대내외 경제 환경이 워낙 엄혹하기 때문이다. 기업가정신이 되살아나려면 불필요한 규제부터 없애야 한다. 정주영 자전거가 전기자전거로 바뀔 수 있도록 규제 환경을 개선해야 한다. "시련이란 뛰어넘으라고 있는 것이지 걸려 엎어지라고 있는 것이 아니다. 길이 없으면 찾고, 찾아도 없으면 닦아나가면 된다."

정주영의 또 다른 어록 한 구절이 새삼 되새겨지는 요즈음이다.

워싱턴대학의 도서관

미국 워싱턴주 시애틀에 있는 워싱턴 대학(UW)은 멋진 도서관으로 유명하다. 시설이 최첨단인 데다 장서가 방대하다. 중앙도서관과는 별도로 단과대학별 도서관이 용도에 맞게 따로 있고, 대학생이나 대학원생 등이 자유롭게 이용할 수 있는 컴퓨터와 프린터가 제공된다. 마이크로소프트 창업자 빌 게이츠와 부인의 이름을 따서 설립한 '빌 & 멜린다 게이츠' 재단의 대규모 기부 덕분이다. 게이츠 재단의 투자가 본격화한 후 이 대학의 미국 내 순위가 급상승했다.

시애틀에서 성장한 빌 게이츠는 "오늘의 나를 만든 건 우리 마을의 작은 도서관이며, 하버드 대학 졸업장보다 소중한 것이 독서습관"이라고 말했다. 그는 2010년부터 운영하는 서평 블로그에 매년 읽은 책 목록과 서평을 올리고 있는데 큰 인기를 끌며 리뷰한 책 판매량도 덩달아 올라간다. 그는 연 50권 정도의 종이책을 읽는다고 한다. 뉴욕타임스와의 인터뷰에서는 그는 "어린 시절에는 재미로 백과사전을 읽기도 했고, 늘 책을 읽고 거기서 배우는 것을 좋아했다"고 밝혔다.

운동이 육체를 단련시킨다면 독서는 정신을 다듬어준다. 게이츠를 비롯해 성공한 사람 중 상당수가 독서광인 것을 보면 독서는 최종적으로 리더십을 키워주는 힘이 있는 듯하다. 아무리 허접스러운 책이라도 저자가 수년간 온 힘을 다해 쓴 것이니 그 안에 한 인간의 경험과 지혜가 오롯이 담겨 있게 마련이다.

우리나라 1인당 독서율이 점점 낮아지는 모양이다. 마음의 양식인 책을 사는 데 쓰는 돈이 먹고 마시는 데 쓴 돈의 10분의 1도 안 된다고 한다. 스마트폰의 영향이 크다. 책을 많이 읽는다는 일본에서도 이미 지하철에서 책이나 신문을 읽는 사람을 찾아보기가 쉽지 않다.

호주의 미래학자 로스 도슨은 2010년 각국의 종이신문 소멸 시기를 추정, 발표해 미디어업계에 충격을 준 바 있다. 미국은 2017년, 한국은 2026년, 중국은 2031년이 되면 종이신문이 완전히 사라진다는 것이다. 지금 보면 도슨의 추정은 다소 빗나간 느낌이 있지만, 스마트폰의 대량 보급이 갈수록 종이신문의 존립을 위협하고 있는 것은 사실이다. 특히 뉴스를 소비하는 플랫폼이 구글이나 네이버 등 포털을 넘어 이제는 페이스북과 같은 소셜네트워크서비스(SNS), 유튜브 등으로 급격히 옮겨가고 있는 것도 위기를 재촉하는 한 요인이 되고 있다.

페이스북이나 인스타그램은 단순한 SNS가 아니라 최대의 뉴스 소비 지점으로 떠올랐다. 친구를 만나러 페이스북에 들어갔다가 뉴스를 보게 되는 방식이다. 페이스북이 뉴스 유통망을 장악하면 언론사는 물론 포털까지 위협받는 결과가 될 수 있다.

미국서 만난 컬럼비아대학 저널리즘스쿨의 클래어 와들 교수는 종이신문의 미래를 구체적으로 전망했다. 머지않은 미래에 종이 신문사에서는 광고 담당 부서부터 사라진다는 것. 뉴스 소비는 오히려 늘어나지만, 광고가 모바일 쪽으로 빠르게 옮겨가기 때문이라고 했다. 그래도 콘텐츠 제작 인원은 늘어난다는 점은 그나마 위안이다.

미국의 주요 신문들은 온라인 구독자 수를 크게 늘리는 방식으로 상황을 타개하고 있다. 뉴욕타임스 등은 광고 대신 온라인으로 구독료를 받아 수지를 맞추고 있다. 미국 국내뿐 아니라 영어권 나라들로 구독이 확장되고 있기 때문이다. 물론 영어로 신문을 만드니 가능한 얘기다. 어쨌거나 종이신문이 기존 플랫폼에 갇혀 있어서는 SNS라는 블랙홀로 빨려 들어갈 수밖에 없다.

제2부 /

똥과 정치

정부가 무한으로 책임져야 할 것은
국민의 밥그릇이다.
몇 년 뒤 국민들은
“누가 우리 세금을 다 허비한 건가?”
의문을 제기할 것이다.

7장

원숭이 덫에 걸린 정부

역사의 우연과 정책의 역설

역사의 우연성을 강조하는 얘기는 숱하다. 1920년 그리스 왕 알렉산드로스가 애완용 원숭이에게 물려 죽자, 쿠데타로 폐위되었던 그의 아버지 콘스탄티노스 1세가 왕좌에 복귀했다. 그는 곧 터키와의 전쟁에 휘말렸고, 그로 인해 많은 사상자가 발생했다. 윈스턴 처칠은 "원숭이가 한 번 깨무는 바람에 수십만 명이 죽었다"고 언급했다. 14세기 오스만 투르크의 바예지드 1세(Bayezid Ⅰ) 황제도 관절에 통증이 생기는 바람에 중부 유럽으로의 진격을 중지했다. 왕의 관절통이 여러 나라의 불행을 막은 셈이다.

독일 통일도 동독의 당 대변인의 말실수와 이탈리아 기자의 오보로 앞당겨졌다는 얘기가 있다. 1989년 11월 9일 동독 정치

국원 귄터 샤보프스키가 '외국 여행 규제 완화' 정책을 발표했다. 그는 내용을 정확히 모른 채 "서독을 포함한 외국 여행을 자유화한다"고 말했다. 이에 독일어에 서툰 이탈리아 기자가 "그럼 언제부터 시행하냐"는 질문을 했고, 얼떨결에 "지금 당장"이라는 답변이 돌아왔다. 이 장면은 TV로 생중계됐고 방송을 본 시민들이 베를린 장벽으로 몰려들었다. 장벽은 곧 무너졌고, 독일 통일은 급속도로 진행됐다.

아시아 지역에서는 '가미카제(神風)'가 역사의 우연성 사례로 자주 언급된다. 13세기 중국을 통일한 몽골은 고려와 연합군을

베를린 장벽 붕괴(1989)는 우연히 이루어졌다.

구성해 두 차례 일본 원정을 시도했다. 하지만 태풍이 불어 군함이 대거 침몰하면서 퇴각할 수밖에 없었다. 역사에 가정은 의미가 없다지만, 만일 태풍이 없었다면 일본 역사는 뒤바뀌었을 것이다. 과학 저술가 마크 뷰캐넌은 〈사회적 원자〉에서 "인간 사회에서는 사소한 우연이 거대한 사건에 개입하곤 한다. 재해, 전쟁, 선거를 비롯한 여러 주요 사건이 사소한 사건 때문에 아무 이유 없이 방향이 바뀐다"고 했다.

한반도에서 전쟁 징후가 몇 차례 있었다. 1968년 **1·21 사건**, 1976년 판문점 도끼 만행 사건, 1999년과 2002년의 1, 2차 연평해전 때가 두드러진다. 문재인 정부 들어 위험지수가 많이 낮아지기는 했지만 미국은 여전히 '선제 타격'의 옵션을 버리지 않았다. 앞으로도 혹 도화선이 될 사건이 발생한다면? 기우(杞憂)이길 바랄 뿐이다. 한 지인은 가족에게 "외출할 때 여권을 소지하라"고 당부했다고 한다. 생존을 우연에 맡겨야 한다니 답답할 노릇이다.

1·21 사건
1968년 1월 21일 북한 민족보위성(民族保衛省) 정찰국 소속인 124 군부대 무장 게릴라 31명이 청와대를 기습하기 위해 서울에 침투한 사건.

코브라 효과(cobra effect)라는 것이 있다. 19세기 영국이 인도를 점령했을 때 맹독성 코브라 개체 수를 줄이기 위해 보상 프로그램을 만들었다. 처음에는 인도인들이 코브라를 많이 잡아들여 큰 효과를 봤다. 하지만 나중에는 아예 코브라 농장을 지어 코브라를 사육하기 시작하면서 코브라 숫자는 더 늘어났다. 의도하지 않은 결과를 초래하는 정책을 빗댄 용어다.

정부 정책에도 의도하지 않은 결과가 나타날 때가 많다. 이념과 의욕은 넘치지만 실천력 빈곤에 허덕이는 탓이다. 이상적 명분과 이념, 인기 영합에 집착하면 민생이 위태로워진다. 최저임금의 화끈한 인상은 모처럼 서민을 속시원하게 했다. 하지만 정작 결과는 그들의 일자리를 없앴을 뿐이다.

'원숭이 덫'이란 게 있다. 손을 간신히 집어넣을 수 있을 정도로 항아리에 구멍을 내고 안에는 맛있는 것을 넣어 둔다. 그러면 원숭이가 손을 넣어 먹이를 움켜쥐는데, 주먹을 쥔 상태로는 빠져나오지 못한다. 미련한 원숭이는 절대 주먹을 펴지 않고 버둥거리다 붙잡힌다.

막스 베버는 "정치란 권력이라는 악마의 수단으로 천사의 대의를 실현하는 것"이라고 했다. 수단과 목적의 극단적 괴리로, 천사의 대의가 실현되지 못하면 악마의 수단만 남는다. 이 괴리를 극복하지 못하면 실패한 지도자가 된다. 마키아벨리는 "진정한 지도자는 운명의 바람과 물결의 전환에 따라 방향을 변경할 수 있는 마음의 준비가 항상 되어 있어야 한다"고 했다.

국민이 불편하면 부작용을 해소할 실질적 방안을 찾아야 한다. 지금이 바로 그때다.

전환시대의 패러다임

과학철학자 토마스 쿤은 1962년에 출판한 〈과학혁명의 구조〉에서 '패러다임'이라는 새로운 개념을 제시했다. 이후 패러다임은 한 시대 사람들의 견해나 사고를 근본적으로 규정하는 인식의 체계, 사물에 대한 이론적인 틀 등을 의미하는 말로 쓰이고 있다.

쿤은 천동설에서 지동설로의 세계관 변화를 '패러다임 전환'의 대표적인 사례로 들었다. 1543년 코페르니쿠스의 지동설이 등장하기 전까지 과학계는 지구를 중심에 놓고 천체가 움직인다고 믿었다. 하지만 갈릴레오는 천동설로는 달과 태양의 인력에 따라 오르락내리락하는 바다의 조수(潮水)의 이상현상(anomaly)을 설명할 수 없었다. 그래서 그는 코페르니쿠스처럼 지구가 돌고 있다는 지동설을 주장하다 유죄 판결을 받았지만, 결국 태양과 달, 금성 등의 움직임을 망원경으로 관찰해 이를 증명했다. 그래서 지동설이 태양계의 움직임을 설명하는 새로운 패러다임(paradigm)이 된 것이다. 하지만 지동설을 주장하다가 유죄 선고를 받았던 갈릴레오는 정작 350여 년이 지난 1992년에야 교황청에 의해 공식 복권됐다. 과학으로써 지동설은 이미 자리를 잡았으나 종교적인 복권에는 무수한 세월이 흐른 것이다. 우리도 여전히 "태양이 떴다"고 말하지 "지구가 한 바퀴 돌았다"고 말하지 않는다.

패러다임 개념은 이제 과학뿐 아니라 다양한 분야에서 자주 쓰인다. 하지만 이 개념에는 쿤이 저서 제목에서 밝혔듯이 혁명적 의미가 담겨 있다. 천동설 패러다임이 지배하는 동안에는 이해할 수 없는 이상현상으로 과학이 위기를 맞았지만, 지동설이라는 새 패러다임이 등장해 기존 패러다임과의 경쟁에서 승리하면서 혁명의 단계에 접어든 것이다. 과학혁명은 그래서 왕정이 붕괴하고 공화정이 세워지는 것 같은 정치 · 사회적 혁명과 비견되기도 한다. 혁명에는 성공과 실패가 극명하게 갈리는 법이다.

지구촌 곳곳에서 경제위기와 부의 불평등 현상이 계속되면서 기존 자본주의 시스템을 대체할 수 있는 새로운 패러다임에 대한 논의가 필요해졌다. 공산주의나 사회주의로의 극단적인 회귀는 결코 아니다. 대개 탐욕적인 자본주의에서 착한 자본주의로 이행하는 방안을 찾는 것이다. 정치와 경제, 정부와 시장의 관계를 새롭게 정의해 자본주의 시스템의 구조적 전환을 이루어야 한다는 아나톨 칼레츠키의 '자본주의 4.0' 개념도 같은 선상에 있다.

우리나라도 경제민주화 논쟁을 필두로 소득주도 성장 등 새로운 자본주의를 향한 적지 않은 실험이 진행되고 있다. 쿤의 이론을 빌리자면, 새로운 패러다임에 대한 열망이 커지는 것은 기존 자본주의 체제가 빈부 격차, 불평등, 절대빈곤, 낙오자 양산 등의 이상현상을 해결하지 못했기 때문이다. 최재천 이화여대 석좌교수는 이런 현상에 대해 "인간이 합리적, 이기적으로 행동한다는 뉴턴 경제학의 전제가 깨지면서, 경쟁을 중시하되 공생을 강조하는 다윈 경제학이 새로운 패러다임으로 자리잡는 것"으로 설명한다.

우리 사회에서도 경제 패러다임의 전환이 진행 중이다. 천동설에서 지동설로 패러다임의 전환이 일어났듯, 경제를 기업이 아닌 사람을 중심으로 한 역발상으로 접근하겠다는 것이다. 이는 주류 경제학의 기업 주도 성장 패러다임으로는 저성장과 양극화라는 이상현상을 도저히 극복할 수 없었기에 '소득주도 성장'이라는 새 패러다임을 등장시켰다고 할 수 있다.

소득주도 성장의 핵심은 일자리 창출이나 최저임금 인상 등을 통해 가계소득을 늘리면 소비가 늘고 생산과 투자도 늘어나 다시 일자리를 창출하는 선순환 구조를 만든다는 것이다. 그래서 일각에서는 '세계 최초의 실험', '가보지 않은 길', '위험한 승부수' 등으로 평가했지만 시행해본 결과 만족스런 성과를 내놓지 못하고 있다. 패러다임의 전환이라는 면에서 보면 신선한 시도임에 틀림없으나, 당장 막대한 재정 지출이 뒷받침되어야 한다는 점에서 성장을 저해하고 경제에 부담을 줄 수 있다. 성장 속도보다 지출 속도를 빠르게 하는 이 색다른 접근법은 자칫 나랏빚을 늘려 후세에 짐 지울 수도 있다. 복지국가 아니면 국가부도라는 극단적 갈림길에 놓일 수도 있다.

정답을 찾기란 쉽지 않다. 그럼에도 불구하고 '현대판 갈릴레오'들이 새로운 패러다임을 찾기 위한 활발한 논의를 펴는 것은 바람직한 현상이다. 새로운 패러다임의 싹을 틔울 수 있도록 진지하고 건강한 논의의 장을 열어가는 것이 우리 사회가 할 일이다.

누가 이득을 보는가?

경제학자 장하준은 경제학을 과학이 아니라 정치적 논쟁이라고 보았다. "경제학은 과학이 아니고, 앞으로도 과학이 될 수 없다. 경제학에는 정치적 · 도덕적 판단으로부터 자유로운 상태에서 확립될 수 있는 객관적 진실이 존재하지 않는다. 따라서 경제학적 논쟁을 대할 때 다음과 같은 오래된 질문을 던져야 한다. 'Cui bono(누가 이득을 보는가)?' 로마의 정치인이자 유명한 웅변가였던 마르쿠스 툴리우스 키케로의 말이다."(장하준, 〈경제학은 칵테일처럼〉)

정부가 정책 결정을 할 때 반드시 따져봐야 하는 게 있다. 누가 이득을 보게 되는가이다. 흔히 낙수효과가 거론되는데, 기업이 돈을 버는 구조가 되어야 투자를 하고 서민에게도 돈이 흘러

들어간다는 접근법이다. 하지만 결과는 어땠나? 낙수효과는커녕 오히려 기득권층에 더 큰 이득이 돌아갔다는 관측이 일반적이다. 반대의 경우도 면밀히 따져봐야 한다. 누가 손해를 보게 될까이다. 이런 과정 역시 희망과 현실은 다르고, 경제학이 과학이 될 수 없는 사례가 될지 모르겠다.

노동 시장에 비정규직과 저임금 노동자가 늘어나는 것은 전 세계적인 현상으로, 시장의 실패로 볼 수 있다. 시장 실패를 보완하는 것이 정부의 역할이다. 그래서 득실을 따져 보는 것이 중요하다. 정부가 관련 정책을 성급히 추진하다 보니 문제가 생겼다. 급가속이 필요한 아우토반이라면 몰라도 일반 도로에서는 경제속도로 달리는 것이 옳다. 능력에 걸맞지 않게 과속을 하면 다시 정부의 실패로 귀결된다.

'목적은 수단을 정당화한다.' 영어로 표현하면 'The end justifies the means'인데, 정관사 the와 단 · 복수 명사의 활용법을 알고 있는지를 파악하는 차원에서 대입 본고사 영어 작문 시험에 가끔 등장했던 구절이다. 마키아벨리의 〈군주론〉을 관통하는 통치 기술로 비판적으로 인용되곤 했지만, 여기서는 '좋은 목적일 경우'라는 단서가 붙는다. 학생운동이 활발하던 군부 정권 시절에는 폭력 사태에 대해 '목적이 수단을 정당화할 수 없다'는 논리가 동원되기도 했다. 특정 목적과 이를 달성하기 위한 수단의 적정성은 오래된 논쟁거리다. 정의로운 목적에 이르는 수단이 혼란스럽다.

대통령의 리더십은 통상 최고경영자(CEO) 리더십과는 차이점이 있다. CEO는 자기 의사대로 일을 밀어붙일 수 있지만, 대통령은 늘 반대파가 존재한다. 따라서 참을성과 포용성, 합의를 끌어낼 수 있는 협상력을 가져야 한다. 또 CEO는 승진, 보너스, 좌천, 해고, 꼼수 등의 다양한 수단을 동원할 수 있지만, 대통령이 의회, 언론, 권력기관 등 다양한 견제 세력을 통제하려면 국민의 대폭적 지지를 등에 업어야 한다(이정전, 〈시장은 정의로운가〉).

국민의 사랑과 존경을 얻지 못하면 리더십도 실종된다. 경영학자 게리 해멀은 "최고 권력을 가진 관리자들은 일선의 현실과 가장 동떨어져 있게 마련이다. 그런 까닭에 올림피아 꼭대기에서 내린 결정은 땅 위에서 실행하기 어려운 경우가 많다"고 했다.

이럴 때 등장하는 것이 '구조적(structural)'이란 용어다. 이 용어가 자주 쓰이게 된 것이 대학시절인 1980년대 초였다. 구조기능주의, 구조이론, 구조문법 등에 사용됐던 것으로 쓰임새가 많고 편리한 단어였다. 단순히 평면적으로 해결되지 않는 개념이나 논쟁도 '구조적'을 붙이면 쉽게 정리되곤 했다. 우리 경제의 최대 현안인 성장 동력의 문제도 구조적이고, 불황도 주기적인 요인과 구조적인 요인으로 구분하기도 한다. 그만큼 풀기가 쉽지 않기 때문이다.

1997년 외환위기와 2007년 미국발 금융위기를 지나오면서 저성장이나 성장 둔화 같은 퇴행적인 용어에 익숙해졌다. 1980년대까지 10%를 넘나들던 경제성장률이 최근에는 2%대로 떨어졌고, 청년실업, 저출산, 고령화 등의 고질적 문제는 미래에 대한 전망을 어둡게 한다. 문제는 당분간 상황이 나아질 기미가 보이지 않는다는 점이다.

성장 동력 회복은 불가능한 것인가? 정부는 물론 학계와 재계 등에서 성장 동력 회복이 한국 경제의 가장 중요한 문제라는 데 공감하고 있다. 하지만 성장 둔화의 원인과 극복 방안에서는 의견이 엇갈린다. 이태정 연세대 경제학과 교수는 공저 〈외환위기 이후 한국 사회의 변화〉에서 이 문제에 대해 심도 있게 분석했다. 성장 동력 저하가 자본의 한계생산성 체감 때문에 발생하는 것이라면 공장을 짓고 생산 설비를 확장하는 투자보다 기술 개발과 생산성 증대를 위한 투자와 구조 개혁에 집중해야 한다는 것이다.

반면 지나친 부와 시장점유율 집중에 의해 중산층이 와해되고 내수 시장이 붕괴하는 등 시장 실패가 원인이라면 해법은 달라져야 한다. 시장의 독과점을 강력히 규제하고 공정한 경쟁을 통해 중산층을 두텁게 해야 한다는 주장이다. 전자는 성장 중심, 후자는 분배 정책에 무게를 둔 것이다.

하준경 한양대 경제학부 교수의 의견은 절충적이다. 그는 동반성장을 다룬 공저 〈함께 멀리 가자〉에서 "21세기 성장 동력은 과거와 같은 요소 투입이 아니라 혁신과 지식의 창출, 그리고 이를 부가가치로 연결시키는 산업 생태계 구축에서 나온다"며 "내수와 수출이 균형적으로 성장을 견인하고 수출의 과실이 내수로 연결되도록 하는 것이 중요하다"고 했다.

한국 경제의 성장 동력을 확보하는 문제는 일시적이고 단순한 경기 부양책으로 해결할 수 없다. 구조적 접근과 변화가 필요하다는 결론이지만 지금의 정부 행태로 볼 때 감당하기 쉽지 않을 것으로 보인다.

갈 곳 없는 다리,
코끼리 발톱

2005년 미국 의회는 알래스카 주의 작은 마을 케치칸(Ketchikan)과 그라비나 섬(Gravina Island)의 공항을 연결하는 다리를 건설하는 데 총 3억 2,000만 달러에 달하는 예산을 책정했다. 당시 케치칸 인구는 9,000명이 채 안 되었고, 그라비나 섬의 인구는 겨우 50명이었다. 탑승료 6달러짜리 페리호가 15분에서 30분 간격으로 다닌다. 물론 다리가 건설되면 주민들의 삶이 편리해지겠지만 편익에 비해 투입되는 비용이 엄청나다(로버트 프랭크, 〈경쟁의 종말〉).

누가 봐도 황당한 이 프로젝트가 추진된 이유는 무엇일까. 프랭크 교수는 지역 유권자들의 환심을 사려는 정치인들의 음흉한 야합으로 파악했다. 어차피 다리 건설 비용은 지역 주민이 아닌 국가 전체 납세자들이 떠안을 것이기 때문이다. 멀리 있는 납세자들은 이런 프로젝트가 있는지 알지도 못했다. 다른 주 의원들은 자신들이 제안할 유사한 프로젝트에 대한 지지를 얻어내기 위해 이런 말도 안 되는 프로젝트에 반대하지 않았다. 뒤늦게 이러한 프로젝트가 추진되는 것을 알게 된 국민들이 거세게 반대했고 결국 다리 건설 계획은 백지화되었다. 이후 이 프로젝트에는 '갈 곳 없는 다리(Bridge to nowhere)'라는 이름이 붙여졌고, 포퓰리즘에 영합한 정부의 예산 낭비를 상징하는 대표적인 표현이 됐다.

우리도 이러한 경우가 적지 않다. 2010년 개통된 경남 거제도와 부산 가덕도를 잇는 거가대교가 대표적이다. 거제도가 고향인 김영삼 전 대통령이 후보 시절 공약한 것으로 거가대교는 건설 비용으로 총 1조 4,469억 원이 투입됐지만 수요 예측이 턱없이 빗나가 경상남도와 부산시가 운영 업체에 계속 적자 보전을 해주고 있다. 20년간 6조 원이 낭비될 판이다.

이미 우리나라에도 '갈 곳 없는 공항(Airport to nowhere)'이 수없이 많다. 1,300억 원을 투입한 울진공항은 개항도 못한 채 비행교육 훈련센터로 용도를 바꿨고, 부지 매입비 포함, 480억 원이 들어간 전북 김제공항은 감사원 재검토 지시로 2004년부터 공사를 중단, 배추밭 등으로 이용되고 있다. 무안공항 활주로는 고추 말리는 데 쓴다고 한다. 그럼에도 아무도 책임지는 사람이 없다.

그런데 다시 새만금 공항을 짓겠다고 예비타당성 조사도 면제시켰다. 또 이미 김해공항 확장으로 결론이 난 동남권 신공항 논쟁에 또다시 가덕도 신공항이 등장했다. 지자체장이 바뀔 때마다 국가 예산을 정치적으로 이용하려는 것이다.

정부의 예산과 관련해 '코끼리 발톱'이라는 비유가 있다. 처음에는 '발톱'만 한 줄 알았는데 나중에 '코끼리'가 되어 있더라는 것. 정부가 슬그머니 타당성, 수요 조사 등의 명목으로 예산을 책정하는 것이 '코끼리 발톱'을 내미는 작업이다. 일단 '발을 담그는' 행위로 액수가 적어 처음에는 그다지 주목을 받지 않는다. 일단 이렇게 발을 담가 놓아야 그 다음 예산 프로세스가 진행되기 때문에 필수적인 과정이다.

예산은 만지면 만질수록 점점 커져서 '코끼리'가 되는 법이다. 예산 규모는 처음 추산했던 것보다 몇 배로 커진다. 인천공항도 그랬고 경부고속철도가 그랬다. 그래도 여기까지는 관행처럼 늘 그래왔던 것이려니 할 수 있다.

하지만 정작 중요한 것은 그 같은 건설이 정말 필요한가 라는 점이다. 모두 유력 정치인의 개입으로 수요를 부풀려 잡아 무리하게 공사를 진행한 탓이다. 그런데도 책임지는 사람은 아무도 없다. 이처럼 공무원 조직과 정치인의 교활한 어우러짐의 산물이 지방 국제공항이다. 이제는 '공항 정치'를 막아 예산 낭비를 줄여야 한다. 모두가 '신공항 Yes'라고 할 때 'No'라고 말할 수 있어야 한다.

8장

한없이 이기적인 정치

정치와 경제가 낭패(狼狽)다

너무 엉겨 붙은 것이 문제였다. 박근혜 전 대통령 탄핵 심판의 전말 얘기다. 시작과 끝이 정경유착이었다. 대통령이 자신과 측근의 사적 이익 추구를 위해 공적 조직을 동원해 민간기업 등을 움직였다는 것이 핵심이다. 그러다가 대통령은 파면과 구속이라는 비참한 최후를 맞이했다. 헌법재판소 판결도 그랬다. "정치 권력과 재벌 기업의 유착은 그 기업에는 특권적 지위를 부여하지만 다른 경제 주체의 자발성과 창의성을 위축시키는 결과를 초래한다"가 요지였다. 정경유착 행위는 기업 생태계에 공정한 경쟁이 불가능한 '기울어진 운동장'을 만드는 것이라는 의미겠다.

이후 우리 사회에서 기업에 대한 이미지가 극도로 나빠졌다.

특히 정치권에서는 대기업이나 재벌에 대해 세금을 올리고 각종 재갈을 물리려는 움직임이 강해졌다. 그래서 대기업들은 "반기업 정서 때문에 기업 못 해 먹겠다"고 강한 불만을 터뜨린다. "정권이 돈을 달라는데 어떻게 안 줄 수 있겠나. 우리는 피해자다"라는 것.

과연 그럴까. 기업은 큰 잘못이 없다는 걸까. 정치권은 어떤가. 자본주의 역사가 짧지만, 우리 사회의 반기업 정서는 뿌리가 깊다. 해방 이후 일본 식민지 귀속 재산(적산, 敵產)의 처리, 국영 기업체 불하 과정에서 소수의 기업가가 정경유착을 통해 특혜를 본 것에서부터 시작됐다. 당시 적산 기업 등을 불하받았던 사람들이 지금의 두산, 한화, SK, 삼성 등의 창업주들로 그 특혜가 70여 년간 이어지는 셈이다. 또 한국전쟁 폐허 복구 과정에서 부족한 생필품 수입에서도 일부 기업이 수입 허가권을 이용해 융자나 이자 특혜 등을 받아 급성장했다.

1964년의 **삼분(三粉) 폭리 사건**은 전형적인 정경유착 비리다. 설탕, 밀가루, 시멘트 등 삼분 생산 기업들이 폭리를 취하고 세금 포탈을 했으나, 공화당 정권에 거액의 정치자금을 주고 무마했다. 이후에도 군부와 민간 정권을 가리지 않고 정경유착 사례는 무수히 드러났다.

삼분(三粉) 폭리 사건
1964년 밀가루, 설탕, 시멘트의 가격 상승에서 일부 대기업들이 폭리를 취한 사건. 먹고 사는 문제가 경제 현안이었던 당시 이 사건으로 돈과 권력 있는 자에게 국민의 원성이 집중되었고, 결국 정치적 유착 의혹으로 번졌다.

정권만 바뀌면 통치 정당성 확보를 위해 이전 정권의 비리 척결에 나섰다. 재벌을 처벌하고, 다시 '경제 살리기' 명분으로 재벌을 사면하는 패턴이 반복되는 과정에서 반기업 정서는 깊어졌다. 또 군사정권 시절의 정경유착은 이후 산업화 세력과 민주화 세력이 화합하지 못하고 반목하는 요인으로 작용했다. 이런 뿌리 깊은 반목이 지금의 성장 · 배분 문제에 대한 이념적 갈등을 초래한 측면이 있다.

김수한 고려대 교수는 〈한국 사회의 반기업 문화〉에서 "반기업 담론은 특정 사건이나 기업의 일탈로 일시적으로 만들어진 것이 아니라 반복적으로 축적된 역사적 구성물"이라고 했다. 특히 그는 "국가와 지배적 정치세력은 기업에 부정적인 인식과 반감을 심어주는 핵심적 역할을 했고, 모든 정권은 자신의 정치적 기반과 통치의 정당성을 확보하기 위해 기업 및 기업가와 의도적인 갈등과 타협을 반복했다"고 지적했다.

사회공헌 등으로 아무리 포장을 해도, 기업의 목적은 이윤 추구다. 이 목적 달성을 위해 가장 손쉽게 동원할 수 있는 수단이 정경유착이었다. 이 때문에 기업인들은 교도소 담장 위를 걸어다녔다. 어느 쪽으로 떨어질지 모르는 것이다.

탐려득주(探驪得珠)라는 말이 있다. '검은 용을 찾아 진주를 손에 넣는다'는 의미로 '큰 위험을 무릅쓰고 큰 이익을 얻는다'는 뜻이다. 이른바 '화약 장사'가 이문이 많이 남는다는 얘기다. 하지만 정치와 경제가 동시에 퇴락하면 국가가 위기를 맞는다. 박정희 정권의 몰락이나 1997년 외환위기도 구조적 모순에 처한 경제와 이를 해결하지 못한 무기력한 정치가 맞물린 결과였다.

정치와 경제의 관계는 때론 보완적이며 때론 종속적이고 적대적이다. 정치와 경제의 관계를 상상 속의 동물인 '낭패(狼狽)'로 표현하는 이도 있다. 낭(狼)은 앞발이 길고 뒷발은 짧지만, 패(狽)는 앞발이 짧고 뒷발이 길다. 둘은 항상 같이 다녀야 제구실을 할 수 있지만, 보통은 둘이 호흡이 잘 맞지 않아 '낭패'를 당한다는 의미다. 경제가 어려울수록 한계상황으로 몰리는 서민층을 보호하는 정책에 우선순위를 두어야 한다. 사회 안전망의 보완 요구도 강하다. 그래서 경제는 성장, 정치는 분배를 담당하는 측면이 있다.

북미 인디언 사회에서는 일찍이 포틀라치(potlatch)라는 의식이 있었다. 수확기가 되면 부족원들이 생산물을 추장에게 바치지만, 추장은 이보다 더 많은 재물을 부족원에게 넉넉하게 선물하는 과정이다. 일종의 나눔과 분배 의식이다. 각자 음식물을 가지고 와서 나눠 먹는 북미 지역의 포틀락(potluck) 파티가 여기서 유래했다는 주장도 있다. '임금의 하늘은 백성이고, 백성의 하늘은 밥'이라 했다. 민심을 천심으로 떠받들어 민생을 챙기라는 얘기다. 과거의 경험에서도 교훈을 얻어야 한다. 기업은 정경유착의 구태를 버리고 공정하고 투명한 경영을 하라는 얘기다.

사회공헌으로 포장한다고 반기업 정서가 사그라질 것도 아니다. "주변 백 리 안에 굶어 죽는 사람이 없게 하라"는 조선시대 경주 최 부자가 남긴 따뜻한 유훈을 되새길 일이다.

정치적인 기름값

기름값은 때때로 정치적으로 민감한 사안이다. 기름값이 오르면 택배나 화물차 등의 운전기사가 직접적인 타격을 받고, 겨울에는 난방비가 크게 상승해 서민들을 괴롭힌다. 게다가 유류를 근간으로 하는 모든 제품 가격이 인상될 수밖에 없어 경제에 미치는 파장이 매우 크다. 기름값이 아주 싼 미국도 기름값에 매우 민감하다. 땅덩어리가 워낙 커서 평균 이동 거리가 길기 때문이다. 도시에서 멀리 떨어진 외곽에 사는 노인들의 경우 일주일이나 보름에 한 번씩 도심 쇼핑몰로 와서 각종 생필품을 장만한다. 하지만 기름값이 오를 때는 자동차를 몰고 멀리 나올 수가 없어 노인들이 생계를 위협받는다는 기사가 미국 언론에 등장하기도 한다.

유가가 오르는 이유는 다양하다. 중동지역의 불안으로 유가가 인상되는 측면이 있지만 달러 가치 하락에 따른 투기세력의 개입, 경기 회복에 따른 산업적 수요 증가 등으로 불안정한 구조이기 때문이다.

문제는 기름값의 절반을 차지하는 유류세 구조다. 석유 관련 세금을 들여다보면 정부의 행태가 매우 이기적으로 보인다. 국제 유가가 가파르게 오르면 원유 수입액이 늘고, 이에 따라 관세와 부가가치세 등이 크게 늘어난다. 정부는 세수가 많이 걷혀 좋지만 국민들은 경제적 부담이 커진다. 이명박 정부가 기름값을 잡느라고 알뜰주유소를 도입하는 등 소동을 벌였지만 별다른 효과를 보지 못했다.

전기요금도 정치적이다. '풍부한 전력 마음 놓고 쓰자!' 1964년 4월 한국전력이 국내 일간지 1면 하단 광고로 실었던 문구다. '당신의 생활을 즐겁게 하자면 값싼 전기로 새로운 설계를'이라는 소제목도 붙어 있다. 앞치마를 두른 주부가 TV, 냉장고, 선풍기, 라디오, 전기포트, 전기다리미, 전기프라이팬 등에 둘러싸인 삽화와 발전소 사진도 광고에 들어 있다. 풍부한 전력에 대한 홍보는 오일쇼크에도 불구하고 1970년대까지 계속됐다.

당시에 정말 그렇게 전력이 풍부했을까. 이듬해 2월 같은 신문의 비판 기사를 보면 앞서 한전 광고에 대해 이해가 된다. "과연 서울 거리는 '풍부한 전력, 여기 있다'는 듯 휘황찬란한 네온

사인이 밤하늘을 수놓게 되었으며, '전기를 더 보내 달라'는 생산 공장의 비명도 들리지 않게 되었다. 정부는 '남아돌아가는 전력'을 가장 큰 업적의 하나로 내세우는 데 인색하지 않았으며 전력회사는 장단을 잘 맞추었다. 그러나 과연 전기는 남아돌아가고 있었나? 도시는 모르겠지만 농촌에선 어림도 없는 얘기다."

전력은 시민 생활이나 기업의 생산 활동, 경제 성장에 매우 중요하고, 특히 물가에 큰 영향을 미친다. 1960년대 초 박정희 정권은 '풍부한 전력'을 치적으로 삼아 도시 밤거리의 네온사인을 경제 발전의 표상으로 보여주려 했다. 하지만 호롱불 천지인 농어촌에서는 전력의 혜택을 전혀 받지 못한 것에 불만이 많았던 모양이다. 또 해방 이후 1964년 9월까지 무려 14차례나 전기요금을 인상해 한전이 엄청난 이익을 얻으면서 여론의 비난이 빗발쳤다.

전기요금은 '정치 요금'이다. 밑지는 장사를 하는 한전은 수익을, 지식경제부는 전력 수급을, 기획재정부는 물가를, 청와대는 민심을 걱정하기에 요금이 정치적으로 결정된다. 전기는 남아도 보관이 안 되고, 모자라도 수입을 못 하는 독특한 재화다. 탈원전 정책으로 전기요금이 인상될 가능성이 높아 향후 민심의 뇌관이 될 수 있다. 기름값과 전기료에서 정치색을 빼야 경제가 온전히 돌아갈 것이다.

담뱃값 유감

'궐련형 전자담배'가 유행이다. 광복 이전에나 쓰이던 궐련이라는 고풍스럽고 생소한 단어를 첨단 제품의 이름에 붙인 것이 이채롭다. 액상 니코틴이 원료인 전자담배와 다르고, 전자기기의 도움을 받기 때문에 일반 담배와도 달라 붙여진 이름이다. 궐련(卷煙)은 '얇은 종이로 말아놓은 담배'를 말하니 어휘 중첩인 셈이다.

권(卷)은 책 권, 말(roll) 권이라는 뜻으로 '궐'로도 표기한다. 궐련엔 지궐련(紙卷煙)과 엽궐련(葉卷煙)이 있다. 지궐련은 담뱃잎을 썰어 얇은 종이(紙)로 말은 담배로, 보통 가게에서 구입할 수 있다. 그래서 '전자식 지궐련'이라고 하면 제품의 특성에 가장 가까울 듯하나, 이 명칭도 어렵기는 매한가지다. 엽궐련은 담뱃잎을 썰지 않고 통째로 돌돌 말아서 만든 담배로 시가(cigar), 여송연(呂宋煙) 등으로 불린다. 여송(呂宋)은 필리핀 루손 섬의 음역으로, 그 지역 생산품이 독하고 향이 좋아 이런 이름이 붙었다고 한다. 옛날 시골 어른들이 사전 낱장에 말거나, 기다란 담뱃대에 넣어 피우던 '풍년초'는 각연(刻煙)이며, 영어로는 롤링 타바코(rolling tobacco)다. 종이봉투에 넣어 팔던 것이라 '봉초 담배'라는 별칭도 있다.

궐련형 전자담배의 시장 점유 속도가 빠르다. 30년 애연가인 나도 최근 궐련형으로 바꿨는데, 피우다보면 이것저것 물어보는 사람이 많다. 일반 담배는 연초를 태우는 반면 궐련형은 뜨거운 전자 스틱 열기로 연초를 찌는 방식이다. 그래서 일본에서는 '찌는 담배'라고 한다. 일반 담배는 '연기'를 뿜지만 궐련형은 '증기'를 뿜는 셈이다. 고기를 구워 먹느냐 쪄 먹느냐의 차이가 아닐까 싶다. 맛도 일반 담배와 유사하고, 가래도 안 생기고 숨이 차지 않아서 좋다. 물론 담배는 끊는 것이 최선이다. 다만 아직도 끊지 못했다면 궐련형으로 바꾸라고 권하고 싶다. 기기 값이 부담이기는 하다.

담뱃값이 유독 비싼 북유럽에서는 직장 동료에게 담배 한 개비를 빌려도 반드시 갚아야 한다는 얘기를 들었다. 그렇지 않으면 "그때 빌려 간 담배 왜 안 주느냐"는 핀잔을 듣는단다. 우리나라도 담배 한 개비가 225원(갑당 4,500원짜리 기준)이다. 4개비면

1,000원에 가깝다. 그 바람에 '담배 인심'도 사나워졌다.

정부가 국민 건강 증진을 위해 흡연율을 줄이겠다고 담뱃세를 갑당 2,000원씩 올렸는데, 아무리 생각해도 사기 당했다는 느낌이 든다. 실제로 담뱃값 인상 직후에는 전월의 절반으로 감소했으나 이후 '요요현상'을 보이며 원래 수준을 회복했다. 금연효과는 미미하고 세수 효과는 확실하다.

4,500원짜리 담배를 하루 한 갑씩 1년 피우면 세금만 121만 원이다. 이는 9억 원짜리 아파트 재산세와 맞먹는다. 정부가 서민 주머니를 털어 재정을 보충했다는 얘기가 일리가 있다. 그러니 서민들 사이에서 '담뱃값만 선진국' '한 달에 100만 원 버는데 담뱃값만 10만 원'이라는 탄식이 나올 수밖에.

만년설과 에너지 안보

스위스 취리히에서 열차로 알프스 중턱인 인터라켄(Interlaken)으로 가서 지역 명물인 톱니바퀴 열차를 타면 알프스 산맥의 고봉 융프라우(4,158미터)에 오를 수 있다. 한여름인데도 산은 만년설로 가득하다. 성급한 관광객은 이미 스키를 타고 멀찌감치 달아난다. 이 만년설이 에너지원인 줄은 몰랐다. 알프스 산맥을 끼고 있는 스위스와 오스트리아는 수력발전 비중이 높다. 만년설이 녹아 사시사철 강으로 공급되면서 수량을 풍부히 해주는 덕분이다. 스위스는 전기에너지의 54.3%를 수력발전에서 얻고, 오스트리아도 60%를 넘는다. 노르딕 산맥 아래의 노르웨이는 수력발전 의존도가 96%에 달한다. 여기에 석탄이나 천연가스 등 다른 에너지를 조금만 보태면 전력 수급에 지장이 없다. 그래서 오스트리아와 스위스 등이 원전 가동 중단을 선언했더라도 장기적으로 큰 문제가 발생할 이유가 없다.

북한도 수력발전 비중이 72.6%로 높은 편인데 최근에도 수력발전소를 잇달아 건설했다. 한때 평안북도 삭주의 수풍발전소는 동양 최대라 불리기도 했다. 하지만 알프스나 노르딕 산맥 주변국과는 사정이 많이 다르다. 천연가스나 석유 등으로 전기를 생산할 처지가 못 되어 늘 전력이 부족하다. 구소련의 지원을 받던 원전 건설은 구소련 붕괴로 무산되고, 한국형 원전(경수로) 건설은 핵개발 시도 때문에 흐지부지됐다. 반면 우리 수력발전 비중은 0.6%로 극히 미미하다. 전력 공급이라는 목적보다는 홍수나 가뭄 조절용 성격이 강하다.

우리에게는 스위스나 노르웨이의 수력발전처럼 '기저(基底) 발전원'이 없다. 석탄과 원자력 비중이 70%에 이르고, 신재생에너지 비중은 미미하다. 에너지 수입 의존도가 90%를 넘고 전력 공급이 외부 환경 변화에 종속되어 있으니 늘 불안하다. 정확한 에너지 수요 예측에 바탕한 정교한 대책이 지속되어야 그나마 견딜 수 있다. 그런데도 이전 정부에서는 에너지 수요 예측을 부풀린 의구심이 일었고, 지금은 탈원전을 위해 오히려 축소한다는 의혹이 나온다. 수요 예측부터 오락가락하니 백년대계의 에너지 정책이 멀쩡할 리 있겠나.

에너지 안보에 대한 의식이 부족한 것도 걱정이다. 전두환 정권 시절 대학에서는 안보 냉소주의가 팽배했다. 군사정권은 늘 북한의 남침 위협을 과장했고, 학생들은 "또 협박이네"라며 냉소적 태도를 취했다. 1983년 10월 9일 버마(현재 미얀마) 아웅산 테러 사건이 일어나 대통령의 공식 · 비공식 수행원 17명이 사망하고 14명이 중경상을 입었다. 그러나 일부 학생들은 이 사건조차 북한의 소행이 아니라 군사정권의 공작이라는 시각으로 봤다. 군사정권에 대한 불신이 그만큼 컸다. 안보는 중요했으나 정작 학생들은 군사정권에 안보의식을 강요당하지 않으려 했다.

독일 통일과 구소련 해체 이후에는 안보 이슈가 다소 시들해졌고 오히려 통일 논의가 활발했다. 하지만 김대중 · 노무현 정부에서 금강산 관광 등 햇볕정책을 둘러싸고 보수와 진보 진영의 갈등이 격화했다. 문재인 정부에서는 출범 때부터 사드 배치 문제에 미국과 중국까지 개입하면서 중대한 이슈로 부각됐다. 문 정부는 안보에는 '보수와 진보가 따로 없다'는 입장을 고수하고 있다. 하지만 걸핏하면 정파적 이익에 따라 안보 이슈가 철저히 이용당하는 행태는 군사정권 시절이나 지금이나 별반 차이가 없다.

무엇보다 걱정인 것은 에너지 안보 불감증이다. 탈원전 정책으로 원전산업이 위기를 맞고 있다. 원전 안전도 중요하지만 안보도 소홀히 할 수 없다. 안보를 위해서는 군사력뿐 아니라 경제력도 강해야 한다. 이를 뒷받침하는 것이 에너지인데 우리는 에너지의 대부분을 수입한다. 행여 국제 분쟁으로 해상 수송로가 막히면 꼼짝없이 고립된 '에너지 섬'이 된다. 에너지가 부족해도 인근 국가에서 공급을 받을 수 없다. 이것이 '에너지 안보'를 소홀히 할 수 없는 이유이다.

비키니 통계, 주물럭 통계

만일 당신이 중병에 걸린 환자라면 통계란 어떤 의미일까. 같은 병을 가진 환자 100명 중 80명이 완치된다면 완치율 80%라 하겠다. 하지만 이 같은 수치는 환자에게 그다지 위안이 되지 못한다. 나머지 20%에 대한 두려움 때문이다. 환자의 관심은 오로지 완치 환자 대열에 들어가느냐 여부에 있다. 1865년 실험의학의 아버지라 불리는 프랑스 의사 클로드 베르나르(Claude Bernard, 1813~1878)가 했던 이야기다. 지금도 의학이나 통계 관련 글에서 자주 인용되는 사례로, 통계 수치는 전체적으로는 옳지만 개별적으로는 틀릴 수 있다는 것을 말해준다.

19세기 초 여러 나라에서 대규모 관료체제와 군대를 꾸리면서 월별 출생아 수 및 사망자 수, 연간 수감되는 범죄자 수, 도시별 발병자 수 등 국민과 관련된 방대한 규모의 데이터를 일람표로 만들어 발표하기 시작했다. 당시에는 이런 잡다한 자료를 유용하게 해석할 방법을 찾지 못했으나 천문학자들을 중심으로 측정값 중에서도 평균적 측정값을 산출하는 방식을 개발하면서 분석 방법이 한층 발전했다. 하지만 평균값은 말 그대로 평균값일 뿐, 개별 특성을 파악하는 데에는 취약했다.

'통계는 비키니'라는 얘기가 있다. 대부분 보여주지만 정작 중요한 것은 가리기 때문이다. 오류도 많다. 이혼율이 대표적이다. 2002년 국내 이혼율이 47.4%를 기록했다는 통계 자료가 발표됐다. 국내 부부 절반이 이혼을 했다는 것인데 통계 분석 오류로 드러났다. 특정 연도에 이혼한 부부의 수를 그해 결혼한 부부의 수로 단순히 나누는 실수를 한 것이다. 결혼은 특정 연도에 하지만 한참 전에 결혼해 그해에 이혼한 부부와 비교를 했다니 황당한 오류였다.

정부가 통계나 변수를 조작하거나 '마사지'하는 경우도 흔하다. 특히 실업률 통계는 착시를 유발할 때가 많다. 통계청이 발표한 2018년 5월 고용 동향 통계를 예로 들면 고용률이 61.3%인데 실업률은 4%에 불과하다. 고용률 61.3%는 경제활동 인구와 비경제활동 인구를 포함한 생산 가능 인구 100명 중 61.3명이 일을 하고 있다는 뜻이다. 그렇다면 실업률은 왜 38.7%가 아니라 4.0%일까. 실업률에는 취업 포기자는 대상에서 아예 제외하고 학생과 주부도 원칙적으로 제외한다. 그래서 실제보다 실업률이 과소 추정되는 경향이 있다. 경제는 성장한다는데 국민은 느끼지 못하는 것도 현실과 통계의 괴리 때문이다.

한국은행은 2018년 기준 우리나라의 1인당 국민총소득(GNI)이 3만 달러를 넘었다고 발표했다. 1987년 3,000달러 이후 30년만에 10배가 됐으니 뿌듯한 일이다. 한 가구를 3명으로 잡으면 9만 달러, 4명으로 잡으면 12만 달러다. 9만 달러는 1억원 정도다. 2분기 통계청 가계동향조사(소득 부문)에 따르면 5분위(소득 상위 20%)의 월평균 소득은 913만 4,900원으로 연간 1억 원이 조금 넘는다. 따라서 국민소득 3만 달러가 적용되는 가구는 소득 상위 20% 계층일 뿐 나머지 80%에게는 그림의 떡일 뿐이다. 게다가 국민총소득 중 기업이 절반 가까이를 차지한다. 통계의 허상을 드러내는 사례다.

1950년 미국 공군은 기체 결함이 아닌데도 추락 사고가 자주 발생하자 조종석 설계에 문제가 있다고 판단했다. 조종사 4,063명을 상대로 조종석 설계상 가장 연관성이 높을 것으로 보이는 키, 가슴둘레, 팔, 다리, 허리, 손가락 등 10개 항목의 신체 치수에 대해 평균값 통계를 냈다. 이를 바탕으로 평균적 조종사의 범위를 각 평균값과의 편차가 30% 이내인 사람으로 넓게 잡았다. 하지만 평균치를 개별 조종사에게 적용해보니 평균적 조종사에 해당하는 사람이 단 한 명도 없었다는 결과가 나왔다(토드 로즈, 〈평균의 종말〉).

숲을 보는 것에는 강하지만 나무를 보는 것에 약한 것이 통계다. 하지만 통계는 현상을 분석하고 대책을 마련하는 데 유용한 수단인 것만은 틀림없다. 특히 숫자가 중심인 경제 분야에서 통계는 필수다. 그래서 주요 선진국에서는 통계청 수장의 임기를 보장해 독립성을 확보해준다. 정치권력 등으로부터 독립을 의미한다. 물론 통계의 역사를 보면 허상이거나 오류, 착시 등을 유발할 때도 적지 않았다. 그럼에도 오류를 수정하고 새로운 분석기법과 모집단 재구성 등을 통해 꾸준히 발전을 거듭한 것이 통계다.

문제는 통계를 조작하고 싶은 유혹이다. 통계 '마술'이거나 통계 '마사지'로, 통계를 입맛에 맞게 주물럭거려 원하는 결과를 만드는 것이다. 조지 오웰의 소설 〈1984〉에서 4개 통치기구 중 하나인 '풍부부(Ministry of Plenty)'가 통계 조작을 통해 경제 성과를 자랑하지만 정작 국민은 굶주린다.

통계 수치가 마음에 안든다고 통계청장을 바꾸는 식으로는 경제지표가 좋아지지 않는다. 정부의 신뢰만 떨어뜨릴 뿐이다.

아마조네스와 바이킹

그리스 남동부 에게해에 있는 작은 섬 레스보스(Lesbos)는 '삼림이 많은 곳'이라는 뜻이다. 레즈비언(lesbian)은 레스보스에 사는 사람을 의미하지만, 언제부턴가 '동성애 여성'을 뜻하는 말로도 변질됐다. BC 6세기에 활약한 이 섬 출신의 여류 시인 사포(Sappho)가 남편과 사별한 후 소녀들을 레스보스 섬에 모아 예술 활동을 한 데서 비롯됐다고 한다. 섬은 BC 7~6세기에는 에게 문명의 중심지 중 하나였으나 1462~1913년 동안 터키의 지배를 받았고 1차 세계대전 후에 그리스령이 됐다.

레스보스 섬은 여성과 관련이 많다. 10년 전에는 섬 주민들이 그리스의 동성애 단체를 상대로 소송을 제기하기도 했는데, 레즈비언이라는 말을 동성애자들에게 빼앗기면서 정신적·도덕적으로 고통을 받고 있다는 이유에서였다. 하지만 지금은 레즈비언들이 대거 찾아오면서 활기를 찾아 '레즈비언의 성지'가 됐다. 특히 사포의 고향인 에레소스(Eresos) 마을은 레즈비언의 필수 관광 코스로 각광받고 있고, 매년 레즈비언 축제까지 열린다.

레스보스 섬은 그리스 신화에 나오는 트로이 전쟁에도 등장한다. 조승연의 〈비즈니스 인문학〉에 따르면 그리스가 트로이에 쳐들어오자 트로이 인근 지역 전사들이 트로이를 돕기 위해 몰려들었다. 그중에는 레스보스 섬을 다스리던 펜테실레이아 여왕과 그를 따르는 뛰어난 여궁수들도 있었다. 여왕은 남자 노예들에게 무기를 주면 반항할 것을 우려해 무기 근처에 가지도 못하게 했고, 용감한 여궁수들에게 국방을 맡겼다. 여궁수들은 창이나 칼을 쓰기에는 남자에 비해 힘이 부족하기 때문에 활쏘기로 무예를 단련했다.

이들은 활시위를 귀 쪽으로 당기는 것이 아니라 가슴 쪽으로 당겼다. 그래서 활쏘기가 불편하다는 이유로 성인식 때는 오른쪽 유방을 도려냈다. '가슴(mazos)이 없다(a)'는 뜻으로 이들을 아마조스, 혹은 아마존으로 불렀다. 1973년 개봉한 테렌스 영 감독의 영화 '아마조네스'(아마존의 복수형)가 이들 이야기다. 펜테실레이아 여왕은 결국 그리스 최고 무장인 아킬레스의 칼에 쓰러진다.

남미 8개국에 걸쳐 있는 열대 우림 이름이 아마존이 된 것도 레스보스의 여궁수들과 관련이 있다. 스페인 원정대가 아마존강 입구로 진입하면서 이 지역 원주민과 싸울 때 용감한 여전사들을 발견, 이들을 아마존이라고 부른 데서 유래했다.

또 여성과 밀접한 관련이 있는 것이 선박이다. 바이킹 전통에서는 배의 이름을 주로 여성이 지었다. 새로 배가 건조되면 탄생을 알리고 무사 운항을 기원하는 선박 명명식을 한다. 명명식에서는 선박을 발주한 선주 측과 관련된 여성이 배의 이름을 짓고 외치는 것이 관행이다. 이 여성은 선박의 대모(godmother), 혹은 후원자(sponsor)라 불리며 선주 부인이나 딸 등이 주로 맡는다. 때로는 유명 여성 인사, 조선소의 노조위원장 부인, 여직원 등이 등장하기도 한다. 이희호, 권양숙 여사를 비롯한 우리나라 역대 대통령 부인들도 후원자로 나선 경험이 있다.

후원자를 여성이 맡는 것은 해적으로 유명한 중세 북유럽 바이킹족 전통과 천주교의 세례식 풍습이 어우러진 결과다. 바이킹족은 새로 건조한 배를 바다에 띄우기 전 바다의 신 '포세이돈'에게 처녀를 제물로 바치는 의식을 가졌다. 그래야 신이 보살펴준다고 믿었다. 이후 천주교의 세례식이 가미됐다. 세례식에서 남자아이는 남자가, 여자아이는 여자가 각각 대부모 역할을 맡는다. '남자는 배, 여자는 항구'라는 우리 노랫말과는 달리 영어의 배(ship)는 여성(she)으로 간주된다. 그래서 여성이 배의 대모로 굳어졌다.

명명식에는 도끼가 등장하는데 선박과 연결된 밧줄을 도끼로 끊는 것이 행사의 절정이다. 아기가 태어날 때 탯줄을 자르는 흉내를 냈다. 이 역시 바이킹족이 새로 건조한 배를 해안에서 바다로 내려 보낼 때 배를 묶었던 밧줄을 도끼로 끊었던 전통에서 왔다. 그래서 선박의 대모를 '도끼 부인' '도끼녀' 등으로 표현하기도 한다. 명명식에 사용된 도끼는 대모가 보관하는데 국내는 물론 세계에서 가장 많은 명명식 도끼를 소유한 인물이 최은영 전 한진해운 회장으로, 40개가 넘는다고 한다.

9장

동종교배의 패거리 정치

방안의 코끼리

삼성그룹 출신으로 문재인 정부의 초대 인사혁신처장을 지냈던 이근면의 '주류와 비주류의 차이'에 대한 분석이 흥미롭다. 정부 내 비주류였던 그는 저서 〈대한민국에 인사는 없다〉에서 주류 · 비주류의 근본적 차이는 "패거리가 있느냐 없느냐"로 구분할 수 있다고 했다.

"비주류는 패거리가 없어 누군가에게 묻어가기 어렵다는 태생적 한계를 지니고 있다. 따라서 비주류가 살아남으려면 첫째, 탁월한 능력으로 무장하고 유지해야 한다. 끊임없는 단련과 철저한 자기관리가 필요하다. 둘째, 등 뒤를 조심해야 한다. 허점이 보이는 순간 뒤를 지켜줄 아군이 없다. 셋째, 작은 공(功)에 만족해야 하고, 큰 공을 탐하는 순간 주류의 집단 공격을 받는다." 그러면서 일본 전국시대에 칼 한 자루와 함께 철저히 혼자였던 검객 미야모토 무사시(宮本武藏)를 비주류의 사례로 꼽았다.

문재인 정부의 인사 행태는 '동종교배'에 가깝다. 청와대와 정부 부처 장관은 물론 법원조차 그렇다. 장관들이 여당에서 옮겨가니 당 · 정 · 청이 같은 혈통으로 주류를 형성하고 있다. 유사형질 간의 동종교배는 열성인자를 낳기 마련이다. 이종교배에서 태어난 1세대는 잡종 강세가 나타난다는 것이 멘델의 유전법칙이다. 프랑스가 2018 월드컵에서 우승했던 것도 이민자들과 혼성 축구팀을 구성했기에 가능했다. 우리의 고대 부족국가 동예에서는 같은 씨족이 아닌 다른 씨족과 혼인하는 족외혼(族外婚) 풍습이 있어, 유전형질의 발전은 물론 부족의 연합과 연맹왕국 형성을 가능케 했다.

근친상간과 순혈주의가 조직 폐쇄성을 높이고 비판과 반대 견해를 압살시켜 종국적으로 퇴행의 길로 접어들었던 사례가 많다. 정치에서 동종교배의 폐해는 특정 이념과 정책에 대한 집착으로 이어진다. 그래서 구호만 요란할 뿐 실적은 부진하다. 현실은 모르면서 입으로만 떠든다는 비판이 나온다. 경제 정책마다 뒷걸음질이니 '미다스의 손'이 아니라 '마이너스의 손'이 된다.

게다가 포용 정신마저 실종 상태다. 다수 국민을 포용해야 하는 게 정치고 정부다. 하지만 소득주도 성장에 매몰돼 소상공인들의 눈물을 외면한다. 그럼에도 고용은 더 줄었다. 전체 인구의 5분의 1을 넘는 800만 소상공인들을 외면한 채 남은 기간을 어떻게 견딜지 의문이다. 혹시 이들을 '프티 부르주아'로 소자본가 취급을 하는 것은 아닌지 모르겠다.

이전 정부들이 재벌에 '포획' 당했다는 비판을 받았다면, 문 정부는 특정 세력에 '포획' 당한 분위기다. 정부 정책에 대한 비판은 '소득주도 성장을 좌초시키려는 적폐 세력의 공격'으로 몰아 단칼에 잘라버린다. 참여연대는 장관급 인력 송출 기관으로 자리잡고 정부에 가이드라인을 제시하는 분위기다. 참여연대가 정권에 지분이 있거나 정권의 약점이라도 잡은 모양이다.

혹시 청와대 내에 '방 안 코끼리(the elephant in the room)'가 없는지 의심스럽다. '방 안 코끼리'는 공공연한 비밀을 의미하는 것으로, 모두가 알고 있지만 아무도 말하지 않는 행태를 지적하는 말이다. 매우 중요한 사안이지만 언급하는 것 자체가 불경스럽거나 모독이 되는 경우다. 소통과 공감의 부재 문제를 다룰 때 주로 언급하는 말로, 의사결정 회의에서 마치 방 안에 코끼리가 없는 것처럼 대화를 진행하면서 정작 핵심은 비켜 가는 방식이다. 대기업을 예로 들면 위기에 처했더라도 원인 제공자인 오너의 비리 문제 등에 대해서는 언급을 못한 채 실적 부진 등 '코끼리 다리'만 더듬는다. 바깥에서는 문제가 심각하다고 난리다. 그러나 아무도 '방 안 코끼리'에 대해 말하지 않는다. 이 문제가 해결되지 않고는 한 발짝도 나갈 수 없다. 방 안에 코끼리가 있다는 것을 인정해야 하는 데도 다수가 침묵한다.

동종교배가 심화하면 주류 집단과 다른 생각이나 아이디어는 배척 당할 수밖에 없고 방 안 코끼리는 피해 가려 한다. 그래서 '그들만의 리그'는 위험하다.

김동연 전 부총리가 기획재정부 수습 사무관들과의 간담회에서 "(초임 사무관 시절) 이방인 또는 변방인 같다는 생각에 열등감마저 들었다"며 "우리만의 리그를 만들면 반드시 국민과 괴리되고 자기 성(城)을 쌓는 우를 범하기 쉽다"고 했다. 이 말이 행여 지금 정권의 주류 집단을 향한 중의적 표현은 아닌지 모르겠다. "공직을 '그들만의 리그'가 아닌 '우리 모두의 리그'로 탈바꿈시켜야 한다"는 이근면 전 처장의 주장에 주목해야 하는 이유다.

카리스마와 카이사르의 비서

요즘 소확행이니, 휘게(hygge)니 하는 말이 유행이지만 몇 년 전만 해도 '힐링(healing)'이라는 단어가 대세였다. 힐링은 몸과 영혼의 치유와 회복을 뜻한다. 세계가 'heal'이라는 단어에 익숙하게 된 것은 1991년 초에 발표된 마이클 잭슨의 잔잔한 노래 'Heal the world' 덕분이 아닐까 싶다. 기아와 질병으로 죽어가는 아이들을 돕자는 차원에서 만든 곡으로 "너와 나, 인류를 위해 세상을 치유해 더 나은 곳을 만들자"라는 가사가 핵심이다. 잭슨은 이후 'Heal The World 재단'을 만들어 죽기 전까지 전 세계의 불우한 어린이들을 도왔다.

김난도 교수의 밀리언셀러 〈아프니까 청춘이다〉는 미래에 대한 불안감으로 힘들어하는 청춘들에게 위로의 메시지를 전하는 힐링 서적이다. 힐링이 유행하면서 힐링여행, 힐링펜션, 힐링숲, 힐링하우스, 힐링토크 콘서트 등이 쏟아져 나왔다.

카리스마(charisma)는 지도자의 덕목으로 꼽히는 말이지만 애초에는 치유 능력을 의미했다. 고대 그리스어로 '카리스'는 축복이고, 치유 능력을 가진 사람은 신의 축복을 받았다 해서 '카리스마타'라고 불렀다. 사람들이 이들을 잘 따르기 때문에 카리스마는 점차 '사람을 이끄는 능력'이라는 의미로 발전했다. 성경에는 예언자나 지도자가 사람들의 병을 기적적으로 치료하는 에피소드가 자주 등장하는데, 병을 치료하는 능력이 있으니 주변에 사람이 모이고 점차 지지자가 많아지면서 지도자가 되는 것이다. 시간이 흐르면서 원래의 카리스마에서 치유 능력은 사라지고, 절대적인 권위로 대중을 복종시키는 힘으로 그 의미가 바뀌었다.

그래도 카리스마의 본질은 역시 힐링이다. 경제가 어렵고, 실업률이 높아 살기가 팍팍하고, 미래 전망도 어두운 이 시대에 필요한 것은 권위의 리더십이 아니다. 국민의 아픔을 진심으로 어루만져주고, 기대어 쉴 곳을 제공하는 치유의 리더십, 즉 '힐링 리더십'이라고 하겠다. 이것이 국민들이 기대하는 리더의 모습이다. 이렇듯 소통과 공감이 중요하지만 소통에 유능한 리더십을 찾기가 쉽지 않다.

세월호 침몰 당일 박근혜 전 대통령은 20여 차례 보고를 모두

서면과 전화로 받은 것으로 드러나 '불통' 비판을 받았다. 서면 보고는 일방적인 소통이다. 대통령이 서면 보고로 업무를 처리하다 보면 당연 비서실의 영향력이 커진다. 비서실에서 보고서를 취사 선택해 대통령에게 전달하고, 업무 지시도 비서실에서 할 수밖에 없다. 그러다 보면 자연적으로 비서실의 위상이 높아지고 비서실장이 2인자의 역할을 하게 되는 것이다.

로마의 장군 율리우스 카이사르(Julius Caesar, BC 100~BC 44)는 자신의 암살 계획에 대한 보고서를 보지 못해 죽음을 당했다. 카이사르가 승전을 거듭하며 인기가 하늘을 찌르자 원로원 의원들이 카이사르 암살 계획을 꾸민 뒤 비서를 고용해 비밀 업무를 맡겼다. 하지만 이 비서는 오히려 카이사르 진영에 암살 계획 관련 보고서를 넘겼다. 카이사르는 너무 바빠 이 보고서를 미처 보지 못했고, 그의 비서조차 카이사르가 암살을 당한 뒤에야 보고서를 개봉해 읽고는 땅을 쳤다는 것이다.

비서(秘書)의 비(秘)는 숨긴다는 의미다. 영어로 비서(Secretary)도 비밀(Secret)을 지키는 사람을 의미한다. 동서양을 막론하고 정보의 기밀 유지가 비서의 최고 미덕이라는 뜻이다. 측근의 정보처리 능력에 따라 주군을 죽이기도 살리기도 하고, 또 감옥에 보내기도 한다.

캔버라 버블과 소문의 공식

"맥아더 장군의 선조는 일본인이다."

2차 세계대전이 끝난 뒤인 1940년대 후반, 일본에서 이런 소문이 퍼진 적이 있다. "맥아더의 할머니가 일본인이고 그는 일본인 첩의 자식이며 미국인 양어머니 손에 자랐다. 그는 교토 출신이며 엄마는 미국인이지만 엄연히 일본에서 태어났다"는 식이었다. 외모로 보나 억양으로 보나 맥아더가 일본계라는 것은 황당무계하다. 이 같은 소문이 퍼진 이유는 2차 대전이 끝나고 점령군 총사령관으로 일본에 입성한 맥아더가 의외로 부드러운 통치를 펼쳤기 때문이다.

'소문의 공식'이라는 것이 있다. 소문 연구의 고전이라는 〈소문의 심리학〉에서 미국 심리학자 고든 올포트 등이 소개한 내용이다. 'R ∝ i×a'. 즉 소문의 강도와 유포량(R: Rumor)은 문제의 중요성(i: Importance)과 그 논제에 관한 증거의 애매함(a: Ambiguous)의 곱셈에 비례한다는 공식이다. 중요함과 애매함이라는 변수 가운데 한쪽이 '0'이라면 당연히 소문이 나지 않는다. 문제가 심각하고 내용이 애매할수록 확산 속도가 강하다. 전쟁이나 비상시에 소문이 양적으로 늘어나는 이유다(마쓰다 미사, 〈소문의 시대〉).

프랑스의 사회학자 장 노엘 캐퍼러는 소문을 '가장 오래된 미디어'라고 했다. 매스미디어가 보급되기 전에는 소문이 중요한 소통 수단이었다. 말하자면 미확인된 뉴스다. 이로 인해 많은 사람이 혜택도 보고, 반대로 떼죽음을 당하기도 했다. 소문은 사람의 입을 통해 세상에 퍼진다. 트럼프 대통령이 자주 언급하는 '가짜뉴스'도 소문의 한 형태다. 백제 무왕이 선화공주와 결혼하려고 지어 퍼트렸다는 '서동요'는 가짜뉴스의 원조인데, 어쨌든 가짜뉴스로 성공한 셈이다. 소문은 때로 엄청난 희생을 낳기도 해서, 1923년 일본 관동대지진 당시 한국인에 대한 악의적 소문이 그랬다.

문제는 검증되지 않은 소문이 떠돌면서 사람들을 현혹한다는 점이다. 소문이 사실로 드러나면 다행이지만 그렇지 않으면 피해자가 속출한다. 러일전쟁 당시 울릉도 근해에서 침몰했다는 러시아 순양함 '돈스코이호' 소문도 그런 부류다. 150조 원 상당의 금화와 금괴 약 5,500상자(200여 톤)가 실려 있다는 식의 보도자료까지 발표되자 관련 테마주가 급등했다. 인양업체는 보물의 존재는 확인하지 못했다면서도 다단계 방식의 가상화폐까지 발행했다. 결국 돈스코이호 인양은 사기극으로 끝났고 테마주도 함께 추락했다.

호주 정치권에는 '캔버라 버블(canberra bubble)'이라는 용어가 있다. 누가 처음 만들어낸 용어인지는 정확하지 않지만, 스콧 모리슨 호주 총리(재임 2018~)가 자주 인용해 유행어가 됐다. 정치에 대한 가십성 소문, 유언비어, 가짜뉴스 등을 퍼트리는 호주의 정치인, 혹은 그들의 행태를 지칭하는 말로, 호주의 수도 캔버라에서 벌어지는 연방 정치가 현실과 국민으로부터 괴리되어 있다는 비아냥으로 쓰인다. 그래서 호주 한편에는 사람들의 삶에서 중요한 사건이 일어나는 '현실 세계'가 있고, 다른 한편에는 '캔버라 버블'이 있다고 할 정도다.

최근 호주 정가에 가짜뉴스와 정치 가십 등이 횡행하면서 정치에 대한 국민의 불신이 극도로 커지자 호주국립대(ANU) 국립사전센터는 2018년 '올해의 단어'로 캔버라 버블을 선정할 정도였다. 이 용어는 또 정치 개혁의 당위성을 요구할 때 척결 대상으로 쓰이기도 한다. 정부가 낭비적 지출로 인해 수천억 달러의 빚에 시달리고, 총리가 계속 교체되는 악순환이 진행되는 동안, 정치인들은 캔버라 버블에 의해 보호를 받고 있다는 것. 그래서 정치인과 고위 관료의 임금 동결, 임기 제한 등을 주장하는 목소리가 높아진다.

호주에서는 정치인들의 발언이 수시로 팩트 체크(Fact Check)의 대상에 오른다. 대표적인 사례로 꼽히는 것이 봅 캐터 하원의원의 발언이다. 그는 호주 하원이 압도적 표차로 통과시킨 동성결혼 합법화에 대한 질문에 "사람들은 나름의 성적 취향을 갖고 태어나고 수천 개의 꽃이 피기 마련"이라며 "퀸즐랜드 주 북쪽에서 3개월마다 1명이 악어에게 물려 죽어 가고 있어서, 동성 결혼 문제에 낭비할 시간이 없다"고 비아냥거렸다. 그는 동성애에 반대할 뿐만 아니라 악어 개체 수를 줄이기 위해 사냥을 허용하자는 강경파 인물로 알려졌다.

급기야 호주 공영 ABC방송 전문 팩트체커 팀이 나섰다. 시드니 본사 팩트체커의 한 팀원은 "사안별로 확인하는 데 하루에서 수개월까지 걸린다"고 했다. 이 팀은 각종 연구소와 지자체 자료 등을 토대로 방대한 조사를 한 끝에, 그 결과를 웹사이트에 올리고 방송에 내보냈다. 결론은 봅 캐터 의원의 발언이 '틀렸다(wrong)'였다. 악어에 물려 사망하는 경우가 증가 추세인 것은 맞지만, 34년간 11명이 사망하는 데 그쳤다는 것. 정치인의 무책임한 발언과 그 진위 확인을 위해 시간과 투자를 아끼지 않고 끝까지 파고드는 언론의 사명감에 박수를 보낸다.

날씨가 역사를 만든다

유홍준 전 문화재청장의 인문학 강연 '빛은 한반도로부터'에 따르면 한국인과 일본인은 유전학적으로 70%가 일치한다고 한다. 한반도에서 집단 이주한 사람들에 의해 일본에서 청동기 문화와 쌀농사가 꽃피었다. 일본으로 집단 이주가 시작된 것은 고조선이 연(燕)나라의 침략에 시달리기 시작한 BC 300~BC 400년 무렵부터였다. 이때부터 일본 원주민인 조몬인(繩文人)이 한반도에서 건너온 이주민들과의 혼혈을 반복하며 일본인의 뿌리가 형성됐다는 것이 정설로 자리잡았다. 그래서 일본인의 외모는 한국인 · 조몬인과 유사하거나, 이들의 혼혈 형태로 나타난다.

그 후 고구려의 남진 정책으로 한반도가 혼란했던 4세기 말부터 고구려 · 신라 · 백제 · 가야인이 다시 일본으로 건너갔다. 주로 이 시기에 일본으로 이주한 사람들을 도래인(渡來人)이라고 부른다. 특히 663년 금강 지역에서 나당(羅唐) 연합군 등 5개 국가가 맞붙은 백촌강 전투는 일본 역사를 바꿔놓았다. 백제 부흥세력의 구원 요청을 받은 왜는 대군 3만 명과 400여 척의 전함을 파견했으나 완패했다. 이 시기에 백제 장수와 귀족, 유민이 왜로 건너가면서 백제 문화도 대거 넘어갔다. 하지만 당시 백제가 왜를 지배하지는 않았다는 것이 정설이다.

인류학자 제러드 다이아몬드는 〈총, 균, 쇠〉에서 일본인은 유전자와 두개골 형태뿐 아니라 외모까지 한국인과 매우 흡사하다고 분석했다. 그는 "아랍인과 유대인의 경우처럼 한국인과 일본인은 같은 피를 나누었으면서도 오랜 시간 서로에 대한 적대감을 키워 왔다. 한국인과 일본인은 수긍하기 힘들겠지만, 그들은 성장기를 함께 보낸 쌍둥이 형제와 같다. 동아시아의 정치적 미래는 양국이 고대에 쌓았던 유대를 성공적으로 재발견할 수 있는가에 달려 있다 해도 과언이 아니다"라고 했다. 고마운 조언이지만 현실은 반대다.

유홍준은 "일본은 고대사 콤플렉스 때문에 역사 왜곡을 했고, 한국은 근대사 콤플렉스 때문에 일본을 무시한다"고 했다. 역사 갈등의 골이 깊다는 얘기다. 역대 대통령들이 일본과의 관계 개선을 위해 노력했지만, 독도나 위안부 문제 등이 터지면 늘 원점으로 되돌아갔다. 게다가 강제징용 피해 배상 판결의 후폭풍까지 거세다. 2018년 10월, 한국의 대법원이 일본 기업의 한국 내 자산에 대한 압류 신청을 받아들이자 일본은 거세게 반발했다. 이에 일본은 한일청구권협정 3조에 따른 외교적 협의를 요청했다니, 역사가 거꾸로 1965년으로 회귀한 셈이다.

일본인에게는 전쟁에서의 패전과 핵에 대한 트라우마가 깊이 내재되어 있다. 핵과 관련해서 일본만큼 불행한 나라도 없다. 2차 세계대전 때 원자폭탄이 두 차례나 투하됐고, 2011년 후쿠시마 원전 사고로 엄청난 재앙을 입었다.

1945년 8월 6일 히로시마에 처음 원자폭탄이 투하됐다. 왜 하필 히로시마였을까. 날씨 때문이었다. 원자폭탄 투하 후보지로 나가사키, 고쿠라, 니가타 등 4곳이 검토됐는데 이날 이들 지역 상공에 구름이 드리워져 있었다. 원자폭탄은 시야가 확보되어야 투하가 가능했다. 하지만 오전 7시부터 히로시마 상공 구름층이 흩어지자 B-29 폭격기, 일명 이놀라 게이(Enola Gay)가 출격했다. 사흘 뒤 두 번째 폭탄이 나가사키에 떨어졌다. 당초 목표는 군수산업 기지인 고쿠라였으나 구름이 잔뜩 끼어 니가타를 지나쳐 나가사키로 날아갔다.

이 대목에서 짚고 넘어갈 것은, 2차 세계대전 종식을 위해 반드시 원자폭탄까지 투하했어야만 했을까 하는 점이다. 그해 5월 8일 히틀러가 이끌던 독일이 항복함으로써 연합군 입장에서는 싸움 상대가 사라져버렸다. 이미 전쟁은 끝난 것이나 다름없었고 일본만 겨우 버티는 상황이었다. 그것도 얼마 못 갈 거라는 예측이 지배적이었다. 얀 클라게의 〈날씨가 역사를 만든다〉에 따르면 미국은 여전히 힘의 과시가 필요했다. 2차 대전에서 원자폭탄을 시험해 볼 수 있는 나라는 일본밖에 없었다. '맨해튼 프로젝트'에 참가한 과학자들 중 상당수는 사람이 살고 있는 지역에 원자폭탄을 투하하는 것에 반대했다.

절충안도 제시됐다. 태평양의 무인도에서 원자폭탄 실험을 하면서 일본군 장성들을 초빙해 항복을 받아내자는 제안이었다. 하지만 트루먼 대통령은 받아들이지 않았다. 소련의 스탈린에게

히로시마에 원자폭탄을 투하했던 B-29 폭격기, 일명 이놀라 게이

폭탄의 위력을 과시해야 했다. 그 과정에서 일본이 최대 피해자가 됐다.

70여 년이 지난 지금 일본은 2차 대전 이후 최대의 국방 예산을 투입하면서 군사 대국을 꿈꾼다는 소식이 들려온다. 행여 침략의 역사를 잊은 건 아닌지 걱정이다. 한반도를 둘러싸고 군사적 긴장이 고조되는 것은 좋지 않은 징후다. 더욱이 우리는 북한 핵을 머리에 이고 살아가고 있잖은가.

10장

탐욕의 정치, 포획된 정치

정치 포획과 위기의 민주주의

미국에는 "억만장자는 한 대의 전용 비행기와 두 대의 요트, 네 채의 집과 5명의 정치인을 소유한다"는 우스갯소리가 있다. 자본가들이 막대한 자금력을 무기로 정부와 의회의 정책 결정 과정에 개입한다는 의미다. 미국 브루킹스연구소의 대럴 M. 웨스트 부소장은 〈억만장자들: 최상류층의 초상(Billionaires: Reflections on the Upper Crust)〉에서 거부들의 지배력이 갈수록 커지는 미국 정치의 금권정치화 현상을 비판적으로 분석하고 있다.

웨스트는 이 책에서 "자산 10억 달러 이상인 전 세계 1,645명의 억만장자들이 막대한 자금력을 무기로 각국의 정치와 정책 결정 과정에 깊숙이 개입하고 있다"고 지적하면서, 특히 미국의 거부들이 대통령이나 의원들에게 수천만 달러에 이르는 정치자금을 제공한 사례들을 상세하게 나열하고 있다. 거부들은 정치자금을 통해 정 · 관계와 깊숙한 인연을 맺은 뒤 각종 입법 및 정책 수립 과정에 영향력을 미치고, 직접 정 · 관계로 진출하기도 한다는 것이다.

우리라고 다르지 않다. 성완종 전 경남기업 회장은 아예 본인이 직접 국회에 진출하기까지 했다. 그리고는 은행과 금융 당국을 담당하는 정무위원회에서 자신의 기업을 챙겼다. 금권정치의 한국판 사례가 될 수 있겠다.

포획이론(捕獲理論, capture theory)이라는 것이 있다. 노벨 경제학상을 수상한 미국의 경제학자 조지 스티글러가 1971년에 발표한 '규제의 경제이론'이라는 논문에서 제시한 이론이다. 개인이나 기업이 이익집단을 형성, 정치인과 관료들을 설득해 자기네들에게 유익한 각종 규제 정책을 이끌어내는 것을 의미한다. 뒤집어 말하면 정치가와 관료들이 자신들의 집단이익을 위해, 혹은 기업에 포획되면 국민의 이익을 저버린 채 기업의 이익에 봉사하게 된다는 뜻이다.

경제학자 이정전은 〈왜 우리는 정부에게 배신 당할까?〉에서 "국민이 정치에 관심이 없고 무지할 때 나타나는 가장 두드러진 현상은 대기업을 비롯한 각종 힘 있는 이익단체가 발호해 국회의원이나 관료와 결탁하여 '누이 좋고 매부 좋고'식의 거래를 자행하게 된다"고 지적했다. 기업은 정치인과 관료에게 선거자금과 각종 향응을 제공하고, 대신 기업은 정부로부터 조세 감면, 보조금 등 각종 특혜를 받는 공생관계라는 것이다. 이런 정경유착이 온갖 비리와 부정부패의 온상이 된다.

미국 노스웨스턴대 켈로그 경영대학원의 필립 코틀러 석좌교수는 〈다른 자본주의(Confronting Capitalism)〉에서 "금권정치가들은 1인 1표의 민주주의가 갖는 이상적인 목표를 기만한다. 이들은 필사적으로 자신의 재산을 지키고 또 늘리기 위해, 세율을 인상하려는 모든 시도를 중단시킨다"며 "가장 심각한 문제는 슈퍼 리치가 선거 당선자와 의회에서 통과되는 법에 막대한 영향력을 미친다는 점"이라고 우려한다.

미국이나 일본, 한국 등 세계의 대부분의 국가가 자본주의라는 경제 시스템과 민주주의라는 정치 시스템을 동시에 작동시키고 있다. 북한이나 쿠바, 중국 정도가 예외일 것이다. 문제는 때때로 민주주의가 자본주의로 인해 왜곡되고 있다는 점이다. 금권정치가 그 대표적인 사례다. 정치자금을 동원한 로비를 통해 기업이나 특정 집단에 이익이 돌아갈 수 있도록 한다면 민주주의의 근간인 1인 1표제가 무의미해진다.

이익집단과 결탁한 정치인이나 관료는 사익 추구를 위해 국민 세금이 엉뚱한 곳에 쓰이도록 하고 국민을 희생시키는 행위를 서슴지 않는다. 정치자금이나 뇌물을 많이 준 쪽을 위해 정책이나 세금을 사용한다면 결국 민주주의는 자본을 많이 가진 집단, 자금 동원 능력이 큰 집단들이 실질적으로 더 많은 투표권을 행사하는 결과가 된다. 그래서 정치권력의 핵심부가 기업의 정치자금으로 '포획'되어 있다면 민주주의의 위기라는 결론에 도달하는 것이다.

재벌과 정치권력

재벌의 후계 갈등은 어쩌면 필연적이다. 우리나라는 자본주의 역사가 짧아 소유와 경영이 제대로 분리되지 못한 데다, 기업이 정부의 특혜를 받으면서 고속 성장하는 과정에서 순환출자 등을 통해 문어발 확장을 하다 보니 불투명한 지배 구조를 형성하는 결과를 낳았다. 이 때문에 삼성을 비롯해 현대, SK, 롯데그룹 등 대기업은 창업자가 일선에서 후퇴하고 후계구도를 정해야 할 즈음 거의 예외 없이 갈등을 겪고 이 과정에서 오너(총수) 리스크가 돌출하는 패턴을 보여왔다.

재벌(財閥)은 영어로 'Chaebul'이라 표기하는데 1980년대부터 학계에서는 이 단어를 사용했다. 일찍이 외국인들도 한국의 재벌이라는 양태를 특이하게 봤던 모양이다. 사전을 찾아보면 재벌은 '큰 세력을 가진 독점적 자본가나 기업가의 무리, 또는 일가나 친척으로 구성된 대자본가의 집단'이라고 되어 있다. 서양의 'Conglomerate(복합 기업)'이나 'Konzern(콘체른)'과 유사한 개념이다.

그런데 재벌, 족벌(族閥), 군벌(軍閥)이라는 단어에서 보듯, 벌(閥)이라는 어감이 썩 좋지 않다. 한자의 모양도 문중, 가문 등을 의미하는 문(門) 아래에 사람(人)이 창(戈)을 든 벌(伐)자가 들어가 있다. 벌은 출신, 이해, 인연 따위를 함께 하면서 서로 뭉치는 세력이나 집단을 일컫는 말이다. 한때는 군벌이 국가를 지배할 때가 있었다. 박정희, 전두환, 노태우 등 군부정권 시절이다. 당시 주요 요직을 군벌이 장악했지만 민주화 이후 그 영향력이 재벌로 옮겨갔고, 영향력이 커지는 만큼 재벌의 부정적인 이미지도 확대됐다.

재벌의 대표적인 폐해가 '황제경영'이다. 재벌 총수들이 2~3%에 불과한 지분으로 수십 개의 계열사를 주무르는 것이다. 황제경영 체제에서 이사회는 총수 일가나 회사 경영진의 거수기 역할에 그친다. 사내외 이사 모두 반대 의견을 개진하는 경우는 극히 드물다. 어떤 재벌 그룹에서는 수년간 수백 번의 이사회가 열렸으나 부결시킨 안건이 단 한 건도 없었다고 한다. 이처럼 황제경영은 독단적이고 신성불가침이다.

대통령은 임기가 5년에 불과하지만 재벌 오너는 임기도 없이 대대손손 이어간다. 북한 체제에서 숙청이 난무하듯, 오너는 임직원을 해고하면 그만이니 반대 의견이 나올 여지가 없다. 외국 언론의 눈에 비친 한국 재벌의 모습은 온통 '코리아 디스카운트' 요인뿐이다. "족벌 기업의 승계 분쟁이 한국에서 특히 빈번하고 해로운 형태로 나타났다"거나 "한국인들은 재벌가의 경영권 다툼에 익숙하며 이것만큼 관심을 끄는 것도 없다", 혹은 "한국 재벌의 불법적인 경영권 승계와 탈세 등이 주주 이익을 훼손할 가능성이 크다"는 등 부정적인 기사를 쏟아내고 있다.

1970~80년대 고속 성장 시절 재벌 체제가 국가 경제를 고속으로 견인한 건 사실이다. 효율이 모든 가치에 우선하던 절박한 시절로 이해할 만한 구석이 없지도 않다. 그러나 지금 같은 저성장 국면에서는 다르다. 시기적으로도 오너 리스크가 극대화할 수밖에 없는 때다. 빛의 속도로 기업 환경이 변화하고 있지만, 이런 속도를 따라잡지 못한 재벌 오너가 경영 판단에 실패할 경우 기업은 물론 우리 사회가 어려움에 빠질 수밖에 없다. 오너에게 권한이 집중된 상황에서 그의 실수나 범법 행위가 곧바로 국가 경제에 심각한 해악으로 이어진다. 따라서 이 오너 리스크를 해소해야만 우리 사회 수준을 한 단계 높일 수 있다.

한때 학계에서 '국가론' 연구가 활발했던 적이 있다. 국가의 본질, 기원, 조직, 형태 등에 관한 이론으로, 재벌과 국가 권력간의 관계를 분석해 프레임을 제시했다. 국가론은 몇 갈래로 구분되는데, 국가는 다양한 집단의 갈등을 중재하고 해결하는 심판이라는 보수이론(다원주의 국가론)과, 국가는 지배계급의 공동이익을 위한 도구에 불과하다는 급진이론(도구주의 국가론)이 극명하게 대비된다. 국가는 지배계급의 이해를 대변하지만 나름 '상대적 자율성'도 있다는 변형된 급진 이론인 '구조주의 국가론'은 꽤나 설득력이 있다.

군부독재 시절부터 재벌은 비자금을 조성해 국가의 요직, 권력의 핵심부에 금품을 제공해왔다. 금력으로 국가 권력을 구워삶았고, 그 대가로 경영권 불법 승계 등의 혜택을 얻었다. '구조주의 국가론'의 분석틀로 보면 재벌이 금품 살포를 통해 국가가 지배계급(재벌)의 이익을 대변하도록 시도했다. 우리 현대사를 보면 국가가 다양한 집단의 갈등을 중재하고 해결한다는 '다원주의 국가론'보다는 국가가 지배계급 이익을 대변한다는 '도구주의 국가론'이나 '구조주의 국가론'이 더 잘 들어맞는다.

박정희, 전두환 시절은 특히 그랬다. '권력이 총구에서 나온다'던 그 시절, 국가는 군벌이 중심인 지배계급의 이익에 봉사하는 형태였다. 이후 노태우, 김영삼, 김대중, 노무현 시절을 거치면서 군벌을 대체해 재벌이 서서히 그 자리를 차지한 것이 달라진 점이다.

돈으로 국가 권력을 넘보는 재벌의 행태는 문제가 많다. 이탈리아 최대 재벌 총수인 실비오 베를루스코니 사례가 대표적이다. 그는 탈세를 위해 세무 공무원 매수 등의 불법을 저질러 법원을 들락거렸지만 후에 총리가 되어 경제권력과 정치권력을 자신의 손아귀에 집중시켰다. 재벌이 권력까지 접수한 경우로 여전히 그는 정치권에 막강한 영향력을 행사하고 있다.

재벌이 권력을 창출한 예는 미국이 대표적이다. 도널드 트럼프 대통령은 재벌이 직접 대통령이 된 사례다. 조지 W. 부시 전 대통령은 아버지 부시와 마찬가지로 텍사스의 막강한 석유 재벌이 정치적 기반이었다. 재벌이 권력 창출에 기여한 뒤 자신들의 이익을 위해 권력을 이용하는 방식이다.

우리나라의 경우 재벌이 경영권 편법 승계, 계열사 일감 몰아주기, 골목 상권 침해, 배임 및 횡령 등의 잘못을 저지른 약점이 많다. 그러다보니 정권만 바뀌면 청산과 척결 대상으로 전락한다. 재벌은 산업 발전을 이끌고 일자리 창출, 세계 시장 공략 등에 기여한 바가 크다. 하지만 지금까지와 같은 전략으로 글로벌 경쟁에서 살아남을 수 없다. 동네 상권이나 넘보고 동네 골목대장이나 하는 수준에 머물러서는 안 된다. 신기술을 개발하고 창업가 정신을 발휘해 고용을 창출하고 세계 무대에서 국가의 경쟁력을 키우는 것이 진정한 재벌의 도리이다.

재벌 3세 리스크

EBS TV 다큐프라임 '생존의 비밀' 1부 '은밀한 사냥꾼, 호랑이' 편을 보면 영역 다툼으로 서로 멀어져 가는 벵골 호랑이 가족 이야기가 나온다. 어릴 때는 어미 호랑이의 보호를 받으며 함께 뛰놀던 새끼 호랑이들이 성장하면서 서로 물어뜯는 치열한 영역 다툼을 벌이다가 결국엔 약한 놈이 무리를 떠난다. 무리를 장악한 새끼 호랑이는 심지어 엄마 아빠 호랑이마저 공격해 자신의 영역에서 몰아낸다. 초원에서 가족이 무리를 지어 사냥하며 공생하는 사자와는 달리, 호랑이는 밀림에서 홀로 은밀히 사냥을 하는 쪽으로 진화했다.

재벌가의 재산 다툼을 보면 부모 형제도 없는 호랑이 세계의 생존 방식을 연상시킨다. 롯데그룹의 '형제의 난'이 대표적이다. 형제간인 신동빈 회장과 신동주 SDJ코퍼레이션 회장이 아버지 신격호 총괄회장의 재산 상속을 둘러싸고 치열한 공방을 벌였다. 경쟁에서 밀려난 형이 동생을 공격하다 끝내 선을 넘었다. 검찰에 비리 자료를 넘긴 것이다. 또 고령의 아버지를 동원해 총회를 소집하거나, 아버지를 정신 감정 대상으로 전락시켰다. 형제간 우애라고는 털끝만큼도 없고, '네가 죽어야 내가 산다'는 사생결단의 치열함이 섬뜩하다. 동생은 마침내 철창 신세가 됐다가 풀려났다.

롯데그룹뿐만 아니다. 정몽구 현대차그룹 회장과 정몽헌 전 현대그룹 회장도 정주영 전 현대그룹 명예회장의 건강이 악화했을 때 상속을 둘러싸고 난(亂)을 일으켰다. 끝내 현대그룹은 현대차그룹과 정몽준의 현대중공업그룹 등으로 쪼개졌고, 정주영 전 회장이 세상을 뜨자 비로소 혈투가 정리되었다. 효성그룹도 형과 동생이 횡령 · 배임 혐의로 고소고발을 하는 등 수많은 재벌가가 고소 · 고발 사건으로 재판을 받고 있다.

이런 데에는 상속 관행이 문제다. 소유와 경영의 분리가 확실치 않은 데다, 자식에게 기업이나 재산을 물려주는 풍토 때문이다. 무능한 재벌 2, 3세들에게 기업가정신 따위는 찾아볼 수 없다. 옛말에 '3대 거지 없고 3대 부자 없다'고 했다. 재벌 기업 3세들의 행태를 보면 그 얘기가 딱 들어맞는다. 실제로 한 가족이 3대까지 부를 이어나가는 비율이 10%를 조금 넘는다는 분석이 있다. 또 창업해서 대기업을 이루면 2세들은 이를 손쉽게 상속을 받고, 3세 때는 대개 파산한다는 서양 학계의 주장도 있다. 경영 능력이 검증되지 않은 3세들의 변덕은 기업을 위험에 빠뜨린다.

3대째 가족기업에서 왕족처럼 군림하다 보니 기업 내부에서 총수 일가는 안하무인이 된다. 일부 대기업의 임원들은 가신과 다름없고 총수 일가의 재산을 증식하는 방향으로 회사를 경영할 수밖에 없다. 싫은 소리를 했다가는 보따리 싸야 되니 아예 입을 닫아버린다. 사고가 터져도 기업 내부에서는 총수 일가에게 바른 소리를 할 수 없는 분위기다. 일은 더 꼬이고 결국 '호미로 막을 걸 가래로 막는' 현상이 자주 나타나는 것이다. 심지어 "임원의 연봉은 총수 가족에게 욕먹는 대가"라는 얘기까지 있다.

박상인의 〈왜 지금 재벌 개혁인가〉에 따르면 재벌에 의한 경제력 집중은 주식회사 제도의 기업 거버넌스(governance)를 무력화시키고 총수의 황제경영을 가능케 한다. 총수의 황제경영은 기업을 총수 일가의 사익 추구 수단으로 전락시킴으로써 기업의 의사결정과 국민 경제의 자원 배분에 심각한 왜곡을 초래한다. 이 같은 재벌 체제는 혁신을 통한 산업의 고도화와 고부가가치를 가로막는 장애물이 되기도 한다. 과도한 수직 계열화와 일감 몰아주기 관행은 도전 기업에게 혁신할 수 있는 기회조차 주지 않고 혁신 경쟁은 소멸하게 된다.

해외로 눈을 돌리면 재벌이 본받아야 할 사례가 적지 않다. 마이크로소프트 창업자 빌 게이츠는 보유 주식 대부분을 사회에 환원했고 페이스북 창업자 마크 저커버그 부부는 보유 주식의 99%를 기부하기로 약속했다. 우리나라 재벌들에게 이런 기부 문화를 기대하는 것은 쓰레기통에서 장미꽃이 피기를 기대하는 걸까.

선물과 뇌물, 절세와 탈세

선물과 뇌물의 경계는 무엇일까. 다소 모호하긴 하지만 조건의 유무, 즉 대가성 여부가 이 둘을 가르는 중요한 경계선일 것이다. 법원의 판결 기준도 대가성 여부에 초점을 맞춘다. 가족에게 주는 선물과 달리 공직자 등에 대한 선물은 대가성이 농후하다. 국민권익위원회가 밝힌 '김영란법' 시행령에 따르면 선물이 5만원을 넘으면 뇌물이 된다.

영어로 뇌물은 'bribe'다. 〈뇌물의 역사〉라는 책에 따르면 'bribe'는 원래 자선이나 자비심을 베풀 때 쓰는 선의의 물건을 일컫던 말이었다. 중세시대에는 아예 선물의 의미로 사용되었다. 선물과 뇌물의 뿌리가 같은 셈이다. 영국에서는 '집에 가다가 모자나 사서 쓰라'며 공무원들에게 푼돈을 쥐어주던 관습에서 뇌물을 'hat'라고도 한다. 우리도 '명절에 떡이나 사 먹으라'는 의미의 '떡값'이 있다. 떡값이 수천만 원에 이르기도 한다. 마음을 담은 작은 선물인 촌지(寸志)도 있다. 액수는 적지만 대가성 때문에 선물이라 하기 어렵다.

뉴욕타임스 칼럼니스트 토머스 프리드먼은 공직 사회에 뇌물이 만연한 현상을 '도둑정치(cleptocracy)'라는 개념으로 비판한다. 그는 중국, 러시아, 태국, 인도네시아와 함께 한국도 삼류국가로 분류했다. 미국, 홍콩, 대만, 스위스 등은 상대적으로 깨끗하다. 국제통화기금(IMF)은 전 세계에서 뇌물로 오가는 돈이 연간 2,300조 원으로 세계 경제 규모의 2%에 달한다고 밝혔다. 뇌물은 공무원과 기업의 밀착을 가져와 정부 지출을 늘리고, 빈곤층을 위한 공공 지출을 줄이는 부작용을 낳는다는 게 IMF의 시각이다.

영어로 선물은 'present'인데, '현재'라는 의미도 있다. 프랭클린 루스벨트 전 미 대통령 부인 엘리너가 했다는 유명한 말이 있다. "Yesterday is history. Tomorrow is a mystery. Today is a gift. That's why we call it 'The Present'(어제는 역사였고 내일은 미스터리지만, 오늘만큼은 선물이다. 바로 이것이 우리가 오늘을 'The Present'라고 부르는 이유다)."

베스트셀러 작가 스펜서 존슨은 〈선물(The Present)〉에서 "세상에서 가장 소중한 선물은 현재의 순간, 바로 지금"이라고 했다. 마음에 깊이 새길 말들이다.

경계가 모호하기는 절세와 탈세도 마찬가지다. 세계적인 베스트셀러였던 로버트 기요사키의 〈부자 아빠 가난한 아빠〉에는 절세에 관한 내용이 많다. 일종의 세(稅)테크 기법이지만, 조세 회피로 볼 여지도 다분하다. 그는 절세를 하려면 개인도 기업을 설립해 비용을 처리하라고 강조한다. 또 정부의 규제와 규칙을 잘 알아두라고 한다. 월급쟁이 처지에서 볼 때 선뜻 와 닿는 이야기는 아니지만, 주변을 둘러보면 이런 방식으로 자산을 운용하는 사람들이 적지 않음을 확인할 수 있다. 회사 설립을 통해 개인 자산을 관리하고 보호하는 방식이다. 실제로 2012년 기요사키는 자신 소유의 회사가 막대한 배상금을 물게 되자 법인 파산 신청을 함으로써 개인 재산을 지켰다.

세금 내는 것을 좋아할 사람은 별로 없을 것이다. 조세 회피를 위해서는 글로벌 기업도 예외가 아니다. 회피 수단으로 자주 언급되는 게 조세 피난처 활용이다. 영국의 비정부기구인 옥스팜은《상층부가 망가졌다(Broken at the Top)》라는 제목의 보고서를 통해 미국 50대 기업이 조세 피난처에 1,608개의 페이퍼컴퍼니를 세워 1조 4,000억 달러의 자금을 숨겼다고 폭로했다. 애플(1,810억 달러), GE(1,190억 달러), 마이크로소프트(1,080억 달러) 등이 선두 그룹을 차지했다. 다국적 제약사인 화이자, 구글의 지주회사 알파벳도 포함됐다. 하지만 그들은 정상적인 기업

활동의 일환이었다고 주장한다.

일부 기업은 이익 대부분을 조세 피난처로 이전하는 방법으로 세금을 회피해 왔다. 미국의 대기업들이 아일랜드 등지에 유럽 본사를 둔 것도 절세 차원에서다. 아일랜드는 법인세율이 12.5%로 유럽에서도 매우 낮은 수준이다. 사실 조세 회피를 위한 노력은 고대 그리스 시절부터 있었다. 아테네 등 도시국가가 수입품에 관세를 부과하자 비과세 지역인 지중해 델로스 섬 등에 수입품을 은닉했다. 특히 1789년 프랑스 혁명과 1, 2차 세계대전 때 유럽의 자금이 스위스 등지로 대거 옮겨갔다.

그래서 절세와 탈세를 둘러싸고 기업과 정부가 숨바꼭질을 한다. 조세 피난 자산 규모는 세계 GDP의 30%에 이르는 것으로 추정된다. 따라서 역외탈세 규모 역시 방대할 수밖에 없다. 이들 은닉 자산에 대한 과세가 순조롭지 못하면 결국 세원 포착이 쉬운 곳으로 과세가 옮겨간다. 담뱃세, 주류세처럼 서민에게 전가될 소지가 크고, 국가 단위로는 소득 불평등과 양극화 등을 유발할 수 있다. 역외탈세를 막기 위한 국가 간 공조가 시급한 이유다.

돈은 어두운 그림자를 데려온다

우리나라 아파트 가격은 경제적 문제이기도 하지만, 사회적 갈등을 유발하는 특이한 변수다. 아파트와 주택 가격을 일주일 단위로 집계해 발표하는 나라가 대한민국 말고 또 있을까 싶다. 그만큼 부동산, 아파트 가격에 관심이 높다. 특히 강남 부동산 문제는 배고픔의 문제가 아니라 배 아픔의 문제다. 그래서 부동산 정책이 어렵다. 강남 집값이 오르면 강북 사람들의 배가 아프고, 서울 집값이 오르면 지방 사람들의 배가 아프다. 청와대에서 한때 부동산 문제를 경제수석이 아닌 시민사회수석이 전담했던 것도 그런 맥락일 것이다. '사촌이 논을 사면 배가 아프다'고, 그래서 명절 연휴기간에도 서울 부동산 얘기가 전국 방방곡곡에서 화제가 될 수밖에 없다.

9.13 대책 등 각종 부동산 대책이 발표되면서 시장이 일단 잠잠해졌다. 안정인지 관망인지 아직은 알 수 없다. 하지만 과거 경험이나 각종 경제지표, 국제경제 흐름 등을 감안하면 더 오를 가능성이 없다는 것이 일반적인 분석이다.

부동산이나 증시에 일단 불이 붙으면 물을 끼얹어도 꺼지지 않는다. '경제는 심리'라는 말도 그런 현상을 의미한다. 특히 폭등 · 폭락 장세의 증시나 부동산 시장과의 전쟁은 심리전에 가깝다. 정부가 온갖 폭탄을 쏟아부어도 시장은 끄떡도 하지 않는다. 부동산 시장이 내리막을 걸을 때도 마찬가지다. 아무리 규제를 풀고 세제 혜택을 줘도 외면 당한다. 정부 희망과는 반대로 움직인 것이 과거의 경험이다. 잡으려 하면 멀리 달아나는 무지개 같은 것이 부동산의 역설이다.

최근 30여 년 동안 부동산 가격이 떨어진 시기가 3차례 있었다. 1986년 아시안게임과 1988년 올림픽을 개최하면서 집값이 치솟자 분당, 일산 등 '수도권 1기 신도시'가 발표돼 1992년까지 무려 265만 가구의 주택이 공급됐다. 덕분에 1991년부터 3년간 아파트 가격은 하락세로 돌아섰다. 또 1997년 말 외환위기가 덮치면서 다음해 서울 아파트 가격은 폭락한 뒤 다시 치솟았고, 2008년 글로벌 금융 위기 이후 몇 년간은 하락세를 면치 못했다. 미국과 일본은 경기 과열을 잡기 위해 금리 인상을 계속하다 부동산 거품이 터졌다.

금융을 뜻하는 영어 단어 파이낸스(finance)는 라틴어 피니스(finis)에 뿌리를 두고 있다. 남아 있는 빚을 완불해 완전히 청산하는 '최종 지불'이나 청산을 뜻한다(미히르 데사이, 〈금융의 모험〉). 채무 관리를 철저히 한다는 의미겠다. 우리나라만의 독특한 전세 제도를 활용한 '갭투자' 등 투기심리 때문에 깡통주택이 발생한다. 호황기에 레버리지를 이용해 시세 차익을 볼 수도 있다. 하지만 호황은 지속될 수 없고, 있는 재산마저 날리고 빚더미에 오르는 경우도 주변에 흔하다.

지금까지 경험으로 부동산 하락 요인은 공급 과잉, 금리 인상, 금융 위기, 경기 침체 등이다. 특히 경기 침체나 후퇴는 현실로 다가올 가능성이 높다. 앞으로 부동산이 위축된다면 이 요인 때문일 것이다. 거품이라면 언젠가 꺼질 것이고, 거품이 아니면 꺼뜨릴 이유도 없다. 미국 시골 지역 사람들이 뉴욕의 부동산 가격 때문에 배 아파할까. 그렇다고 정부 입장에서는 두고볼 수만은 없다. 배고픔도, 배 아픔도 챙겨야 하는 것이 정부다. 투자자들의 욕심도 거품에 한몫을 한다. 행여 부동산 투기로 돈을 벌어보겠다면 법정 스님의 말씀을 기억하는 것이 좋겠다. "돈은 혼자 오지 않고 어두운 그림자를 데려온다."

NINA 저당권과 '더 큰 바보' 이론

시장에 이상기류가 형성될 때 종종 언급되는 용어가 있다. 경제학자 존 메이너드 케인스의 '더 큰 바보 이론(the greater fool theory)'이다. 부동산이든 주식이든 특정 자산 가격이 비정상적으로 오르고 있는데도 계속 사들이려는 투자자가 있다. 나중에 이 자산을 더 높은 가격에 사들일 사람, 즉 더 큰 바보가 있을 것이라는 믿음 때문이다. 비싼 가격에 사들인 자산이 올라 더 비싸게 판 사람은 봉을 잡게 되지만, 최고점에서 자산을 사들여 폭락을 경험하면 더 큰 바보가 된다. '폭탄 돌리기'의 정점에 오른 것이다.

'카드로 쌓은 집(house of cards)'도 금방이라도 쓰러질 것 같은 위태로운 상황이나 불안정한 계획 등을 의미한다. 사상누각과 유사하다. 독일 경제학자 울리히 틸레만은 〈왜 우리만 시장에서 눈물을 흘려야 하는가〉에서 "카지노에 가는 사람은 모든 게임이 제로섬 게임이라는 것을 알아야 한다. 한 사람의 이익은 다른 사람들의 손해와 일치한다. 하지만 모든 게임 참가자들은 자신이 기만 당하는 것보다 다른 참가자들을 기만하는 것이 더 쉽다고 믿는다"고 지적했다. 바보가 아니라고 생각하는 사람이 더 많기에 가능한 일이겠다.

대표적인 것이 2007년 미국의 서브프라임 모기지 사태다. 제2 금융권 비우량주택담보 대출인 서브프라임 모기지는 주택저당증권(MBS, Mortgage Backed Security)으로 증권화됐다. 집값이 오르면서 높은 수익률이 보장되자 각종 금융기관과 투자자들이 관련 파생상품을 '묻지 마' 방식으로 거래했다. 최후의 폭탄을 떠안은 금융기관들이 맥없이 무너졌다. 이 같은 행태를 비꼰 것이 'NINA 저당권'이다. '소득도 없고 자산도 없는 것(No Income, No Asset)'이라는 의미에서다. 금리가 오르면 집값이 떨어져 다 물거품이 될 것들이었다.

금융권에서는 돈을 빌리는 것을 레버리지(leverage)라고 한다. 지렛대(lever)는 대못을 뽑거나 큰 물건을 들어 올릴 때 지렛목에 걸쳐 사용한다. 지렛대를 사용하면 작은 힘을 몇 배 이상으로 증폭시킬 수 있다. 적은 돈으로 빚을 내서 집을 살 때도 지렛대 효과를 이용한다. 원금 2억 원으로 은행에서 8억 원을 빌려

10억 원짜리 아파트를 사는 방식이다. 빚을 얻어 가진 돈의 5배나 되는 지렛대 효과를 본 셈이다. 고대 그리스의 과학자 아르키메데스는 "지렛대와 지렛목만 있으면 세상도 들어올릴 수 있다"고 했다.

주택 가격이 하락세에 접어들면 집을 팔아도 원금은커녕 주택담보 대출금도 갚을 수 없는 깡통주택이 된다. 서브프라임 모기지 사태가 발생했던 미국의 경우 2009년에 주택의 20% 가량이 깡통주택으로 전락했다. 전세 관행이 있는 우리나라에서는 주택담보 대출금과 전세 보증금을 합친 금액이 주택 가격을 넘어서면 깡통주택이다. 주택을 처분해도 세입자의 전세 보증금을 내줄 수 없으니 '깡통전세'가 된다. 우리나라 전세 부채 규모는 750조 원으로 위험 수위에 육박한다. 2019년에 접어들면서 수도권 일부와 지방에서 '깡통전세'가 나타나고 있다.

노무현 정부 시절 무리하게 집을 샀다가 '하우스 푸어'로 전락한 가구가 많았다. 당시 혁신도시 등을 추진하는 과정에서 나온 토지 보상금이 시중을 떠돌았다. 그간의 경험으로 보아 버블은 생성과 소멸을 반복하지만, 진행 경로는 정부의 통제 밖에 있다. 2010년 말 800조 원이던 가계부채가 2018년 1,500조 원을 넘어섰다. 이 돈이 부동산으로 흘러들어 집값에 상당한 영향을 미쳤을 것이다.

버블은 터질 때가 무섭다. 부동산 정책은 관련 법안의 국회 통과 등의 절차로 시차가 있어 통상 다음 정권에 가서야 효과가 나타난다. 노무현 정부의 강력한 규제는 이명박 · 박근혜 정부에서 집값을 하락시켰다. 반면 이 · 박 정부의 규제 완화는 문재인 정부에서 집값을 폭등시켰다. '폭등도 문제, 폭락도 문제'여서 딜레마다.

거품은 계속될 수 없다. 이것이 비극이다. 거품이 꺼져 집값이 폭락했을 때는 어김없이 개인파산이 기다렸고, 뒤이어 은행 부실이 터졌다. "자산 거품이란 계속해서 끌어들일 얼간이들이 존재하는 한 계속 돈을 벌게 되는 일종의 자연스런 '폰지형 사기방식'(Ponzi scheme, 피라미드 방식)이다. 그러다가 결국 더 이상 끌어들일 얼간이가 없으면 모든 것이 무너지고 만다." 폴 크루그먼의 〈불황의 경제학〉에 나오는 얘기다.

사글세와 월세 시대

"그는 조금 안면이 있는 어떤 신문사의 K사장을 찾아간다. 그러나 거기서 자리가 없다는 이유로 간단하게 거절을 당한다. 자신이 기거하는 사글세 방으로 돌아온 P에게는 그러나 두 가지 현실이 기다리고 있다. 하나는 주인의 집세 독촉이다. 그리고 다른 하나는 시골 형이 부친 편지다. 그 편지에는 아들 창선이가 학교에 다니지 못할 뿐 아니라 끼니도 이을 길이 없어…."

식민지 지식인의 비애를 다룬 채만식의 소설 〈레디메이드 인생〉의 한 대목이다. 일제 강점기 소설에는 사글세에 얽힌 삶이 많이 등장한다. 사글세는 몇 개월치 목돈을 내고 매달 월세를 공제하는 방식으로, 삭월세(朔月貰)에서 나온 말이다. 전세는 우리나라 특유의 임대차 방식으로 1876년 강화도조약 이후 도입됐다는 기록이 있다(볼리비아에도 우리와 유사한 전세 제도가 있다고 한다). 개항으로 농촌 인구가 이동하면서 서울 인구가 급증했기 때문이다. 전세는 임차인의 신원보증 기능이 있고 관리가 쉽다는 장점이 있다. 1945년 광복 이전 서울 인근에서만 이용됐으나 이후 전국적 대세가 됐다.

최근 몇 년간 저금리 기조가 이어지고 전세 가격이 오르면서 월세로 전환하는 사례가 흔해졌다. 전세 시장에서 집주인의 교섭력이 커지면 월세가 늘어난다. 월세는 집주인에게 유리하고 전세는 세입자에게 유리하다. 통상 월세는 이자율이 월 0.6%로, 연리 7%를 넘는다. 시중 금리가 4%에 못 미치는 것과 비교할 때 부담이 만만치 않다. 지금의 월세는 과거 사글세와 조금 다르다. 전세 가격이 오른 만큼만 월세로 전환하는 형식으로 보증부 월세 혹은 반전세라고도 한다. 집과 빚이라는 글자에서 'ㅂ'과 'ㅈ'을 맞바꾸면 똑같아진다. 집 문제를 잘못 다루면 빚이 될 수 있다는 세종대왕의 예지가 반영됐다고 억지를 부려 보겠다.

과거 집주인들은 주택 가격의 절반 정도에 전세를 줘도 만족스러워했다. 금리도 높았거니와 집값이 늘 오를 것이라는 기대감 때문이었다. 그래서 전세를 끼고 집을 여러 채 사더라도 시간이 흐르면 집값이 올라 충분히 재테크가 됐다. 세입자 역시 월세보다 부담 적은 전세를 통해 재산을 모을 수 있었다. 하지만 초

저금리 상황이 오면서 집주인들이 월세를 선호하기 시작했다. 월세 시대로 가면 서민층은 적어도 수입의 3분의 1 이상을 주거비로 부담해야 한다. 세입자들의 주거비 부담이 늘어나면 소비 침체로 이어진다.

방법은 달리 없는 것 같다. 공공임대주택을 꾸준히 짓는 것밖에 없다. 우리나라 장기 공공임대주택 수는 전체 주택에서 차지하는 비중이 5%를 조금 넘는다. 11.5%에 이르는 OECD 국가 평균의 절반도 되지 않는다. 네덜란드와 오스트리아, 덴마크 등은 20~30% 수준이다. 정부도 공공임대주택 확충을 다각도로 추진하고 있지만 시간이 오래 걸린다. 노후 단독주택을 재건축이나 리모델링해 공공임대주택으로 활용하는 방안 등도 마찬가지다. 서민들은 높은 전월세를 감당하느라 허리가 휜다. 전월세 대책에 대해 이제 단순히 주거 문제를 넘어 복지 차원에서 접근해야 한다.

제3부

일과 사회

우리 사회가 행복하지 못한 이유가 무엇인가.

"정부와 시장이 우리를 행복하게 해주지 못하는 이유로
가장 빈번하게 꼽히는 것이 부익부 빈익빈의 조장이다.
경제성장이라고 해봐야 소수의 부자들에게만 그 열매가 돌아갈 뿐
다수의 시민들은 그 혜택을 제대로 받지 못하고 있다."

- 이정전, 〈우리는 왜 행복해지지 않는가〉

11장

청년실업과 그 적들

빈곤과 교식주(敎食住)

대학을 비유적으로 상아탑(象牙塔)이라고 부른다. 상아탑은 프랑스 시인 생트 뵈브(Charles Augustin Sainte Beuve, 1804~1869)가 낭만파 시인 알프레드 드 비니(Alfred de Vigny, 1797~1863)의 속세를 떠나 학문이나 예술에만 전념하는 태도를 비평한 데서 유래했다고 한다. 우리나라 대학은 한때 우골탑(牛骨塔)이라고 불렸다. 학비 마련을 위해 농촌 학부모가 소를 팔아 대학 건물을 세웠다는 빈정거림이다. 그런데 이제는 대학을 등골탑이라고 한다. 자녀를 대학까지 졸업시키려면 부모의 등골이 휘기 때문이란다.

우리나라 대학에 거품이 심각하다. 등록금부터 너무 비싸다. 그렇다고 졸업 후에 좋은 직장을 얻는 것도 아니다. 학생들이 졸업을 미루고 1년씩 휴학을 하는 일이 다반사고, 해외 어학연수 등으로 시간을 죽인다. 졸업을 해도 암담하다. 명문대학을 나와도 취직 문은 바늘구멍이다. 대학이 투자 대비 효율을 내지 못하기 때문이다. 그러다 보니 4년제, 2년제 대학 졸업자가 고졸보다 임금이 낮은 경우도 있다. 한국개발연구원(KDI)은 "교육이 양적으로 팽창하고 관련 지출이 늘고 있는데도 실질적인 인적 자본 형성으로 효과적으로 이어지지 않는 '교육 거품' 현상이 심각하다"고 분석했다.

개별 근로자가 학교를 1년 더 다닐 때마다 일반적으로 소득은 8% 높아지고, 평균적으로 국가 전체 인구의 교육 기간이 1년 늘어나면 1인당 국내총생산(GDP)은 30%가 늘어난다는 연구 결과도 있다. 하지만 우리의 경우 교육 기간이 늘어나도 소득이나 GDP가 오르지 않는다. 인적 자본 양성에 거품이 있거나 과잉투자 상황이라는 방증이다. 높은 대학 진학률이 오히려 국가의 효율을 저해하는 요소라는 얘기가 나올 정도다. 이미 우리나라 대입 정원이 고교 졸업자 수를 넘어섰다. 지방대의 경우 정원을 채우지 못해 안달이다.

대학 교육에 대한 과다 투자는 낭비적 요인이 많고 경제를 위축시킨다. 대학의 질을 따지지 않는다면 누구나 대학을 갈 수 있다. 반면 좋은 대학을 가려고 재수 삼수를 하는 경우도 다반사라 학부모의 등골이 휜다. 상황이 이런데도 우리의 대학 진학률은

70%를 넘어 세계 최고다. 이것도 한때 80%에서 하락한 수치다. 국가 경쟁력 세계 1위인 스위스의 대학 진학률은 30% 선에 불과하고 다른 유럽 국가들도 40%를 넘지 않는다.

엔젤계수(Angel coefficient)라는 것이 있다. 가계 총지출에서 교육비가 차지하는 비율을 말한다. 흔히 인용되던 식료품비가 차지하는 비율을 나타내는 엥겔계수(Engel coefficient)를 빗댄 지표인데 우리 사회의 엔젤계수가 너무 높다는 지적이 많다. 문제는 교육비 때문에 다른 곳에 쓸 비용이 줄어든다는 것이다. 결국 교육비 이외의 소비 지출을 줄이거나 가계 부채를 늘리게 되고, 이는 경기를 위축시키는 심각한 요인이 된다. 실제로 대학생들이 신용불량자가 될 위험성이 매우 높은 집단으로 전락했다. 하루 빨리 교육비의 덫에서 벗어나야 가계와 국가가 건강해진다.

인간 생활의 기본 요소로 흔히 의식주(衣食住)를 꼽는데 우리나라에서는 교식주(敎食住)로 바꿔야 할 것 같다. 식량이 부족한 북한에서는 식(食)을 강조해서 식의주(食衣住)의 순서로 말한단다. 한국 사회는 교식주, 즉 옷(衣)이 교육으로 대치된 것인데, 옷은 이제 생활의 기본 요소로 꼽기가 힘들 정도로 값싸고 흔해졌다. 반면 교육은 생활의 기본 요소가 된 지 오래다. 자녀 사교육비 때문에 가정 경제를 지탱하기가 버겁다는 호소가 많이 나온다.

뉴스 헤드라인을 장식하는 것도 늘 교식주 분야다. 해마다 발표되는 교육개편안에 많은 사람들이 관심을 집중하고, 주택 가격이 주식 시세표처럼 신문에 등장하는 나라는 우리밖에 없을 것이다. 교식주 중 먹거리와 집 문제는 태고 적부터 시작된 것일 테고, 지금 우리 사회에서 가장 다급한 것은 교육 문제다. 공교육의 내실과 비중을 키워 학부모들의 사교육비 부담을 줄여주는 방안을 어떻게 찾느냐 하는 것이 핵심이다.

사실 사교육비 문제는 어느 정부도 해결하지 못했던 난제로, 도대체 해결 방안이 있을 것 같지도 않다. 박정희 정부 때인 1976년 고교평준화를 실시한 것이나, 전두환 정부 시절 법으로 과외를 금지시켰던 충격을 제외하면 약발이 먹혔던 정부의 사교육 대책이란 게 별로 기억에 없다.

미국식 교육 모델을 들이대는 전문가들도 있으나 미국도 현재 중고교의 학력 저하 때문에 고심하고 있다. 그래도 부모의 치맛바람이나 사교육이 극성을 부리지는 않는다.

해법을 찾으려면 무엇보다 정부와 교사, 학부모, 교육단체 등 이해 당사자들이 솔직해져야 한다. 학교에서 인성교육을 기대하는 학부모는 아무도 없다. 그렇다고 입시교육을 제대로 하는 학교도 없다. 어차피 학생들이 밤늦도록 입시학원을 전전할 바에야 학교가 이들을 최대한 흡수해야 한다. 학생들의 발길을 학교로 돌리게 하려면 학교가 양질의 수업을 공급하는 길밖에 없다.

교육 파이프라인도 붕괴됐다는 지적이 많다. 우리 사회에서는 좋은 대학을 졸업해도 더 이상 취직이 보장되지 않는다. 1997년 외환위기 이후부터 그런 현상이 시작됐지만, 20년이 지난 지금은 더 심각해졌다. 학자들은 그때부터 양극화와 불평등의 문제가 본격적으로 시작됐다고 분석한다.

일본에서는 이 같은 현상에 대해 학교의 '파이프라인 시스템'이 붕괴했다고 본다. 지금까지는 일단 학교 파이프라인 안으로 들어가면 몇 번의 분기점을 거쳐 아이들은 자동으로 어떤 직업, 어떤 사회계층으로 자연스럽게 갈라져 나갔다. 파이프라인이 갈라지는 기점에서 아이들은 좀 더 좋은 학교 등을 목표로 공부한다. 공부를 하는 '노력'은 학생의 실력에 맞는 학교, 직장으로 들어가는 '성과'로 보상받는다(우치다 다쓰루, 〈하류지향〉). 하지만 우리나 일본이나 이제 이런 파이프라인 시스템이 작동하지 않는다. 노력과 성과의 안정적인 연결고리가 끊어진 것이다.

학력은 더 이상 일자리나 사회적 지위를 보장하지 않는다. 정규직이나 비정규직, 알바 등에서 학력과 능력의 차이를 구분하기가 쉽지 않다. 이런 상황에서는 외부적 힘이 작동하기 쉬운 구조가 된다. 공기업 노동조합이 개입한 고용세습 문제는 취업 준비생을 절망시키고, '아무리 노력해도 소용없다'는 냉소주의에 빠지게 만든다. 정부가 공공부문 일자리 창출과 비정규직의 정규직화를 추진하던 와중에 고용 참사가 일어났고, 공기업 고용

세습 비리, 정치인 자녀의 특혜 채용까지 터져 나왔다.

비단 공기업뿐만 아닐 것이다. 일반 기업 취업에도 부모의 힘이 작용하는 것을 흔히 목격한다. 정부부터 공공기관 신임 기관장에 낙하산을 투하하고 있으니 누굴 탓하겠나. 오늘도 열심히 일자리를 찾아 헤매는 젊은이들에게 미안하고 또 미안하다.

경제 강국 되려면 영어보다 수학

"프랑스어가 어렵다지만 파리에서는 꼬마들도 다 프랑스어를 하더라." 옛날 개그 프로에나 나올 법한 우스갯소리다.

언어는 의사소통이라는 '목적'을 충족시키는 '수단'에 불과할 뿐이다. '국제 언어'로 자리잡은 영어도 예외는 아니다. 그런데도 지금 우리 사회에서는 영어 자체가 '목적'이 되는 '본말전도 현상'이 일어나고 있다. 한때 조기유학 광풍도 그런 맥락이다. 동남아는 물론 미국, 호주, 뉴질랜드, 남아프리카공화국 등에서 한국인 조기유학 붐이 벌어진다. 그나마 지금은 대학입시에서 영어에 대한 메리트가 사라지면서 조기유학을 떠나는 학생들이 대폭 줄어든 것은 다행이다.

하지만 막상 대학이나 사회생활에서 유창한 영어를 구사하면 여러 가지로 이득이 많다. 특히 직장을 구하려면 토익이나 토플 점수를 제출해야 하고 영어의 능숙함이 여전히 중요한 스펙 중의 하나가 된다. 한때는 조기유학이 대세였으나 이제는 대학 진학 이후 영어권 나라로의 연수가 대세로 자리잡았다. 중국이 우리나라의 가장 큰 교역 상대국으로 등장하면서 중국으로 유학을 떠나는 학생들도 많아졌다. 유럽에서도 강대국 사이에 끼인 나라의 국민들이 다양한 언어를 배운다. 약소국의 설움이 아닐 수 없다.

미국 연수시절 수많은 한국의 '기러기 가족'과 '나 홀로 조기 유학생'들을 지켜보고 얻은 결론은 "얻는 것보다 잃는 것이 많다"는 것. 엄청난 외화 낭비는 차치하더라도 추후 '가족의 위기'라는 심각한 문제에 봉착할 소지가 많다.

특히 '자녀들의 영어 공부'라는 목적 외에 시부모와의 갈등, 남편과의 불화 등을 회피하려는 부차적인 목적이 있을 때 기러기 생활은 장기화한다. 오랫동안 기러기 생활을 한 어떤 여성은 남편이 오면 '손님'처럼 불편한 존재로 느껴진다고 했다. 부모와 자녀간 갈등도 많이 발생한다. 외국에서 엄마 혼자서 자녀를 관리하려니 힘에 부칠 때가 많고, 통제가 제대로 되지 않는다. 그렇다고 아빠가 이역만리를 한걸음에 달려갈 수도 없다. 컴퓨터에서 메신저를 켜놓고 혼내는 것이 전부다.

자녀들 역시 손님처럼 찾아오는 아빠를 부담스러워 한다. 아빠도 1년에 한두 번 보는 아이들이 사랑스럽겠지만 야단칠 일도 그만큼 쌓여 있다. 아빠가 오면 아이들은 긴장하고 부담을 느끼다 못해 싫어한다. 교육적 측면에서 평상시에 아빠와 엄마가 자녀 곁에서 '강온 양면작전'으로 보살펴야 한다는 것은 두 말할 필요도 없다.

친인척집 등에서 홈스테이를 하며 조기유학을 할 경우 엇나갈 확률이 더욱 높아진다. 이런 과정에서 남편과 아내, 아빠와 아이들 간의 '심리적 거리'도 점점 멀어진다. 엄마와 자녀의 갈등도 증폭되지만 이를 중재할 아빠는 현장에 없고 부부간 대화도 점점 어려워진다. 기러기 가족을 전제로 하는 조기유학의 폐해가 상당한 것이다. 아침에 일어나 가족들과 함께 식사하고 각자의 일터로 나갔다가 저녁에 집으로 돌아와서 함께 식사하며 이런저런 이야기를 나누는 일상이 얼마나 소중한지는 조기유학을 경험해봤다면 쉽게 알 수 있다.

한 식탁에 모여 한솥밥을 먹고, 한 지붕 아래 잠을 자는 것만으로도 사소한 가족 갈등은 해결될 수 있다. 어떤 이들은 자녀의 영어 공부를 위해 잠시 '가족의 행복을 저축하는 것'이라고 강변한다. 하지만 시간을 붙잡을 수 없듯이 가족의 행복도 저축할 수 없다는 것이 경험자들의 이야기다. 그렇다고 한국 학생들의 영어 성적이 그리 높은 것도 아니다. 오히려 한국 아이들은 수학과목에서 경쟁력이 있다는 것이 중론이다.

미국 시애틀에 본사를 둔 마이크로소프트사에는 수천 명의 인도 출신들이 근무하고 있다. '9×9단'이 아닌 '19×19단'을 외우는 인도인들이 세계 최첨단 기업에서 능력을 발휘하는 가장 큰 요인은 수학 실력이다. 일본도 영어를 잘해 경제 대국이 된 것이 아니다. 지금은 구글 번역기로 돌리면 간단한 비즈니스 서류 정도는 뚝딱 해치우는 시대이다. 이제 우리도 맹목적인 영어 콤플렉스에서 벗어날 때가 되었다.

스티브 잡스와 불여락지자(不如樂之者)

'평균적 인간'과 '창의적 인간' 중에서 우리 사회는 어느 유형을 필요로 할까. 좀 더 단순하게 말하면 공무원이나 평범한 월급쟁이가 필요한지, 아니면 스티브 잡스와 같은 창의적 인물이 필요한지의 문제로 압축된다. 이 질문이 중요한 까닭은 교육정책 방향과 직결되기 때문이다.

대량생산 시대로 접어든 산업화 시대에는 평균적 인간을 필요로 했다. 그래서 교육방식도 대량생산 체제에 맞게 단순 반복 작업을 수행할 수 있는 인력 양성에 초점이 맞추어졌다. 창의력은 오히려 방해 요소일 뿐이었다.

"우리 조직에서는 인간의 창의력을 요구하지 않습니다. 그 어떤 창의력도 필요치 않습니다. 우리에게 필요한 것은 오로지 시키는 대로 명령에 순종하고 시키면 바로바로 행동에 옮기는 태도입니다."

과학적 관리법으로 공장 개혁과 경영 합리화에 큰 공적을 남긴 프레더릭 테일러(Frederick Taylor, 1856~1915)가 1906년 강의에서 한 얘기다. 테일러주의(Taylerism)라는 그의 과학적 관리법은 전 세계로 퍼져나갔고, 대부분 기업들이 이 기법을 발전시켜 공장을 가동시켰다. 이 때문에 교육 방식도 숙련공을 필요로 하는 '공장식 학교 교육'으로 변화했다.

미국의 역사가 제임스 트러슬러 애덤스(James Truslow Adams, 1878~1949)는 대공황이 한창이던 1931년 출간한 〈미국의 서사시〉에서 '아메리칸 드림'이라는 말을 처음 썼다. 원래 아메리칸 드림은 부자가 되거나 성공하는 삶과는 관련이 없고, 잠재력을 펼치며 살아갈 기회와 개인의 가치를 인정받는 차원을 의미했다. 특히 애덤스는 테일러주의에 대한 반발이 커서 "테일러주의와 효율성 운동이 시스템만 중요시할 뿐이며, 어떤 시스템이든 개개인을 위한 것인데도 정작 개개인은 무시되고 있다"고 꼬집었다.

우리나라에서 개개인보다 시스템이 우선하는 대표적인 분야가 대입제도이다. 대입제도 개편안에 대한 논의는 학생부 종합전형과 정시 전형 확대나 축소 등 시스템에 쏠려 있다. 강남과 기타 지역, 재학생과 재수생, 특목고와 일반고 등 어느 쪽이 대학입시에 좀 더 유리할 것인가에 관한 다툼이다. 정작 논쟁에서 학생 개인의 존재감과 창의성 함양이라는 시대적 요구는 실종된 상태다. 학교 정상화나 교육혁신도 드러나지 않는다.

〈논어〉 옹야편에 나오는 '知之者 不如好之者 好之者 不如樂之者(지지자 불여호지자 호지자 불여락지자)'를 번역하면 '아는 이는 좋아하는 이만 못하고, 좋아하는 이는 즐기는 이만 못하다'는 뜻이다. 흔히 입시생들의 공부와 직장인들의 일을 대하는 태도를 말할 때 회자된다. 아무리 두뇌가 좋아도 공부를 열심히 하는 학생을 당할 수 없고, 공부를 열심히 하는 학생도 공부를 진정으로 즐기는 학생을 당할 수 없다. 직장에서도 마찬가지다.

방학을 이용해 영어를 배우러 미국의 학원으로 온 한국 아이들을 가르치던 교사가 했던 말이 기억난다. "한국 아이들은 공부도 잘하고 선생님 말도 잘 들어서 너무 가르치기가 편했어요. 영어도 한국에서 이미 배워 와서 그런지 수준급이고, 수학은 미국 아이들보다 훨씬 앞서요. 그런데 노는 시간이 되면 뭘 하면서 놀아야 하는지를 선생님에게 물어보는 것이 너무 당황스러웠어요. 미국 아이들과는 달리 한국 아이들은 노는 방법을 선생님이 정해줘야 했어요."

울리 슈틸리케 전 한국 축구 대표팀 감독이 했던 말도 같은 맥락이다. 그는 "한국 축구의 문제점 하나만 얘기하고 싶다. 대다수 선수들이 학교에서 축구를 배운다. 그런데 학교에서는 선수들에게 승리하는 법을 가르칠 뿐 축구를 즐기는 법을 가르치지 않는다"고 했다. 그는 또 볼 점유율을 높여 관중이 즐기는 축구를 하고 싶다는 말을 자주 해왔다. 공부나 일뿐만 아니라, 스포츠도 노력만으로는 한계가 있고 선수건 관중이건 공연처럼 즐기는 문화를 도입해야 한다는 것이다.

해방 이후 빈곤과 씨름하며 억척스럽게 살아온 우리 문화에서는 즐긴다는 것을 죄악시하는 분위기가 있었다. 그래서 아이건 어른이건 노는 것과 즐기는 것을 꺼려했다. 학생은 오로지 공부, 직장인은 일에 목을 맸다. 덕분에 한국이 세계의 모범이 될 정도로 기적적인 발전을 했다. 그러나 그런 과거는 영화 '국제시장'을 보는 것으로 족하다. 근면과 노력, 절제만으로는 한계가 있다. 즐기는 문화가 창의력의 원천이다. 우리에게도 빌 게이츠와 스티브 잡스를 탄생시킨 창의적인 토양이 필요하다. 잘 놀아야 일도 공부도 잘한다.

플루토노미, 행복한 일자리

2005년 시티뱅크의 한 애널리스트가 미국 경제를 플루토노미(Plutonomy)라는 특징적인 말로 표현한 적이 있다. 부유층(Plutocrat)과 경제(Economy)의 합성어인 이 말은 '부유층의 영향력이 매우 큰' 경제를 의미한다. 부유층의 영향력이 점점 커지면서 미국 경제는 부유층의 욕구와 이해관계에 따라 움직였고, 이로 인해 10%의 소수가 90%의 부를 소유하는 구조가 됐다는 것이다. 그래서 세상은 두 블록으로 나뉜다고 했다. 플루토노미와 그 나머지로.

지금 우리 경제에서도 플루토노미의 특징이 뚜렷해지고 있다. 대기업과 중소기업의 격차가 점점 커지고, 정규직과 비정규직의 임금 차이가 확대되고 있다. 그나마 비정규직 일자리마저 부족한 상황이다. 그 여파로 계층 간 소득 불평등이 커지는 것이 최대의 위험 신호이다.

해결 방법은 양질의 일자리 창출밖에 없다. 일자리가 중요한 이유는 소득을 보장해주기 때문이지만, 그렇다고 소득이 전부는 아니다. 일과 노동은 다른 측면이 있다. 돈을 위해 육체와 정신을 사용한다면 노동에 불과하지만, 보람과 행복을 느낄 수 있는 것은 일을 할 때이다. 이래야 진정한 일자리가 되는 것이다.

주변에서 자녀들의 일자리를 알아봐달라는 요청을 받은 적이 있다. 언론사에 근무하니 기업에 끈 닿는 곳이 적잖이 있는 줄 아는 모양이다. 입사를 원하는 기업을 콕 찍어주기도 하고, 대기업이면 아무 곳이나 좋다는 경우도 있다. 그도 저도 안되면 인턴도 좋다고 한다. 이력서를 보니 하나같이 스펙들이 대단하다. 외국에서 대학을 나왔거나 국내 명문 대학원을 나온 경우도 많다. 난감하지만 평소 알고 지내는 기업체 지인들에게 조심스럽게 이력서를 보내고 전화로 부탁도 해봤다. 그마저도 김영란법 이후에는 아예 부탁할 수도 없다. 대부분 "알아는 보겠지만 쉽지는 않을 것"이란 똑같은 답변이 돌아온다. 딱 자르지 못하는 완곡한 거절의 표현임을 모를 리 없다. 당연히 여태껏 단 한 건도 성사된 게 없다.

경제학자 이정전은 〈시장은 정의로운가〉에서 일과 노동의 차이를 설명한다. "노동이란 순전히 금전을 목적으로 육체와 정신을 사용하는 행위이며, 일은 금전을 초월해서 행위자 스스로 설정한 별도의 목적을 위해서 육체와 정신을 사용하는 행위"라고 규정했다. 장하준의 책 〈경제학 강의〉에는 "대부분의 사람들에게 일은 소득을 얻는 수단 그 이상이다. 일에 많은 시간을 쏟아붓기 때문에 직장에서 일어나는 일은 우리의 생리적 · 심리적 복지에까지 영향을 미친다. 또 일은 우리의 자아를 형성하는 데도 큰 영향을 끼친다"라고 말한다.

일자리는 단순히 돈벌이만을 위한 것이 아니다. 사회에 첫발을 내딛는 청년들은 일자리를 통해 가정도 꾸리고 미래의 계획도 세운다. 결혼하고 출산하고 아파트 평수도 키우고 노후도 대비하는 것이다. 일자리는 삶의 터전이자 자아실현을 위한 공간이다. 일자리가 없는 삶은 어둠 그 자체다. 그래서 영혼을 팔아서라도 일자리를 얻고 싶다는 청년들의 절규에 정부는 마땅히 응답해야 할 의무가 있다.

정권이 바뀔 때마다 일자리 창출을 선거공약으로 내세우지만 제대로 공약을 이행했던 경우는 눈 씻고 봐도 찾기 어렵다. '일자리가 곧 복지'라고, 일자리가 넉넉하면 국가 경제의 상당 부분을 해결할 수 있다. 청년실업 문제가 본격적으로 대두된 것은 외환위기 이후다. 1982~1997년까지만 해도 청년실업률은 연평균 5.6%에 불과했다. 하지만 외환위기 직후인 1998~1999년에는 갑자기 10%를 웃돌았다. 지금은 더 심각한 수준이다. 고용의 질도 낮다. 임시직과 비정규직 비중이 대폭 증가했다. 이러한 구조에서는 취업자와 실업자는 물론, 정규직과 비정규직, 대기업과 중소기업 취업자 간 소득 격차가 크게 벌어져 위화감이 조성된다.

이태정 연세대 경제학과 교수는 공저 〈외환위기 이후 한국 사회의 변화〉에서 청년실업률이 떨어지지 않는 몇 가지 요인을 지적했다. 우선 대학 졸업자 비율이 크게 늘면서 일자리 미스매치가 일어나고 있다는 것. 또한 기업들이 인건비 절감을 위해 대졸자를 미리 선발하지 않고 필요할 때마다 상시 고용하는 체제로 바꾼 데다, 경력자를 우대하는 방식도 신규 대졸자들의 취업을 가로막는 장애 요인이라고 했다.

그런데 더 큰 문제는 청년실업이 국가 미래를 위협할 정도로 심각한 데도 대책이 없다는 것이다. 청년들이 맘껏 일할 곳을 마련해주지 못하는 우리 기성세대는 역사에 죄를 짓고 있는 셈이다.

기본소득과 연대임금

기독교에서 말하는 7대 죄악 중 하나는 게으름이다. '일하기 싫은 자, 먹지도 말라'고 했다. 이 말대로라면 몸이 아파 일할 수 없는 사람도, 실직자도 굶어야 한다. 굶는 것을 개인의 능력으로 돌려도 되는 걸까. 일자리를 구해주지 못한 사회의 책임은 없는가. 일을 하든 말든 최소한의 생활을 할 수 있는 일정 소득이 주어진다면 우리 삶은 어떻게 변할까. 아예 직장을 그만두고 빈둥거리며 게으름을 피울 것인가. 아니면 행복한 마음으로 더욱 열심히 일을 하거나, 꿈꾸던 일을 찾아서 직장을 떠날 것인가.

이런 의문에서 출발한 것이 '조건 없는 기본소득'이다. 기본소득은 복지 차원을 넘어 인간의 존엄을 유지할 수 있는 기본권이라는 점에서 주목할 필요가 있다. 바위산을 오를 때 '안전 로프'을 매야 하는 것과 같은 최소한의 생존 개념이다. 스위스가 첫 시동을 걸었다. 성인 1인당 월 300만 원(어린이 · 청소년 78만 원)씩 지급하자는 법안이 2016년 국민투표에 부쳐진 것이다. 비록 부결됐지만, 세계 각국에서 기본소득에 대한 관심을 불러일으킨 계기가 되었다.

기본소득의 도입에는 크게 두 가지 걸림돌이 있다.

첫째, 기본소득은 게으른 사람에게 득이 되고, 사회 정의를 무너뜨린다는 선입견이다. 하지만 독일의 한 경제지 설문조사 결과가 흥미롭다. 기본소득 제도가 도입되더라도 '나는 일을 할 것'이라는 응답이 90%에 달했고, '다른 사람들이 일을 하지 않을 것'이라는 응답이 80%였다. 똑같은 질문이지만 스스로에게는 관대하고 타인은 불신하는 이율배반을 꼬집은 것이다.

두 번째 걸림돌은 어떻게 재원을 마련할 것인가 하는 점이다. 기본소득 옹호론자들은 많은 재원이 필요치 않다고 주장하지만, 그리 간단한 문제가 아니다. 핀란드는 2017년 세계 최초로 2년간 실업자 2,000명을 대상으로 월 72만 원의 소득을 지급하는 실험을 했다. 그리고 '고용에 미치는 효과는 없었지만 삶의 질은 높인 것으로 나타났다'는 조사 결과를 발표했다. 말하자면 "기본소득 정책은 스트레스를 줄이고 행복감을 높여주지만 기대했던 고용 유발 효과는 미미했다"는 게 결론이다.

우리나라에서도 기본소득에 관한 논의가 솔솔 나오기 시작했다. '한국형 기본소득'에 대한 구체적 아이디어도 나와 있다. 모든 국민에게 월 30만 원씩 기본소득을 제공하자는 것이다. 금액은 4인 가족 기준 월 120만 원으로, 최저 생계비 수준이다. 문제는 연간 180조 원에 달하는 재원 마련인데, 찬성론자들은 시민세(110조 원), 환경세(30조 원), 토지세(30조 원) 등을 신설하면 해결 가능하다고 말한다. 취지야 나무랄 데 없지만, 세금이 뒷받침되지 않으면 탁상공론에 그친다는 점이 문제다.

이참에 연대임금(連帶賃金)도 검토해볼 필요가 있다. 연대임금이란 동일 노동에 동일 임금을 지급하는 것을 말한다. 비정규직과 정규직이 공존하는 우리 노동시장의 이중 구조가 1997년 외환위기 이후 20여 년간 계속되면서 양극화를 부추겨왔다. 이후 모든 정부가 근본적 해결을 공약했으나 상황은 더욱 악화했다. 비정규직 근로자가 전체 임금 근로자의 40%를 넘는다.

칼도어·힉스의 보상원리
가치판단으로부터 독립하여 어떤 정책 시행의 타당성을 판정하기 위한 기준을 제시하는 원칙. 영국의 경제학자 N.칼도어와 J.R.힉스에 의해 규정되었다.

과거의 관련 정책은 '먼저 파이를 키워라, 그런 다음 가능하다면 패자에게 보상해 주라'는 '**칼도어 · 힉스 보상원리**' 유형의 적선(積善) 방식에 기대거나, 대기업이나 고소득층 등 선도 부문의 성과가 늘어나면 중소기업이나 저소득층 등 낙후 부문에 혜택이 돌아가 전체 경기가 활성화하는 낙수효과에 기대를 거는 식이었다. 하지만 정부가 예산을 대거 투입하고 대기업이 경기를 이끌어도 저성장은 계속 됐고 과실도 아래로 떨어지지 않음을 우린 익히 경험했다. 오히려 비정규직과 정규직의 임금 격차만 더 벌어졌을 뿐이다.

임금 격차 문제를 비교적 슬기롭게 해결한 사례를 스웨덴 노동시장에서 찾을 수 있는데, 그 핵심은 '연대임금 정책'이다. 연대임금 정책은 기업의 임금 지급 능력이나 수익성과 무관해서, 동종업계 노동자들은 대기업이든 중소기업이든 거의 같은 임금을 받는다. 수익성이 높은 기업은 지나친 임금 인상을 억제하고, 단체 협약이 정한 임금을 지급하지 못하는 기업은 경영합리화를 하든지 폐업을 한다. 이를 통해 빈부 격차와 양극화를 해소할 수 있었다고 한다.(물론 이 모델의 현실 적용 가능성에 대해서는 이견도 있기는 하다.)

스웨덴에서는 어떻게 이것이 가능했을까. 핵심은 노사 대타협이다. 1938년 노사는 스톡홀름 외곽의 휴양지 살트셰바덴에서 협약을 체결했다. 임금과 노동조건을 노사 자율로 합의하고 정부는 최소한으로 개입한다는 게 골자였다. 또 합리적 직무평가 제도를 통해 동일 임금 원칙을 지키고, 감당 못하는 부실기업은 퇴출시킨다. 이로 인해 발생한 실업자는 정부가 실업보험이나 재취업을 통해 구제한다.

양극화과 비정규직 문제로 갈등을 겪고 있는 지금 우리나라 실정에서 귀가 솔깃하다. 하지만 기득권을 가진 노동계의 고통

분담 없이는 불가능한 일이다. 그래서 '비정규직 제로시대'가 요원해 보이는 것이다.

결혼펀드와 불가촉천민

대기업 임원인 지인이 딸과 용돈을 나눠 쓰게 된 이야기를 들려줬다. 대학을 졸업했으나 취직 못한 딸이 엄마와 심각하게 다투면서 용돈이 끊기자 회사로 찾아왔다고 한다. 벌이도 못하면서 자꾸 돈만 달라고 하니 엄마가 화가 난 것이다. 결국 자신의 용돈 절반을 딸에게 주기로 했단다. 1950년대 생인 다른 지인은 아들과 딸이 모두 대학을 졸업하고 집에서 놀고 있다고 한다. 그래서 더 열심히 돈을 벌어야 하는데 정년으로 은퇴를 했다.

대학을 졸업해도 취직이 안 되고, 취직을 하더라도 80%는 비정규직이다. 1만 원에 못 미치는 시급에 의존하는 청년들도 부지기수다. 취업난으로 방구석에만 있는 은둔형 외톨이가 30만 명에 달한다고 한다.

이들에게 결혼은 물론 연애도 없다. 그러니 출산은 불가능하다. 나중엔 인간관계, 내 집 마련까지 포기한다. 이들의 특징은 그저 조용히 아끼며 사는 것이다. '아끼니까 청춘'이다. 당연히 큰 꿈도 미래도 없다. 결정할 것도 없고 방향을 정하지도 않는다. 20년 전 일본의 히키코모리(引き籠もり)의 행태와 유사하다.

독일의 작가 올리버 예게스는 요즘 청년들의 행태를 분석해 '결정장애 세대(Generation Maybe)'라고 하며, 그들의 생각을 전한다. "우리는 방향을 잃었다. 결정을 내리고 싶지도, 어떻게 내려야 하는지도 모른다. 주의력 결핍에 결단력 박약이다. 그런 우리에게 정치 참여의 의미를 정확히 알고 있기를 기대한다는 것이 무리가 아닐까? 연금 문제에 대해서도 나중에 한푼도 받을 수 없다는 둥, 받게 되더라도 우리가 낸 만큼은 분명 아니라는 둥 이러쿵저러쿵 말이 많은데, 정작 우리는 거기에 대해 별생각이 없다."

합계출산율이란 출산 가능한 15~49세의 여성 한 명이 평생 동안 낳을 수 있는 자녀의 수를 말한다. 우리나라 합계출산율은 초저출산 국가 상태다. 각종 통계를 보면 우리 출산율은 전 세계 국가 중 200위권 밖이고, 경제협력개발기구(OECD) 국가 중 꼴찌다. 고령화 속도도 빠르다. 인구 감소의 원인은 저출산이다. 출산은 노력 여하에 따라 조절이 가능할 수 있다. 청년실업 등으로 결혼을 하지 않거나, 만혼(晩婚)이 늘어나 합계출산율이 증가할 수 없다. 신혼집 마련 등 결혼 비용도 걸림돌이다.

중동 전문가 엄익란의 〈이슬람 마케팅과 할랄 비즈니스〉에 따르면 아랍에미리트에서는 결혼펀드(UAE Marriage Fund Foundation)를 운영하고 있다. 심사를 통해 최고 7만 디르함(약 2,000만 원)까지 지원하는데 결혼 후 할부로 갚고 아이를 낳을 때마다 상환액의 20%가 면제된다. 물론 월급이 일정액 이하인 저소득층이고 자국민끼리 결혼할 경우로 한정된다. 하지만 결혼과 출산을 장려하는 제도임에는 분명하다. 우리도 이런 펀드가 있으면 합계출산율을 조금 높일 수 있겠지만 근본적인 해결책은 못 된다.

어느 결혼정보 회사가 직업별로 남녀를 15등급으로 분류한 것을 보면서 대학입시 배치표를 연상했다. 남자 1등급은 서울대 법대 출신 판사, 여자 1등급은 본인 직업에 상관없이 부모가 장·차관급 공무원이나 국회의원, 자치단체장, 재산 천억 원 이상 기업가, 서울 강남의 대형병원장. 반대로 꼴찌인 15등급은 남자는 일반 중소기업 정규직 입사자, 여자는 무직이다. 남자의 경우 비정규직이거나 무직일 경우 아예 등급조차 없어 분류 대상에서도 빠졌다. 사실상 불가촉천민이라니 결혼을 할 수 있겠나.

북한에도 신분제가 있는 모양이다. 미국 인권단체인 북한인권위원회가 발표한 보고서에 의하면 "북한의 성인은 핵심, 동요,

적대 등 3개 범주로 분류된다"면서 카스트 제도와 유사하다고 했다. 핵심계층은 겉과 속이 빨간 '토마토', 동요계층은 겉만 빨간 '사과', 적대계층은 '포도'에 비유했다. 핵심계층은 인구의 4분의 1 가량이며, 군부와 노동당을 장악해 평양에 살고, 적대계층은 북동부 산악지대의 탄광 · 농장에 수용돼 있다고 한다.

인도의 카스트 제도는 백인종인 아리아인들이 원주민을 정복하면서 만든 것으로 피부 색깔로 신분을 구분하는 '바루나'라는 제도에서 발전한 것이다. 1947년에 공식 폐지되었지만 카스

인도 카스트 제도에도 속하지 않는 최하층민인 불가촉천민은
'닿기만 해도 부정해진다'고 여겨졌다. 불가촉천민 여인(1942)

트는 여전히 인도 사회를 지배하는 신분제도이다. 인도인의 신분은 브라만(승려), 크샤트리아(왕이나 귀족), 바이샤(상인), 수드라(일반 백성 및 천민) 4계급으로 구분되며, 이들보다도 하층민으로 등급이 아예 없고 '닿기만 해도 부정해지는' 불가촉천민(untouchable)이 2억 명에 이른다. 하긴 조선시대에도 국민을 양반-중인-상인(常人)-노비로 구분하는 반상(班常)제가 있었다. 지금도 일부 노인들은 '양반 집안, 상놈 집안'을 들먹이기도 한다. 21세기 들어 다시 금-은-흙으로 구분된 신분제도의 뿌리가 깊어지고 있는 것은 아닌지 걱정이다.

아르바이트는 나치의 잔재

히틀러 치하의 나치 독일에 나폴라(Napola)라는 엘리트 청소년 합숙교육기관이 있었다. 국립정치교육기관(National politische Lehranstalt)의 약칭이다. 히틀러가 정권을 잡은 1933년에 설립됐는데, 정치 · 군사 · 행정 분야의 엘리트를 키울 목적으로 철저한 군사교육이 시행되었다. 평균 이상의 지적 능력이 있어야 하고, 시력이나 청력이 나쁘면 입학이 거부되는 등 인종적으로 '흠집' 없는 청소년만으로 구성됐고, 입학시험만 8일 동안 치렀다.

11~18세 학생들은 입학 이후 간부후보생(cadet) 대우를 받았다. 3개교에서 출발해 1941년에는 30개로 늘어나 학생이 6,000명이나 됐고 2차 대전이 끝날 무렵에는 43개교로 늘었다.

교육은 철저히 경쟁적이고 때로는 잔인했다. 후보생 중 5분의 1은 강도 높은 교육과정에서 다쳐 퇴교 조치를 당했다. 졸업생이 최종적으로 나치 친위대원(SS: Schutzstaffel)이 될 가능성은 13%로 일반 독일인의 확률(1.8%)보다 훨씬 높았다. 이들은 전쟁에서 소년병으로 활용됐고, 2차 세계대전에 투입돼 많은 희생을 치렀다.

나폴라의 교칙은 자제력 · 복종 · 끈기 · 단결이었고, 학생들에게 주입하는 신념은 '최종 승리'였다. 이를 근거로 유럽 학자들은 종전 후에도 나폴라의 교육이념을 경쟁 사회에 등장하는 대표적 특징들과 연관시킨다. 실제로 많은 독일 기업인이 이 학교 출신으로, 이들은 나폴라의 교육이 공격적인 시장경쟁 시스

나폴라 스쿨에서 물리수업을 듣는 학생들

템에서 유용했다고 증언한다. CEO(Chief Executive Officer) 등의 명칭에서 보듯 'Chief' 'Officer' 등의 군대식 용어가 기업조직에서도 많이 사용되고 있다.

이런 조직문화가 과로사를 유발한다는 분석이 있다. 과로사(過勞死)라는 용어는 1980년대 일본에서 처음 사용했는데 일본에서는 '가로시', 중국은 '구오라오시'라고 한다. 한 · 중 · 일 동양 3국에서 유독 과로사가 많은 것은 조직에 대한 충성을 강조하는 유교, 혹은 군사 문화의 영향 때문인 듯하다. 호주의 한 경영연구소의 조사에 따르면 매년 1만 명이 과로사를 한다. 최근 우리나라에서도 기업은 물론 정부부처 등에서 과로사가 잇따르고 있다.

아르바이트(알바)라는 용어도 나치와 관련이 있다. 대학 시절 프랑스어를 가르치던 프랑스인 여교수는 학생들이 무심코 아르바이트(arbeit)에 관한 얘기를 하면 소스라치게 놀라곤 했다. 당시에는 그의 말을 제대로 알아듣지 못해서 놀란 이유를 잘 몰랐는데 이제 와서 생각해 보니 아르바이트라는 단어를 들으면 나치 수용소를 떠올렸던 게 아닌가 싶다. "아르바이트라는 말을 쓰지 마세요. 그건 나치가 강제노동 수용소에서 쓰던 말입니다. 프랑스인들은 그 말에 치를 떨고 공포감을 갖습니다." 대충 이런 내용이었다.

2014년 뮌헨 인근 다하우(Dachau) 나치 강제수용소 철제 정

원래의 다하우 강제 수용소 철제문

부서져서 돌아온 철제문. '노동이 너희를 자유롭게 하리라'고 쓰여 있다.

문이 감쪽같이 사라졌다가 부서진 채 발견된 적이 있다. 네오나치주의자 몇 명이 저지른 짓이었다. 철제 정문 위에는 'ARBEIT MACHT FREI(노동이 너희를 자유롭게 하리라)'라고 쓰인 철제 글귀가 달려 있다. 성경 말씀을 빗댄 문구가 그럴싸해 보인다. 하지만 나치 독일 시대의 악명 높았던 다하우 수용소는 아우슈비

츠처럼 정치범이나 종교인, 유대인들에게 강제노동과 인체실험 등 갖가지 만행을 저지른 곳으로 유명하다.

아르바이트는 독일어로 노동, 일, 직업 등을 의미한다. 그러나 수용소에서 이 단어는 죽음에 이르는 강제노동을 의미한 것 같다. 그래서 아르바이트란 단어에 대해 프랑스 교수가 강한 거부감을 가졌던 모양이다.

우리나라나 일본에서 아르바이트는 임시직, 부업 등을 의미한다. '알바'로 줄여 쓰기도 한다. '껍질 벗긴 통나무'를 뜻하는 '마루타'와 합성한 '마루타 알바'라는 용어도 나왔다. 제약회사의 신약 임상시험에 자신의 몸을 제공하는 생동성 알바로, 페이가 높아 젊은이들이 많이 신청한다니 다소 엽기적으로 느껴지기도 한다.

알바의 대표격은 편의점이다. 일본 소설 〈편의점 인간〉은 많은 것을 생각하게 한다. "36세 미혼 여성. 대학 졸업 후에도 (정규직으로) 취직하지 않고 편의점 아르바이트 18년째. 지금까지 애인 없음. 개장 초기부터 스마일마트 역전점에서 일을 계속하고, 매일 바뀌는 손님을 맞는다. 점장이 바뀐 게 8번째다. 매일 편의점 음식을 먹고, 꿈속에서도 편의점 계산기를 두드린다. 깨끗한 편의점 풍경과 '어서 오세요'라는 인사가 매일 편안한 잠을 가져다준다. 직장과 가정이 있는 동창생들이 (나를) 이상하게 여기지만 완벽한 매뉴얼이 있는 편의점이, 나를 이 세계의 정상적인 '부품'이 되게 한다."

일본에서 가장 권위 있는 순수문학상인 아쿠타가와(芥川)상이 편의점에서의 일상을 묘사한 소설에 주어졌다는 사실이 흥미롭다. 편의점에서 알바를 하는 독신 여성의 자전적 이야기를 쓴 이 소설의 작가 무라타 사야카(村田沙耶香)는 실제로 수상 발표날까지 편의점에서 일했다. 소설 속 주인공은 그 나이가 되도록 사회를 겉돌며 정규직으로 취직하지 못하고 알바생으로 살아간다. 이런 생활에 익숙해진 주인공은 취직해서 가정을 꾸리는 '보통' 사람의 삶을 강요하는 사회 풍조를 오히려 재치 있게 풍자한다.

언제부턴가 편의점은 '비정규직' '최저임금' 등을 연상시키는 억눌린 일터로 인식되어 왔다. 청년들이 분노를 삭이며 탈출구를 찾지 못한 채 스스로를 몇 년씩 가둬 두는 답답한 공간의 상징이 편의점이다. 햄버거 가게나 카페 등 젊은 알바생이 일하는 곳도 크게 다르지 않다. 수백 번 원서를 써도 정규직으로 취직이 되지 않고, 겨우 최저임금만 받으며 젊은 날의 영혼과 육체를 이 공간에서 소모한다. 그나마 최저임금의 급격한 인상으로 편의점 알바 자리도 없어지고 있다. 북한이 노예국가(slave state)라지만, 우리는 헬조선(hell state)이라 하지 않던가. '한국이 싫어서' 떠나고 싶다는 청년들의 자조적인 탄식을 언제까지 외면할 것인가.

12장

희망의 불씨들

복지 도둑과 폴란드 배관공

서구사회에서 빈곤의 원인을 바라보는 두 가지 대립적인 관점이 있다. 하나는 개인의 능력이 원인이라는 개인주의 관점, 다른 하나는 사회 구조가 원인이라는 구조주의 관점이다. 관점이 중요한 이유는 빈곤 해소 방법론에서 차이가 있기 때문이다.

에드워드 로이스의 〈가난이 조종되고 있다〉에 따르면 개인주의 관점에서 빈곤은 지능지수 등 개인 결함 때문에 비롯되고, 업무를 대하는 가치관이나 태도 등의 부족함이 원인이다. 구조주의 관점에서 본 빈곤은 복지제도 등 사회적 결함이 원인으로, 권력과 기회, 자원의 불평등한 분배 등에서 유래한다. 우리 사회의 '흙수저 금수저'와 유사한 맥락이다.

이들 관점은 인종, 민족, 국가 등의 문제로 확대되기도 한다. 똑똑하고 잘사는 인종, 민족, 국가도 있지만 반대 경우도 있다. 미국 이민 사회에서 유대인이나 한국, 일본, 중국 등 아시아계가 두각을 나타내는 것을 민족이나 문화적 특성으로 분류하는 것도 '빈곤 문화론'에 근거하고 있다.

개인주의 관점으로 왜곡한 대표적인 것이 '복지 여왕(welfare queen)'이다. 대책 없이 임신만 하고 일하기 귀찮아하는 흑인 10대 미혼모의 이미지다. 로이스는 이런 이미지 때문에 빈곤에 대한 담론이 불평등, 차별, 일자리 부족 같은 구조적 문제에서 게으름, 사회적 일탈, 복지 의존 등의 개인 문제로 옮겨 갔다고 분석한다.

유럽에서도 이런 문제가 심각하다. 한때 '위기의 주부들(Desperate Housewives)'이라는 미국 드라마가 유행했었다. 드라마 속 주부들이 멜빵 달린 옷을 입은 근육질의 건장한 배관공에 열광하면서 배관공이라는 직업이 갑자기 관심을 끌었다. 불륜인지 사랑인지, 야성미 넘치는 배관공을 둘러싼 주부들의 일탈은 살인사건과 함께 드라마의 흥행을 견인했다. 마이클 블룸버그 전 뉴욕시장도 "명문대학을 가는 것보다 배관공이 최고의 직업일 수 있다"고 말해 화제가 됐다. 미국과 호주의 여론조사에서 배관공이 직업 선호도 1위를 차지하기도 했다.

폴란드 배관공(Polish plumber)이라는 말이 있다. 2004년 동유럽 10개국이 유럽연합(EU)에 가입한 이후 동유럽 노동자들이 서유럽으로 밀려들면서 생긴 조롱 섞인 표현이다. 손재주가 좋다는 동유럽 노동자가 상대적으로 낮은 임금으로 프랑스 등 서유럽 국가의 허접스러운 일자리를 채우면서 경제 발전에 일조한 측면도 있지만 '반이민 정서'도 이 표현에 담겨 있다. 이들 노동자들에 대해 '백인 니그로'라거나 '복지 도둑'이라는 굴레를 씌우는 것이다. 일자리를 빼앗고 사회복지에 대한 부담이 늘어난다는 이유 때문이다.

빈곤을 대하는 두 가지 관점은 해법에서도 큰 차이를 보인다. 개인주의 관점에서는 빈곤 퇴치를 위해 빈곤층을 개조하고 재사회화(再社會化)시켜야 한다. 즉 노동시장에서의 경쟁에 필요한 기술과 태도, 동기를 제공해야 한다는 것이다. 반면 구조적 관점에서는 더 좋은 일자리를 제공하고 저임금 노동자의 임금을 올려야 한다고 보았다. 개인주의 관점은 보수에 가깝고, 구조주의 관점은 진보에 가깝다.

지금 우리는 어느 쪽일까. 우리 사회는 소득과 부의 불평등이 극도로 심화하면서 양극화로 치닫고 있다. 정부는 각종 해법을 동원하고 있지만 여러 정치 · 사회적 제약으로 힘에 부치는 듯하다. 족집게 정답을 찾지 못한 탓도 있겠다. 대안은 없는 걸까. 스위스 핀란드 등에서 추진했던 기본소득에 대한 논의도 나오고 있다. 복지 차원이 아니라 인간 존엄을 유지할 수 있는 기본권으로 일정액을 모든 국민에게 나눠주는 것이다. 하지만 재벌 총수 등 부자들에게도 똑같이 돈을 나눠줘야 한다는 것에 모순이 있고, 정부 곳간은 화수분이 아니다.

서구에서는 '부(負)의 소득세(negative income tax, NIT)'가 하나의 대안으로 제시되는 모양이다. 소득 수준이 면세점에 미달하는 저소득자에게 과세 전 소득과의 차액의 일정 비율을 정부가 지급하는 방식이다. 효과는 기본소득과 유사하나 부자들에게는 지급하지 않아도 되고, 세금을 더 걷지도 않아도 된다는 장점이 있다. 복지 전달 과정도 비교적 수월한 편이다. 최저임금 인상처럼 소상공인의 불만을 일으킬 소지도 없고 오히려 그들도 혜택을 받을 수 있다. 우리도 근로장려세제(EITC)가 있으나 여러 제약 조건이 있다. OECD도 NIT가 기본소득보다 저소득층에 훨씬 나은 방법일 것이라고 분석했다니 우리도 진지하게 확대 적용을 검토해 볼 필요가 있을 듯하다.

빈곤과 불평등

스위스 취리히에서 융프라우를 거쳐 제네바로 여행을 하자면 재미있는 현상을 발견하게 된다. 독일과 가까운 취리히에서는 독일어가 주로 통용되고 도시 분위기 역시 독일풍이다. 저녁을 먹고 나면 상점이 대부분 문을 닫아 거리가 썰렁하고, 술 마시고 놀 만한 곳도 마땅치 않다. 반면 프랑스와 가까운 제네바는 파리와 유사한 느낌이다. 프랑스어를 사용하는 사람들이 새벽까지 술과 음식, 대화를 즐긴다. 게르만계는 근면 성실하고 라틴계는 먹고 즐기는 것을 좋아한다는 느낌을 준다. 인구 800만 명 정도의 작은 국가에서 독일, 프랑스, 이탈리아어 등 다양한 언어가 사용되고, 지역별로 문화의 차이가 극명한 것이 신기했다.

민족성 때문인지 남유럽의 포르투갈, 이탈리아, 그리스, 스페인 등의 경제가 그들의 기질만큼이나 종종 흔들린다. 그리스는 라틴계는 아니지만 지리 · 문화적으로 라틴계와 닮은꼴이다. 반면 유럽의 게르만계 국가들은 재정이 튼튼한 편이다. 일부 학자들은 독일을 필두로 스칸디나비아 3국, 베네룩스 3국 등을 '라인란트(Rheinland) 자본주의' 모델을 도입한 국가로 분류하기도 한다. 라인란트는 라인강을 중심으로 양쪽에 널리 펼쳐져 있는 지역을 말하는데 흑자 기조를 유지하는 것이 특징이다.

프랑스의 석학 기 소르망은 〈경제는 거짓말을 하지 않는다〉에서 남유럽 국가들의 허술한 국가시스템을 잘 설명하고 있다. "미국에서 기업체를 설립하려면 4가지 절차만 필요하고, 기간도 4일, 비용은 166달러가 든다. 스웨덴도 664달러에 불과하다. (반면) 프랑스에서는 15가지 절차에 53일, 3,693달러가 든다. 이탈리아에서는 5,012달러, 그리스에서는 1만 218달러가 필요하다. (…) 미국에서 부도수표 회수시 법원 판결을 받는 데 5주, 집행하는 데 2주가 걸린다. 이탈리아는 2년, 프랑스는 6개월이 소요된다."

남유럽 국가들이 혁신을 하지 못한 채 점차 활력을 잃어가는 것을 미국, 스웨덴 등과 비교해 꼬집은 사례다.

최근 프랑스가 연일 시끄럽다. 마크롱 프랑스 대통령이 경제를 살리기 위해 노동개혁을 선포하자 복지와 일자리가 줄어드는 것을 우려한 노동계와 시민들이 벌이는 노란 조끼 시위가 폭력 사태로 번진 것이다. 복지를 축소하면 그만큼 국민의 저항이 심해지는 것이 유럽에서 나타나는 공통적인 현상이다. 독일, 네덜란드, 스웨덴, 네덜란드, 노르웨이 등 게르만어파 국가들이 복지와 성장을 동시에 꾸려가고 있는 것과는 대조적이다. 날씨가 좋고 먹을 것이 풍부했던 지중해 연안의 라틴계 국가들과 혹한과 척박한 땅에서 치열한 생존 경쟁을 벌였던 게르만계 국가의 환경적인 차이에 기인한 것이 아닌가라고 짐작해볼 수도 있겠지만 그리 간단치 않은 문제다.

미국 역시 금융 위기로 힘든 시간을 보냈으나 혁신이라는 부분에서는 유럽과 비교해 보면 여전히 압도적이다. 미국이 부를 중시하는 데 비해 유럽인들은 빈곤과 불평등에 더 관심을 쏟는다. "유럽인들은 사회보조금이 줄어드는 것을 용납하지 못하고, 미국인은 세금이 오르는 것을 참지 못한다"는 것이 기 소르망의 지적이다. 유럽이 재정 위기를 겪는 근본 원인에 대한 설명이 될 수 있다.

어떤 체제 · 모델이 우수한지에 대해서는 여전히 논쟁이 진행 중이다. 하지만 열심히 일하지 않고, 혁신을 게을리하고, 경쟁보다 불평등에 더 많은 관심을 쏟는다면 남유럽 국가처럼 될 가능성이 높다. 특히 경제 쇠퇴기에는 기득권층의 이익은 보호되지만, 오히려 젊은이, 교육받지 못한 사람, 아웃사이더들은 희생자가 될 가능성이 높다는 게 기 소르망(Guy Sorman)의 충고이다. 우리가 귀담아 들을 만한 대목이다.

방탄소년단과 비빔밥 전략

1970년대 중반에는 FM 라디오 방송에서 우리 대중가요가 나오는 일이 드물었다. 대부분 영어를 사용하는 팝뮤직이었다. 비지스, 이글스, 아바, 딥 퍼플, 유라이어 힙, 에릭 클랩튼 등 너무 많아서 열거하기도 힘들다. 어쩌다 신중현 밴드 등 몇 안 되는 국내 그룹사운드의 노래가 젊은이들의 취향을 저격하는 정도였다. 때문에 일각에서는 과도한 문화 종속 문제를 지적하기도 했었다.

당시 이런 생각을 했다. 우리 방송에 왜 우리 가요는 거의 없는 걸까. 우리 가요의 해외 진출은 불가능할까. 박원웅, 이종환 등 FM을 지배했던 당대의 DJ들 역시 팝뮤직 외에는 별 관심을 보이지 않았던 것으로 기억한다. 사실 당시엔 젊은 취향의 노래가 별로 없었다. 영화계도 예외는 아니어서 홍콩 무술영화나 할리우드 영화들이 극장가를 장악하고 있었다.

그랬던 FM 방송에 변화의 바람이 불기 시작한 때가 70년대 말이었다. 우리 가요가 싹트기 시작한 계기가 1977년 출범한 MBC 대학가요제였고, 이후 학력 제한을 없앤 MBC 강변가요제도 한몫을 했다. SM엔터테인먼트의 이수만 회장도 당시 제1회 대학가요제에서 '나 어떡해'로 대상을 차지했던 서울 농대 그룹사운드 '샌드페블즈'의 2기 보컬 출신이다. 물론 그는 대학가요제가 출범하기 이전 세대이고 우승은 후배들이 했다. 이후 그는 SM엔터테인먼트를 통해 16세의 보아를 일본에 진출시켜 사실상 첫 해외시장 개척에 나섰다. 70년대 말 대학가요제로 변화가 시작됐고, 1990년대 초에 등장한 서태지와 아이들이 국내 가요계에 혁명을 일으켰다. 그때부터 대중가요가 팝뮤직을 누르고 FM 방송에서 득세하는 분위기로 전환됐다.

최근 방탄소년단 등 K-pop 스타들이 미국과 유럽은 물론 브라질, 태국, 베트남 등지에서 한류 열풍을 일으키고 있다. 겨울연가, 대장금 등을 시작으로 우리 드라마들도 중국, 일본, 동남아시아 등지를 휩쓸고 다녔다. 드라마 '사랑이 뭐길래'가 중국 시청자를 사로잡고, 욘사마의 '겨울연가'가 일본에 한류를 일으켰다. 이영애의 '대장금'이 이란의 TV 시청률을 80% 이상으로 끌어올리고, 가수 싸이의 '강남 스타일' 유튜브 조회 수가 사상 최고

치를 기록했다. 방탄소년단은 연이어 빌보드차트 1위에 올랐다.

한류 열풍은 경제적인 측면에서도 새로운 가능성을 열어주었다. 국내의 한 경제연구소는 배용준 1인의 경제적 효과가 한국과 일본을 합쳐서 3조 원에 이른다는 분석을 내놓기도 했다. "한류는 한민족 르네상스로 아시아 르네상스이며 전 세계인이 참가하는 동아시아 · 태평양 신문명 창조를 위한 세계 르네상스"라고 주장하는 학자도 있다.

송병락 교수는 〈한국 경제의 길〉(제5판)에서 한류와 관련된 소프트웨어 기술도 원천기술이 될 수 있다고 주장한다. 나노기술, 생명공학 기술, 정보기술(IT) 등의 원천기술과 다르지 않다는 것이다. 또 우리 3D TV는 제품의 혁신에 속하지만, 한류 열풍은 시장의 혁신으로 보고 있다. 한류도 슘페터가 그토록 강조하는 혁신의 범주라는 것이다. 송 교수는 한국의 경제는 이미 모방하는 단계를 넘어 고유의 영역을 만들어 가는 창조와 혁신의 시대에 접어들었다고 분석한다. 우리의 앞선 IT, 한방 의술, 한류 등을 이용하면 국가 브랜드를 올릴 수 있다는 것이다. 이를 위해 여러 나라의 경제 모델을 섞고 비비면서도 한국만의 독특한 '돌솥 비빔밥 전략'을 구사하면 어떻겠느냐는 제안을 했다. 국력의 한 단계 도약을 위해 진지하게 검토할 필요가 있을 듯하다.

고려채(高麗菜)와 한국 식당

"천리(千里) 밖의 음식은 먹지 말라."

1990년대 중반 중국산 먹거리가 밀어닥치기 시작할 무렵 서울 시내 한 목욕탕에 이런 글귀가 걸렸다. "우리 것이 좋은 것이여!"라는 신토불이(身土不二) 구호가 한창인 때였다. 천리는 400킬로미터이니 서울을 중심으로 한반도 이내의 거리를 의미한다. 한반도 바깥에서 들여온 음식은 먹지 말라는 뜻이겠다. 이 글귀의 출처가 불분명하지만 국내 로컬푸드 운동의 원조인 셈이다.

〈100마일 다이어트〉라는 책이 국내에 소개된 적이 있다. 캐나다 프리랜서 기자 커플의 체험을 담은 에세이집인데, 거주지인 밴쿠버를 기준으로 100마일(160킬로미터) 이내에서 생산된 음식만 먹으며 겪은 일상을 담은 얘기다. 식재료를 구하는 과정에서 지역 농부와 어부를 만나고, 텃밭을 가꾸며, 자연과 역사도 알아가는 내용이 흥미로웠다.

지역 생산 농산물을 소비하자는 로컬푸드 운동은 1986년 이탈리아 피아몬테 주에서 시작됐다. 이탈리아의 슬로푸드(Slow Food), 네덜란드의 그린 케어팜(Green Care Farm), 일본의 지산지소(地産地消) 운동 등이 비슷하다. 우리도 로컬푸드 운동 본부가 2009년 설립돼 지역 농업의 회생을 돕고 있다. 로컬푸드 운동은 지역 경제를 활성화할 뿐만 아니라 식재료의 장거리 이동에 따른 이산화탄소 과다 발생 등 환경문제도 해결한다.

우리나라는 식량 자급률이 50%에도 미치지 못해 나머지는 모두 수입을 할 수밖에 없다. 칠레산 포도는 20만 킬로미터, 미국 캘리포니아산 오렌지는 약 10만 킬로미터를 날아와 국내 소비자들의 식탁에 오른다. 이 먼 거리를 오느라 선박 유류 사용 등으로 다량의 이산화탄소를 발생시켜 지구 환경에 부담을 준다. 과일을 멀리까지 싱싱하게 공급하기 위한 화학물질 사용도 불가피하다.

그래서 일부 지자체가 직거래 장터를 만들어 농촌(생산자)과 도시(소비자)를 잇고 있지만 성과는 미미하다. 농장에서 식탁까지의 거리를 최소로 줄이는 게 건강과 환경을 지키는 길이라지만 쉬운 일은 아니다.

중국어로 양배추가 고려채(高麗菜, 카올리차이)로 불리는 것은 뜻밖이다. 고려에서 들여온 채소라는 의미가 될 터이다. 실제로 많은 중국인들은 그렇게 알고 있다. 원래 우리말에 양복, 양장, 양파처럼 양(洋)자가 붙으면 전통적인 것이 아닌 '서양 것'이라는 뜻이다.

양배추의 원산지는 지중해 연안 소아시아인데 우리나라에는 1900년 즈음에야 들어왔다. 대만의 오래된 사전에는 양배추가 유럽에서 카올리, 카울리 등으로 불려 이 발음에 가장 가까운 '고려(高麗)'를 차용했다는 기록이 있다. 최근 건강식품으로 인기가 많은 아티초크도 중국에선 조선계(朝鮮薊)로 부른다. 조선의 엉겅퀴라는 뜻이다. 아티초크는 꽃이 피기 전 어린 꽃봉오리를 잘라 식용으로 사용하거나 통조림으로 만든다. 아티초크 역시 지중해 연안과 카나리아 제도가 원산지다. 따라서 고려채와 마찬가지로 우리나라와는 관련이 없다. 고려와 조선이라는 명칭이 붙은 이들 식물 때문에 우리 네티즌 사이에서는 지중해 지역이 오래 전 우리 땅이 아니었을까 라는 생뚱맞은 추측까지 떠돈다.

중국인들은 양배추를 다양한 요리의 재료로 많이 사용한다. 특히 위에 좋은 '천연 위장약'이라는 등 고려채의 여러 약효를 강조해 상품화하고 있다. 양배추는 기원전 400년경 그리스에서 약용으로 사용했다는 기록이 있다. 중국에서는 〈본초강목〉(1578)이나 〈식물명실도고〉(1848)에 설명되어 있다. 우리나라에는

1884년 농무목축시험장에서 시험 재배됐던 기록이 있으나 이후 시중에 많이 보급된 것 같지는 않다. 그러다 6 · 25전쟁 이후 유엔군 공급용으로 본격 재배되기 시작했다.

우리 식품업체들이 김치의 글로벌화를 위해 양배추에 주목하고 있다. 양배추는 배추보다 달고 식감이 아삭해 외국인, 특히 중국인들의 입맛을 공략할 만한 식재료다. 맵고 짠 맛보다는 새콤달콤한 맛으로 변형시켜 세계 각국의 요리나 술에 어울리도록 만들어보겠다는 것이다.

최광식 전 문화체육관광부 장관은 '실크로드와 한류로드'라는 강연에서 "한류가 지나간 자리에 최종적으로 남을 것은 뭘까"라는 재미있는 질문을 던졌다. 덧없는 인기 뒤에 남을 것은 한국 식당이란다. 거기엔 음식도 포함될 것이다.

세계적으로 일본 붐이 일었던 시절이 있었다. 일본 자동차를 필두로 전자제품까지 세계 시장을 휩쓸 때다. 전자제품 거리였던 도쿄 아키하바라(秋葉原)는 관광객이 돈을 쏟아붓는 곳이었다. 여행객들 손에는 '코끼리 밥통' 하나쯤은 들려 있었다. 일본 배우기가 유행이었고 일본 식당이 우후죽순으로 생겨났다. 유럽이나 미국 등 선진국 유학생들까지 일본으로 몰렸다. 영원할 것 같던 일류(日流)가 사라지고 남은 흔적 역시 일본 식당 정도다.

호랑이는 죽어서 가죽을 남기고, 사람은 죽어서 이름을 남긴다(虎死留皮 人死留名)고 했던가. 고대 로마인들은 자신들 문명의 흔적인 목욕탕, 대리석, 마차가 달리던 홈파진 길 등을 2000년 뒤에까지 남겼다. 활발했던 고대 동서양 문화 교역의 흔적은 실크로드로 남아 있다.

그런데 우리 기업들이 남긴 흔적은 뭘까. 전두환 정권에 밉보여 공중 분해된 국제그룹의 용산 국제빌딩은 지금 LS용산타워로 남아 있다. 김우중의 대우그룹은 서울역 맞은편의 대우빌딩을, 삼미그룹은 한때 한국의 랜드마크였던 삼일빌딩을 남겼다. 기업은 사라져도 상징물은 남아 있듯 한류의 유물은 한국 식당이 아닐까 싶다.

막걸리의 경쟁력

저녁 모임 자리에서 가끔 화제로 떠오르는 것이 막걸리다. 건강한 먹거리에 관심이 많아진 요즘 세태를 반영하는 것이겠지만, 가장 맛 좋고 몸에도 좋은(덜 나쁜) 술이 막걸리라는 것이 주당들의 공통적인 결론이다. 물론 막걸리만으로는 배가 불러 한꺼번에 많은 양을 마시기 힘들다. 그래서 나름 변칙적인 음주법도 개발되고 있다.

막걸리에 소주와 사이다를 타서 마시는 방법이다. '막소사'라는 것인데, '암바사'처럼 달짝지근한 맛이 좋아 양주나 소주에 맥주를 타서 마시는 '폭탄주'를 대신해 한때 유행했다. 막걸리에 맥주나 소주를 섞어 마셔 본 적이 있는데 맛이 별로였다. 막걸리는 숙취가 오래가고 냄새가 많이 나는 것으로 알려져 있다. 그래서 막걸리를 권하면 싫어하는 사람들도 있다. 하지만 요즘 인기 있는 제품의 막걸리는 그렇지 않다. 맛도 있고 냄새도 역하지 않다. 당연한 얘기겠지만 그 이유는 좋은 막걸리를 만들어내기 때문이다.

우리 막걸리 수준이 갑자기 높아진 데는 여러 이유가 있다. 그 중 가장 설득력 있는 한 가지 이유는 공정거래위원회가 나서서 막걸리의 유통 지역 제한 조치를 풀었기 때문에 막걸리가 급발전했다는 얘기다. 소주로 따지면 이른바 도(道)별로 구입이 제한돼 있던 '자도주 구입제도'와 같은 카르텔을 없앴다는 것이다.

거기에다 6도로 규정돼 있는 막걸리 알코올 도수 제한마저 풀어버리자, 막걸리 시장이 완전 경쟁체제에 돌입하면서 비약적으로 발전했다고 한다. 이 바람에 지역 막걸리 업체들에 비상이 걸렸고 업체별로 합종연횡을 하는 등 경쟁체제로 돌입하면서 기술개발에 몰두한 결과 품질 좋은 막걸리만 살아남았다는 것.

업체들은 그 후에도 계속 품질 개발에 전력투구하게 됐다. 막걸리의 효능에 대해서는 이미 알려진 바가 많아 굳이 설명할 필요가 없을 듯하다. 유산균이 넘쳐나 장에 좋고, 주변에서 막걸리 다이어트로 몸매를 날씬하게 만들었다는 얘기도 들은 바 있다.

막걸리 제조 과정을 조금 더 깊이 알고 나면 약간의 아쉬움도 생긴다. 막걸리가 제품별로 일정한 맛을 낼 수 있게 된 것은 누룩을 고르게 배분하는 일본제 입국기(入麴機) 덕분이라는 점이다. 하지만 하루아침에 모든 것이 만족스러울 수는 없을 터. 끊임없는 기술개발을 통해 앞으로 막걸리가 우리 국민의 건강과 음주문화에 좋은 영향을 주길 바랄 뿐이다.

초등학교 시절 방학을 맞아 시골 외갓집에 가면 늘 해야 하는 심부름이 있었다. 동네에서 꽤 멀리 떨어진 삼거리에 가서 외할아버지께서 드실 막걸리를 받아오는 일이다. 남은 돈으로 사탕 몇 알 사먹는 재미로 심부름을 했는데, 막걸리 주전자를 들고 꼬불꼬불한 논두렁길을 걸어오는 것이 쉽지는 않았다. 힘들면 논두렁에 주저앉아 주전자 뚜껑을 열어보거나 뚜껑에 조금 따라 맛을 보기도 했다. 외할아버지는 백수를 누리고 돌아가셨는데 막걸리를 즐긴 이유가 위장병 때문이라고 했다. 젊은 시절 위산과다로 속이 자주 쓰렸던 외할아버지는 당시 한의사의 처방을 받아 막걸리를 치료제로 쓰셨다. 지금 생각해 보면 좋은 약이 없던 시절 막걸리가 속쓰림을 방지하는 '암포젤엠'과 유사한 역할을 한 것이 아닐까 싶다.

막걸리 '전도사'인 홍석우 전 지식경제부 장관에 따르면 막걸리는 배가 쉽게 부르기 때문에 과음할 염려가 적고, 안주를 적게 먹게 돼 술살이 찌지 않는다. 또 요구르트 수백 병에 해당하는 유산균을 함유해 쾌변을 가능하게 해준다. 실제로 홍 전 장관은 막걸리를 즐겨 마신 후 콜레스테롤과 통풍을 유발하는 요산 수치가 내려간 것을 경험했다고 한다. 그는 또 "친구 부인이 저녁에 밥 대신 막걸리를 마시는 다이어트로 체중을 엄청 줄인 것을 봤다"고 전했다. 식이섬유, 비타민B, 유산균, 효모 등이 풍부한 막걸리가 다이어트 식품으로도 각광받는 것이다.

1990년대까지 소비량이 꾸준히 줄던 막걸리가 경쟁력을 갖게 된 것은 역겨운 냄새와 숙취를 유발하는 성분을 걸러냈기 때문이다. 그저 외국 것이라면 사족을 못 쓰던 우리나라 사람들이 우리 것에 대한 진정한 자부심을 갖게 되었다. 굳이 양주나 비싼 와인을 대접해야 체면이 서던 시절을 극복한 것이다. 막걸리 예찬론자인 이낙연 총리가 총리 공관에 손님을 초대해 막걸리 회동을 한 사진이 언론에 공개되기도 했다. 더 나아가 외국 귀빈과의 만찬 자리에서 막걸리를 내놓아도 좋을 듯하다(어쩌면 이미 그렇게 하고 있을지도 모르겠다).

사회공헌과 기업의 프로보노

기업의 사회공헌 활동을 생각하면 늘 떠오르는 것이 있다. 학창 시절 TV에서 봤던 장학퀴즈다. 퀴즈를 통해서 좋은 점수를 받은 고등학생들에게 장학금을 주는 프로그램으로, 선경그룹(현 SK그룹)이 제작 협찬을 했다. 지금 생각해 보면 선경그룹이 이 프로그램을 통해 기업 이미지를 매우 좋게 인식시킨 것 같다. 장학사업을 통해 사회공헌도 하고 기업 이미지도 업그레이드 시키는 이중 효과를 본 셈이다.

연말이 다가오면 언론에 CEO들의 얼굴이 많이 등장한다. 과거에는 불우이웃 돕기 차원에서 성금을 전달하는 딱딱한 사진이 대부분이었으나 요즘은 연탄을 나르거나 김장을 담그는 감성적인 장면들이다. 소외되고 가난한 이웃을 돕기 위해 기업

CEO들이 틈을 내서 봉사활동을 하거나 기금을 전달하는 모습은 보기에 좋다. 그동안 제도적으로 소외됐던 우리 사회의 그늘진 곳을 돌아보는 기업들의 봉사정신은 백 번 칭찬 들어 마땅하다.

하지만 아직은 이 같은 사회공헌 활동이 조직적 · 체계적인 방식으로 이뤄지는 것 같지는 않다. 그저 배고픈 노숙자들에게 몇 푼 쥐어 주는 수준에서 크게 벗어나지 못한다는 것이다. '빵을 주기보다는 빵공장을 설립해 주는 것'이 진정한 사회공헌이 될 수 있는 것처럼 우리 기업의 사회공헌 방식도 바뀌어야 한다. 이미 일부 기업들에서는 기부나 사회공헌의 방식을 질적으로 변화시키고 있기는 하지만 아직은 방향성이 부족한 듯하다.

미국 시애틀 워싱턴대학 연수 시절, 빌 게이츠 부부가 설립한 빌&멀린다 게이츠 재단의 사회공헌 활동을 보면서 많은 것을 느꼈다. 게이츠 재단이 아프리카 구호활동 등에 많은 지원을 하는 것은 잘 알려진 사실이지만, 오히려 시애틀 지역 교육을 살리기 위한 이 재단의 활동들을 살펴보면 우리 기업들의 사회공헌 활동의 방향을 찾을 수 있다.

게이츠 재단은 시애틀 주변의 많은 공립학교에 지원을 하고 있다. 대학으로는 워싱턴대학에 가장 공을 들였고, 일부 낙후된 초 · 중 · 고교에도 상당한 자금을 지원하고 있다. 내가 살던 벨뷰지역에서 가장 명문대 진학률이 높은 학교로 뉴포트 고등학교가 있다. 이 학교는 당시 아이비리그 수준의 대학에 한 해 10여 명을 진학시켜 공립학교 중에서는 미국 전역에서 랭킹 10위권에 올랐다. 미국의 변두리인 워싱턴 주에서는 대단한 실적이다.

이유는 간단하다. 게이츠 재단의 많은 지원을 받기 때문이다. 재단에서는 단순히 건물을 지어 주고, 기자재를 보태주는 데 그치지 않는다. 지원하기 전에 학교에 조건을 내건다. 학교의 커리큘럼을 게이츠 재단이 원하는 방향으로 획기적으로 변화시켜야 한다는 것이 조건이다.

게이츠 재단에는 학교 운영에 관해 연구하는 전문가들이 많이 포진해 있다. 이들 전문가들이 미국의 학교를 개혁하기 위한 연구를 하면, 재단은 그 연구 결과를 토대로 학교에 선제 조건을 내걸어 지원을 하는 것이다. 그 결과 게이츠 재단이 지원하는 학교들이 매우 우수한 성적을 내는 방식으로 발전한다. 학교에 대한 자금 지원이 단순히 소모성 경비로 처리되는 것을 막고, 그 학교를 충분히 발전시킬 수 있는 방향으로 쓰이도록 유도하는 것으로 성과가 매우 좋다. 덕분에 빌&멀린다 게이츠 재단, 곧 마이크로소프트라는 기업의 명성과 가치도 쑥쑥 올라가는 것이다.

우리나라에서도 기업의 사회공헌 활동이 활발해지고 또 조금씩 바뀌고 있다. 기업의 사회적 책임과 의무가 강조되며, 기업 활동을 통해 많은 이익을 얻은 만큼 일부를 사회로 적극 환원시키라는 사회적 명령을 수행하는 것이기도 하다. 단순히 물질적인 지원을 통해 어려운 이웃을 돕는 것을 떠나 기업이 가진 기술력이나 여러 능력을 통해 작은 기업이나 소외된 이웃을 돕는 방식으로 전환되고 있다.

이 같은 방식을 시민 봉사단체에서는 '능력 나눔' 혹은 '달란트 도네이션' 등으로 부른다. 해외에서도 기업들의 사회공헌 활동 방식이 이렇게 바뀌고 있는데 이러한 활동을 '프로보노 퍼블리코(Pro Bono Publico)'라고 부른다. 라틴어 'Pro Bono Publico'는 '공익을 위하여'라는 뜻인데, 줄여서 프로보노라고 한다.

로마시대 지도층의 공익을 위한 헌신과 기부를 강조하기 위해 쓰인 프로보노는 사회의 약자들에게 무보수로 전문 지식과 기술을 제공하는 것을 의미한다. 미국 법조계에서는 매년 저소득층에게 무보수로 법률 자문과 변론을 펼치는 프로보노 활동 순위가 법무법인의 명성을 평가하는 중요한 잣대가 되고 있다.

프로보노 활동은 기업의 전문성을 살린 기술과 서비스를 제공한다는 점에서 큰 의미가 있다. 단순한 물품이나 자금 지원을 벗어나 좀 더 높은 차원의 도움을 주변에 확산시킨다는 점에서 앞으로 우리 기업들이 추구할 사회적 방향이 될 것으로 보인다. '빵을 주는 대신 빵 공장을 지어 주는' 기업들의 능력 나눔 활동이 활성화할 때 우리 사회는 선진국에 한걸음 다가갈 수 있을 것이다.

북핵, 맥도날드 그리고 도이모이

"경제 제재 조치쯤으로 죽을 나라가 아니지요. 핵실험은 자존심의 문제입니다. 자존심은 도로나 전기, 물보다 중요합니다. 어찌 되었건 우리가 한 일이 무엇입니까. 우리가 우리 손으로 만든 폭탄을 터트린 것밖에 더 있습니까. 공중에다 대고 총 한 방 쏜 것과 같습니다. 우리는 아무도 해친 적이 없습니다."

얼핏 보면 유엔 안전보장이사회의 대북 제재 결의안에 따른 북한 주민의 반응쯤으로 생각할지 모르겠다. 하지만 1998년 인도의 핵실험 강행 직후 인도 주민의 반응이다. 미국 언론인 토머스 프리드먼의 〈렉서스와 올리브나무〉에 나오는 내용이다.

인도는 곧바로 강력한 글로벌 경제 제재 대상이 됐고, 신용등급이 '투기등급' 수준으로 강등되면서 해외 투자 유치에 심각한 타격을 입었다. 당시 바라티야 자나타 당(BJP)은 인도 국민에게 핵 주권을 공약으로 내걸었다. 결국 집권에 성공해 핵실험을 강행했으나 경제 제재로 국민 경제가 파탄에 이르는 등 엄청난 역풍을 맞았다. BJP는 이후 2년도 되지 않아 정책을 급선회, 경제 살리기에 돌입했고 인도는 지금 세계에서 가장 경제 성장 속도가 빠른 나라가 됐다.

맥도날드는 코카콜라와 함께 미국 주도 세계화의 상징이다. 1979년 이란에서 이슬람 혁명이 일어나기 전에는 이란 내에 맥도날드 매장이 있었다. 2015년 이란의 핵 포기로 경제 제재 조치가 풀리자 맥도날드가 다시 이란 매장 개설을 타진했다. 그러나 2018년 트럼프 대통령은 이란과의 핵 협정을 파기했고 이후 맥도날드의 이란 진출도 주춤하고 있다. 이란 내부에서는 "맥도날드는 미국의 탐욕이 만든 최악의 체인점"이라는 비판 여론이 많다.

구소련이 붕괴하던 해인 1990년 1월 모스크바 푸시킨 광장에 맥도날드 매장이 오픈하면서 냉전 종식의 상징물이 되었다. 중국 선전에도 그해 10월 맥도날드 매장이 들어섰다. 북한은 맥도널드 매장이 없는 몇 안 되는 나라 중 하나다. 2008년께 맥도날드 매장 유치를 시도한 바 있으나 무산되었다. 프리드먼은 "맥도날드 매장의 상징물인 노란색 M자형 '골든 아치'가 들어선 나라들 사이에서는 전쟁이 일어나지 않는다"는 주장을 펼친 바 있다. 문정인 대통령 외교안보 특보가 "대동강변에 트럼프 타워나 평양에 맥도날드를 열거나, 미국과 컨소시엄 합작사업을 진행했으면 좋겠다"고 말했듯이 북한 땅에서도 맥도날드 매장을 볼 날이 올 수 있을지 모르겠다.

가정이기는 하지만, 북한이 완전한 비핵화를 이행하면 뒤이어 개혁개방과 고도성장 등의 수순을 밟게 될 것이다. 체제 변화는 두 갈래가 될 수 있다. 정치 · 경제체제의 동시 변화이거나 혹은 경제체제만 변화하는 것이다. 가장 성공한 사례는 정치 · 경제체제를 동시에 변화시킨 비셰그라드(Visegrad) 4개국 그룹인데, 1991년 헝가리 부다페스트 인근 비셰그라드 시에서 체코, 헝가리, 폴란드, 슬로바키아 정상들이 모여 만든 국가협의체이다.

북한은 정치체제를 변화시킬 가능성이 없기 때문에 경제체제만 시장경제로 전환하는 방식이 유력한데, 트럼프와 김정은의 회담이 마치 럭비공처럼 어디로 튈지 몰라 예측을 할 수 없다. 그래도 만일 북한이 경제체제를 전환한다면 중국을 비롯한 베트남, 라오스, 캄보디아 등 동아시아 4개국이 사례가 될 수 있다. 이들 국가는 정치체제로는 단일 정당 중심 사회주의 체제를 유지하고 있지만, 경제체제는 자유시장적 요소를 대폭 도입했다. 라오스와 캄보디아는 지속 성장에도 불구하고 여전히 저개발국 수준에 머물고 있지만, 중국은 세계 2위의 경제대국으로 초고속

성장을 했다. 특히 베트남은 최근 들어 빠른 성장으로 주목 받고 있다.

베트남이 시장경제 체제로 전환한 것은 1986년 제6차 공산당대회에서 채택된 도이모이 정책을 시행하면서부터다. 도이모이란 '변경한다'는 뜻의 '도이'와 '새롭게'라는 의미의 '모이'가 합쳐진 용어로 '쇄신'을 의미한다. 강성진 · 정태용 공저 〈경제체제 전환과 북한〉에 따르면 베트남은 농업부문 개혁을 필두로 국영기업 민영화, 해외 자본 투자유치, 세계무역기구(WTO) 가입 등을 추진했다. 특히 경제특구 등을 통해 외국인 직접투자 유치를 통한 수출 확대가 주효했고, 1985년 410달러이던 1인당 국내총생산(GDP)이 2017년에 2,300달러를 넘어섰다.

베트남 수도 하노이에서 한 시간 남짓 자동차를 타고 가면 박닌성 옌퐁공단이 나온다. 공단으로 진입하면 입구 바로 왼쪽에 삼성전자 공장이 있고, 맞은편으로 오리온 공장이 보인다. 스마트폰 공장과 초코파이 공장. 어울리지 않는 두 개의 공장이 한 곳에 모여 있는 이색적인 광경은 한국 기업의 베트남 진출의 대표적인 성공 사례를 상징하고 있다. 초코파이는 베트남 가정의 제사상에 오를 정도로 인기가 높다. 2006년 호찌민 공장을 설립해 베트남 제과 시장에 진출한 오리온은 한류 덕택에 베트남 파이류 시장에서 인기를 독차지하고 있다. 동네 상점 진열대에서도 초코파이가 흔하다.

삼성전자 공장 관계자는 베트남 진출에 대해 "인건비가 싼 데다 세금 부담이 낮아 수익률이 좋다"고 했다. 삼성전자 휴대폰의 상당량이 베트남 공장에서 생산되고 있는데 2018년 삼성전자 베트남 법인이 국영기업인 베트남전력공사를 제치고 자산과 매출 기준 1위 기업으로 올라설 정도이다. 과감한 개혁개방 정책의 효과다.

베트남은 인건비가 싸고 정부의 각종 인센티브 정책으로 세금 부담이 낮아 높은 수익률을 자랑한다. 게다가 베트남 사람들은 성실한 데다 손재주가 좋아 생산 효율도 한국 못지 않다. 시력이 3.0을 넘는 사람들이 많다는 것도 신기하다.

베트남 사람들은 한국을 '사돈의 나라'라고 한단다. 한국 농촌으로 시집가는 베트남 여성들이 많아서다. 베트남 속 한류도 여전히 뜨겁다. TV를 틀면 10여년 전에 만들어진 한국 드라마까지 여러 채널에서 방영된다. 여기다 베트남 축구 대표팀 감독인 박항서 매직이 한류의 정점을 찍었다. 한국군의 베트남 참전에 대한 안 좋은 기억은 가물가물해진 듯하다. 일본이 한국전쟁의 특수 덕분에 경제가 급성장했던 것처럼 우리나라도 베트남 전쟁 때문에 성장률이 크게 상승했다. 1, 2차 세계대전으로 유럽이 전쟁에 휘말리면서 미국은 세계 최강국으로 발돋움했다. 남의 나라 전쟁으로 다른 나라의 경제가 성장하는 것이 기막힌 현실이다.

지금 한국의 베트남에 대한 투자 규모는 일본과 1, 2위를 다툰다. 자연자원이 풍부하고 인구가 9,000만 명에 이르는 베트남이 훌륭한 경제 파트너가 된 것이다. 북한이 베트남처럼 개혁개방을 한다면 우리에게 커다란 기회가 될 수 있다. 하지만 김정은과 트럼트의 북한 비핵화 셈법이 달라 지켜보는 우리 국민의 가슴을 졸이게 한다.

13장

밥, 똥, 일—다시 꿈을 꾼다

코끼리와 벼룩, 지진지퇴(遲進遲退)

"제가 이번에 정든 조직을 떠나게 됐습니다. 당분간 편하게, 그동안 못했던 휴식과 가족에 봉사를 해볼 기회를 가졌네요. 선후배님들 우정 영원히 간직하겠습니다. 일단 쉬었다가 다른 자리 잡으면 연락 드리겠습니다."

연말이면 이런 내용을 담은 카카오톡 메시지를 한 차례 이상 받았을 것이다.

"그간 수고 많으셨습니다. 머지않아 더 큰 날개 펴시리라 믿습니다"라거나 "다 잊고 당분간 푹 쉬세요"라는 등 위로의 말이 카톡에 이어지지만, 퇴직 소식을 알린 당사자는 묵묵부답이다. 어떤 말로도 위로가 되지 않기 때문일 것이다.

주변에 직장을 떠나는 지인들이 많다. 퇴직하는 경우는 언론

등에 공개되지 않기 때문에 뒤늦게 지인의 은퇴 소식을 접하는 경우도 제법 있다. 그나마 대기업 임원들은 많은 연봉을 받아왔기 때문에 은퇴하더라도 당장 먹고 살기가 그리 힘들지는 않을 것이다. 중소기업 등으로 회사를 옮길 기회도 있으므로 상대적으로 걱정이 덜하다. 더 큰 문제는 일반 직원들에 대한 구조조정이다.

동창 모임에 나가 보면 퇴직한 친구들이 절반 이상 된다. 임원을 하다가 퇴직한 경우가 많고 진급이 늦어져 버티는 친구들도 있다. 그래서 '조진조퇴 지진지퇴(早進早退 遲進遲退)'라는 우스갯소리가 나온다. 앞서 진급해서 임원이 되면 빨리 은퇴할 가능성이 높고, 천천히 가면 정년까지 버틴다는 얘기겠다.

또래들을 만나면 '인생 2모작, 3모작' 이야기가 빠지지 않는다. 대기업에서 퇴직한 부사장급 인사가 3년치 봉급을 챙겼다는 등 영웅적인 은퇴 스토리도 돌아다닌다. 족히 수십억 원은 되고, 세금도 회사가 내줬다느니, 일반 직장인은 꿈도 꾸지 못할 일이다.

좋은 학벌과 스펙을 가졌어도 월급쟁이의 일상은 고달픈 경우가 많다. 반면 학창 시절 껄렁하던 친구들이 사업에서 성공하는 경우를 흔히 본다. 하지만 그들도 쉽지 않았다고 항변한다. '사업이 망해 집에 들어와 가족이 자고 있는 모습을 봤을 때'의 아픔에 대한 이야기는 가슴을 저민다. "너희들이 편히 월급쟁이 생활을 할 때 나는 부도를 수차례 경험했고, 십수년간 뼈를 깎는 고생을 한 끝에 겨우 지금 자리에 와 있다"는 것이다.

한 번도 취업해본 경험이 없는 20, 30대 실업자가 수십만 명이라고 한다. "단 하루만이라도 사원증을 목에 걸어보고 싶다"는 어떤 취준생의 절규가 가슴을 울린다. 1997년 외환위기를 맞은 이후 20년이 넘도록 청년실업은 해결의 기미가 없다. 이때부터 결혼을 기피하는 현상이 심화하고 출산율이 더욱 낮아지는 분위기다.

경영사상가 찰스 핸디의 '코끼리와 벼룩' 이야기가 있다. 코끼리는 정년이 보장되는 대기업 · 정부 같은 조직이고, 여기서 떨어져 나오면 벼룩이 되는 것이다. 하지만 두려워 말라고 조언한다. 100세 시대에 코끼리에 붙어 사는 것은 불가능하니 '1인 기업가'처럼 강인한 벼룩으로 성장할 준비를 하라는 것이다. 하지만 말처럼 쉽지 않다는 게 문제다.

요즘처럼 사회가 불안정할수록 사회안전망이라는 용어에 새삼 관심이 간다. 외환위기를 겪었던 1997년 이후 우리 사회가 주목했던 개념인데, 구조조정 등으로 발생되는 실업 및 생계 곤란자 양산 부작용을 완화하기 위한 장치다. 한쪽에서는 경제를 살리려면 구조조정이 필요하다고 주장하고, 다른 쪽에서는 대량 실직 등 후폭풍을 걱정해야 하는 딜레마에 놓여 있다. 이럴 때 정부가 나서야 한다. 사회안전망 확충에 더욱 신경을 쓰라는 얘기다.

아직(still) 증후군, 부머랭스트(boomerangst)

영국 경제학자 조지 매그너스는 〈고령화 시대의 경제학〉에서 '부머랭스트(boomerangst)'를 소개했다. 베이비부머(babyboomer)와 불안(angst)을 합친 말로 '베이비부머 세대의 불안'을 의미한다. 문제는 자녀 세대도 이 불안에서 자유롭지 못하다는 점이다. 이들은 고용과 실업을 반복하고, 부모로부터 독립했다가 부모 슬하로 되돌아가기를 거듭한다. 비정규직이나 일용직 등으로 고용이 불안정하고, 성인이 된 이후에도 부모에게 얹혀사는 시간이 길어진다.

이들은 지독히 운이 없는 세대다. 빚도 많고 취업률도 낮다. 대학 졸업자 상당수가 학자금과 생활비 때문에 빚을 진 채 사회로 떠밀려 나온다. 취업이 안 되니 빚은 늘어만 가고 편의점 등지에서 최저임금을 받으며 힘든 삶을 살아간다. 일부는 청년기에 이미 파산을 경험하기도 한다. 이런 청년들의 상황을 애플 '아이팟(iPod)'에 빗대기도 한다. '불안하고 재정적으로 압박을 받으며 과도한 조세 부담을 안은 채 빚더미에 올라앉아 있다(Insecure, Pressured, Overtaxed and Debt-Ridden)'고.

우리나라에서 청년층 취업자 비중이 점점 떨어지고 60세 이상 취업자 비중은 늘어나고 있다. 통계청 자료에 의하면 2017년 청년층 취업자 비중은 14.6%로 1980년대에 30%를 넘었던 것과 비교하면 절반 아래로 뚝 떨어졌다. 청년실업률은 최고치를 경신 중이다. 청년실업 증가와 저출산, 고령화의 복합적 결과다. 우리 사회가 이제 노년층뿐 아니라 청년층까지 부양해야 할지 모른다.

지금 일본은 경기가 나아져 20대 청년실업이 다소 해소되었지만 '잃어버린 20년' 동안에 청년기를 보낸 그 윗세대에서는 실업의 그늘이 현실화했다.

"고령자의 가정을 방문하면 깊숙한 방에서 인기척이 느껴집니다. 50대 정도의 남성으로 그 댁 아들인 것 같았습니다. 근처 이웃의 말로는 오랫동안 쉬고 있다고 하더군요. 부모의 연금으로 생활하고 있는 것이지요." 일본 수도권 지역 사회복지사의 목격담으로 일본 기자들이 고령화 현장을 찾아 기록한 책 〈탈, 노후빈곤〉에 나오는 얘기다. 일자리를 잃고 집 안에 틀어박혀 있으면서 중장년이 되어서도 부모로부터 독립하지 못하는 사람이 증가하면서 부자(父子) 공동 파산의 위험에 처하는 현상이 확산하고 있다는 내용이다.

일본은 1994년 고령사회(총 인구에서 65세 이상이 14%를 넘음)를 넘어 2005년에 초고령사회(20% 이상)에 접어들었다. 일본의 관련 서적을 보면 노후파산과 부모 자식 동반파산 등의 문제가 자주 등장한다. 일본 고령자 중 70%가 연금으로 생계를 이어가지만, 절반 이상이 최저 생계비도 받지 못한다. 그래서 생활고를 겪는 일본 노인들은 "차라리 죽고 싶다"는 얘기를 늘어놓는다. 2015년 11월 사이타마현 후카이시에서 치매에 걸린 어머니 병간호에 지친 딸이 부모와 함께 차를 타고 강으로 뛰어든 사건은 초고령 사회의 불행한 한 단면이다.

한편으로는 금융재산도 고령화하고 있다. 일본이 '잃어버린 20년'의 경기 침체에 빠져든 여러 원인 중 하나가 여력 있는 노인들이 돈을 쓰지 않기 때문이라는 분석도 있다. 일본 노인들은 자식들에게 미리 재산 상속도 하지 않는다. 조금이라도 수입이 있으면 저축을 했다. 미래에 대한 불안감 때문에 소비를 꺼려 돈이 돌지 않으면서 경기 침체가 장기화했다는 것이다.

치매 노인들의 금융자산 보유액이 엄청난 데도 사실상 인출이 불가능하다. 다이이치생명 경제연구소의 추산에 따르면 1995년 50조 엔(약 500조 원) 수준이었던 일본 내 치매 환자의 금융자산 보유액은 2016년 143조 엔으로 불어났다.

우리 사회에도 일본을 닮아가는 게 아닌가 염려스럽다. 병원비 등을 감당하지 못해 치매에 걸린 아내를 살해하는 사건이 발생하는 등 고령화 그늘이 짙어지고 있다. 학계와 국제기구 등에서는 '일본식 장기불황'을 우려하는 목소리가 부쩍 많아졌다. 저성장, 소비 부진 등의 경제지표도 닮았지만, 고령화 진행 속도는 일본보다 빠르다.

경제학자이자 외교관으로 97세까지 천수를 누렸던 존 갤브레이스가 '아직 증후군(still syndrome)'에 대해 언급한 적이 있다. 젊은이들이 "아직도 일하세요? 아직도 운동하세요? 아직도 글 쓰세요?" 따위의 질문으로 괴롭힌다는 것이다. 이럴 때 그는 "아직도 자네는 철이 덜 들었구먼"이라고 따끔하게 응징하라고 주문한다.

오래 산다는 것이 반드시 축복만은 아닐 것이다. 하지만 과연 병들고 빈곤한 노인들이 그들 스스로의 힘만으로 여생을 책임져야 하는가. 이미 일본에 던져진 질문이지만, 우리에게도 성큼 다가오는 말이다.

행복한 욕망 줄이기

행복이란 말처럼 허구적인 것이 없지만, 그처럼 달콤한 것도 없다. 누구나 삶의 목표가 행복이라고 말하지만 실상 그곳에 도달하기란 쉽지 않다. 행복은 소득이나 소유와 비례하는 것일까. 그렇다면 행복은 돈으로 살 수 있는 것일까. 미국의 유명 경제학자 폴 사뮤엘슨은 행복의 크기는 가진 것(소유 · 소득)을 욕망으로 나눈 수치라고 정의했다. 곧 가진 것이나 소득이 늘어나면 행복이 커지는 것은 틀림없다. 그렇다면 소득이 늘지 않을 경우 어떻게 행복을 키울 것인가. 아주 단순하다. 사뮤엘슨의 이론에 따르면 욕망을 줄이면 된다.

우리나라 국민소득은 1977년 1,000달러에서 2018년 3만 달러를 돌파해 40년 만에 30배로 늘어났다. 하지만 그때보다 지금이 행복하다는 느낌은 별로 없다. 욕망도 함께 커졌기 때문일까. 노벨 경제학상을 받은 심리학자 대니얼 카너먼은 〈생각에 관한 생각〉에서 "물가가 비싼 미국에서 그 이상을 넘으면 행복감이 늘어나지 않는 포만감 수준은 가구 소득 약 7만 5,000달러 정도였다. 이 수준을 넘어서면 소득과 관련된 행복감이 평균적으로 전혀 늘어나지 않았다"고 했다. 그는 또 "가난은 사람을 불행하게 만들며, 부유함은 인생 만족도를 높여줄 수 있지만 (평균적으로) 행복감을 개선해 주진 못한다"고 했다. 국민소득이 2만 달러를 넘어가도 행복지수를 올리기가 쉽지는 않다는 것이다.

행복에 관한 이론으로 '이스털린의 역설(Easterlin's paradox)'도 있다. 소득이 일정 수준에 도달하고 기본적 욕구가 충족되면 그 이상 소득이 증가해도 행복에는 큰 영향을 끼치지 않는다는 역설이다. 미국의 경제사학자 리처드 이스털린이 1974년 주장한 개념으로 그는 바누아투, 방글라데시와 같은 가난한 국가에서 국민의 행복지수가 높고, 미국이나 프랑스 같은 선진국에서는 오히려 행복지수가 낮다고 주장했다. 소득과 행복도의 관련성은 밀접하지 않고 오히려 문화 · 종교적인 편향과 관련성이 높을 수 있다는 분석도 있다.

그렇다면 우리 사회가 행복하지 못한 이유는 무엇인가. 경제학자 이정전은 〈우리는 왜 행복해지지 않는가〉에서 치명적인 이유로 양극화를 지목한다. "정부와 시장이 우리를 행복하게 해주지 못하는 이유로 가장 빈번하게 꼽히는 것이 부익부 빈익빈의 조장이다. 경제성장이라고 해봐야 소수의 부자들에게만 그 열매가 돌아갈 뿐 다수의 시민들은 그 혜택을 제대로 받지 못하고 있다." 부자와 빈자의 격차가 커져서 상대적 박탈감이 팽배한 사회가 된 것이다. '배고픈 것은 참아도 배 아픈 것은 못 참는다'는 말처럼 사촌이 땅을 사면 배가 아프다고 했다. 개발독재 시대에 배고픔을 해결했다면, 지금은 배 아픔을 해결해야 한다.

행복한 삶만큼이나 행복한 죽음도 중요하다. '죽음학(thanatology)'은 원래 죽음의 원인이나 조건, 이론 등에 관해 연구하는 학문이다. 하지만 요즘 유행하는 죽음학은 다양한 관점에서 임종과 죽음을 연구하고 어떻게 죽음을 맞이해야 하는지에 대해 집중한다. 사전연명의료 의향서 작성이나 연명치료 중단 등 누구에게나 발생할 마지막 상황에 슬기롭게 대처하도록 준비하자는 것이다. 웰다잉(well dying)에 관한 연구라고 할 수 있다. 현대의학은 그동안 병을 고치고 환자를 살리는 것에 집중한 나머지 웰다잉에 소홀한 측면이 없지 않다.

'죽음학'보다 웰다잉이라고 하면 거부감이 좀 덜하지만, 어차피 죽음이라는 단어가 들어 있기는 마찬가지다. 그래서 '편히 간다'는 의미로 '웰고잉(well going)'이라는 용어를 만들어서 사용하면 어떨까 싶다. 일본에서는 활동을 멈춘다는 의미로 슈카츠(終活)라고 한다. 암환자이자 '죽음학 전도사'인 정현채 전 서울대 의대 교수는 〈우리는 왜 죽음을 두려워할 필요 없는가〉에서 '죽음'이란 단어에 얽힌 에피소드를 소개했다. 한 구청 강연에서 제목에 '죽음'이라는 단어가 들어가자 결재가 나지 않았지만, 이를 웰다잉으로 바꿨더니 결재가 났다는 것.

늙지 않는 것은 축복일까 저주일까. 2015년에 개봉된 영화 '아델라인'은 이 주제에 근접하는 답을 준다. 자동차 사고로 숨이 멈췄다가 다시 살아난 아델라인은 100여년 동안 29세로 살아온 늙지 않는 존재였다. 하지만 영원한 젊음은 축복이 아닌 재앙에 가까웠다. 사람을 피해 신분을 바꾸고 이곳저곳 도망을 다닌다. 사랑하는 사람을 늘 먼저 보내고, 늙어가는 딸을 지켜보는 가혹한 운명으로 살아간다. 드라마 '도깨비'도 936년을 살아온 불멸의 존재가 사랑하는 이들의 죽음을 끝없이 지켜봐야 하는 고통에 관한 내용이다. 그리스 신화에서 새벽의 여신 에오스는 인간 티토노스를 불사(不死)의 몸으로 만들었다. 하지만 불로(不老)의 몸으로 만들어주는 것을 깜빡 잊었다. 그 바람에 티토노스는 죽지 않고 점점 늙어만 가다 매미로 변했다. 죽지 않는 것이 축복은 아니라는 메시지를 전하는 것이다.

죽음을 맞이하는 우리 사회의 태도도 조금씩 달라졌다. 2018년 2월 연명의료결정법(일명 존엄사법)이 시행된 이후 임종 문화에 적지 않은 변화가 생겼다. 시행 1년 후 연명의료를 중단하거나 유보한 환자가 3만 5,000명을 넘어섰다. 생명 연장을 위한 심폐소생술, 인공호흡기, 혈액 투석, 항암제 투여 등을 거부했다는 얘기다.

하지만 환자 본인의 뜻으로 중단한 경우는 33%에 불과했고 가족의 뜻에 따르는 경우가 훨씬 많았다. 2019년 2월 현재 사전연명의료 의향서를 등록한 사람은 11만 5,000여 명 수준으로 성인 인구 4,000만 명 중 0.3%에 불과하다. 제도적 뒷받침도 부실하다. 상당수 의료기관과 요양원에는 연명의료 중단을 결정하는 윤리위원회조차 없다. 서둘러 법을 보완해 연명의료 중단 절차를 훨씬 간소화하고 호스피스 병상 등 인프라도 늘려야 한다.

우리는 행복하게 살 권리만큼이나 행복하게 죽을 권리가 있다.

을씨년스러운 서울 거리

미국의 한 방송 앵커가 "산타는 없다"고 말했다가 시청자들의 거센 항의를 받고 사과하는 해프닝이 있었다. 그는 뉴스 도중 "아이들이 산타클로스가 실존하지 않는다는 사실을 좀 더 일찍 배워야 한다. 산타는 연말 시즌 자선을 상징하는 것이지 굴뚝으로 들어와 선물을 주고 가는 존재가 아니다"라고 했다가 여론의 집중 포화를 맞았다. 어린이들에게서 크리스마스에 대한 설렘과 희망을 앗아간 죄다. 어른들은 아이들에게 '거짓말 하지 말라'고 가르치지만 산타에 관해서는 늘 거짓말을 하는 모순을 저지른다. 이런 것을 '선의의 거짓말'이라고 할 수 있겠다.

핀란드의 수도 헬싱키에서 비행기를 타고 북쪽으로 2시간 정도 가면 로바니에미(Rovaniemi)라는 작은 도시가 나온다. 이곳 공항에 내리면 북극선(archtic line)이 표시되어 있어 이를 밟아 보는 색다른 경험도 할 수 있다. 이곳에서 8킬로미터를 더 가면 한적한 숲속에 산타마을이 있다. 산타 할아버지가 사는 곳이다. 은빛 턱수염을 기른 할아버지가 빨간 모자를 쓴 것이 영락없는 산타의 모습이다. 실제로는 여러 명의 산타가 교대근무를 한다.

세계 각국의 관광객들이 산타를 보기 위해 이곳을 찾아와 산타 할아버지와 사진을 찍는다. 이곳에서는 세계 각국 어린이들

핀란드의 로바니에미 산타 마을

이 보내온 편지에 일일이 그 나라 언어로 답장을 해주는 성의도 보인다. 노르웨이 오슬로를 비롯해 세계 각국에 산타마을이 있지만 로바니에미의 산타마을이 가장 성공한 것으로 인정된다.

산타는 크리스마스에 착한 어린이들에게 선물을 주는 상상 속의 인물로, 자선을 베푸는 자의 전형이다. 최근 외신 보도에 의하면 경제 불황이 크리스마스 선물 리스트마저 바꿔놓았다고 한다. 어린이들이 산타 할아버지에게 장난감이 아닌 부모의 일자리를 달라고 기도한다는 것이다.

산타에게 선물을 달라는 기도조차 하지 않는 철든 어린이들이 우리 주변에 있지 않은지 살펴볼 일이다. 우리나라 경제가 수치상으로는 엄청난 성장을 했지만 서민들의 삶은 오히려 더 팍팍해지고 있다. 은퇴와 실직, 청년실업, 양극화 등이 우리 사회를 무겁게 짓누르기 때문이다.

그래서 찬바람이 불면 '을씨년스럽다'는 단어가 가슴에 와닿는다. 이 단어의 유래는 을사늑약이 체결됐던 1905년 이후 '을사년스럽다'라고 쓰기 시작한 데서 유래했다. 을사늑약이 체결되었을 때의 참담하고 침통하고 치욕적이고 슬프고 넋 나간 분위기를 짐작할 만하다.

상가는 실물경제의 척도인데 근래 빈 점포가 많이 늘어나고 있다. 서울 밤거리에 활기가 사라지고 밤에도 불빛이 어둡다. 내 눈이 어두워진 걸까.

퇴근길에 서울역 근처를 걷다보면 대형 종이박스를 연결해 잠자리를 만들고 있는 노숙자들을 흔히 볼 수 있다. 구세군을 비롯한 각종 사회단체들이 이들을 위해 쉼터를 만들어 운영하고 있지만 노숙인 숫자는 좀처럼 줄어들지 않는다.

더욱 위험한 것은 최근 들어 노숙의 나락으로 떨어질 위기의 계층이 급속히 늘어나는 것이 통계로 확인되고 있다는 점이다. 1조 달러를 넘는 우리 무역 규모도 이들을 구제할 해법이 되지 못해, 자선과 기부 등의 나눔 행위가 더욱 절실하다. 자선이 빈자들을 모두 구제할 수는 없다. 하지만 자선냄비가 가득 채워질수록 우리 사회의 그늘진 곳에 더 많은 온기를 보낼 수 있다.

다시 꿈을 꾼다

영국의 전설적인 밴드 비틀즈 노래 중에 'When I'm Sixty-Four(내 나이 예순 넷일 때)'가 있다. 1967년 발표된 이 곡은 젊은 남자가 사랑하는 연인에게 늙어서도 자신을 사랑해줄 것인지를 묻는 내용이다. 나이듦에 대한 두려움과 안타까움이 가사에 배어 있다. 이 노래는 폴 매카트니가 16세에 만들어 비틀즈가 결성된 이후인 25세에 발표했다. 굳이 64세인 것은 은퇴와 관련이 있다. 폴은 훗날 "당시 영국에서 정년은 보통 65세여서 64세는 은퇴 준비를 하는 시기였다"고 말했다.

저출산, 고령화로 우리나라 인구가 2060년에는 4,400만 명으로 줄어든다고 한다. 게다가 10명 중 4명이 65세 이상이 된다. 카타르와 오만 등 소국을 제외하면 세상에서 가장 늙은 나라가 된다.

2015년 대한노인회가 "65세로 되어 있는 노인 기준을 상향 조정하는 공론화 안건을 정기이사회 만장일치로 통과시켰다"고 발표했다. 단계적으로 노인 기준을 70세까지 올리자는 것으로, 4년마다 1세씩 늘리면 20년, 2년마다 1세씩 늘리면 10년 후가 된다. 이후로 정치권과 학계 등에서 노인 기준 연령 상향 조정에 관해 활발한 논의가 진행되고 있다. 지하철 무료 이용이나 기초연금 수급 등의 혜택을 받는 기간을 뒤로 미루어 국가 부담을 덜고자 하는 취지이다.

'When I'm Sixty-Four'를 만든 폴 매카트니는 정작 64세인 2006년을 암울하게 보냈다. 첫 번째 부인을 암으로 보낸 후 결혼한 두 번째 부인 히서 밀스와 그해에 결별했다. 10대 때 꿈꾼 '장밋빛 사랑'은 실현되지 않았다. 그러나 5년 뒤 세 번째 결혼한 그는 2015년 5월 4만 5,000여 명의 관객이 모인 한국 공연에서 무려 160분간 37곡을 연창하는 정열적 무대를 선보였다. 은퇴와 나이듦에 관해 용기와 꿈을 주는 사례가 아닐 수 없다.

몇해 전 대학 입시를 앞두고 연극영화과에 진학하겠다는 아이에게 내가 생각하는 '꿈'에 대해 말한 적이 있다. "목표와 꿈은 다르다고 생각해. 가령 네가 의사가 되겠다는 생각을 한다면 그건 목표에 불과하지. 의사가 되어 돈을 많이 벌어 부자가 되겠다는 것이라면 더더욱 그렇다. 하지만 슈바이처 같은 의사가 되겠다는 것은 '꿈'이라고 할 수 있겠지. 아프리카에서 의술을 펼치면서 많은 생명을 구하는 그런 사람이 되겠다는 다짐이 꿈을 갖는 것이란다. 단지 가수나 탤런트가 되겠다는 것은 목표일 뿐이다. 연예인이 되어서 많은 사람에게 도움을 주고 세상을 조금이나마 밝아질 수 있게 하겠다는 생각이라면 그건 꿈이겠다."

이 말이 논리적으로 설득력 있었는지는 모르겠다. 이 말을 들은 아이는 심드렁한 표정으로 "아빠는 교수가 됐더라면 좋았겠네"라며 괜한 잔소리 취급을 했다.

이후로 본 영화 '인턴'은 많은 생각을 하게 했다. 원로배우 로버트 드니로가 70세 인턴으로 등장한다. 그는 전화번호부 인쇄회사에서 부사장으로 근무하다 은퇴한 뒤 몇 년을 쉬다가 30세의 젊은 여성 CEO 앤 해서웨이가 운영하는 온라인 패션스타트업 회사에서 인턴으로 일하게 된다. 인쇄 회사는 신문사, 출판사처럼 사양산업을 상징하고, 패션 스타트업과 대비가 된다. 인턴으로 회사에서 자리를 잡지 못하던 드니로는 몇 가지 문제에 봉착한 해서웨이와 직원들에게 아날로그적 노련한 방법을 동원해 해결책을 제시하면서 점차 신뢰를 얻게 된다. 젊은 세대의 패기와 노년의 경험이 어우러지는 상생의 사례를 보여줬다는 측면에서 커다란 의미로 다가오는 영화였다.

아이가 영화를 본 소감을 묻길래 "은퇴 이후 내가 뭘 하면 좋을까를 한번 생각하게 됐다"고 대답했다. 아이는 되물었다. "은퇴하면 뭘 할 생각이냐"고. 몇 년 전 내가 했던 질문을 아이는 내게 그대로 되돌려준 것이다. 그렇다. 과연 내 꿈이 뭔가. 꿈이라는 게 있었던가. 어떤 꿈이라도 꿔 본 적이 있었던가. 그저 직장생활하면서 월급 받고 큰 문제없이 소시민적으로 살아가는 것이 내 꿈이었을까. 은퇴를 하면 뭘 할 수 있을까.

선후배나 친구들과의 술자리에서 빠지지 않는 화제가 있다. '은퇴 이후에 살아야 할 30년'에 관한 것이다. 모두에게 당면한 현실로, 이미 은퇴한 선배들도 계속 자리를 찾아 헤맨다고 고백한다. 이 산 저 산을 오르는 것도 지쳤단다. 배관공과 굴삭기 운전 자격증을 딴 사람들도 있다. 아직 직장에 남아 있는 이들도 은퇴 후를 고민하기는 매한가지다. 직장에 있을 때 은퇴 이후를 준비해야 한다지만 말처럼 쉽지 않다. 은퇴하고도 30년 이상을 무직 상태에서 견디는 것은 고통이다. 그래서 다시 꿈을 꿔야 한다.

당장 눈앞에 보이지 않지만 무지개 저편(over the rainbow) 어딘가에 있을 나의 일을 찾아 나설 때이다.

밥, 똥,
그리고 할 일

"밥 잘 먹고, 똥 잘 누고, 할 일 있으면 되는겨." 좀 원색적인 표현이기는 하지만 젊은 시절 왠지 모를 고민에 빠져서 방황할 때 어르신들이 자주 하시던 말씀이다. 지금 생각해보면 먹을 것 있고, 건강하고, 직업이 있다는 것인데, 이 정도만 해결되어 있으면 소박하나마 우리 삶에서 큰 걱정거리는 없다는 얘기다. 크게 출세하고 큰돈을 버는 것은 상위 1% 정도의 행복이겠으나, 지금 우리 주변에는 먹는 것과 건강, 직업 등 최소한의 문제가 해결되지 않는 사람들이 늘어나고 있다. 승자독식의 무한 경쟁 상황에서 밀려난 사람들의 규모가 점점 커진 탓이다.

어려울 때일수록 우리 사회의 최하위 계층으로 전락한 노숙자들도 살펴봐야 한다. 이들에 대한 최소한의 안전망도 없는 상태고, 정부는 이들을 구제할 근본적인 방안조차 내놓지 못하고 있다.

그나마 우리나라가 외국에 비해 건강보험이 잘되어 있는 편이라 다행스럽다. 하지만 건강보험료를 내지 못하는 저소득층이 점점 의료 혜택에서 소외되고, 의료비가 저소득층 가계의 파탄 요인으로 지적되고 있어 이 또한 걱정거리다.

가장 심각한 문제는 역시 '할 일'이 없다는 것. 우선 청년실업 문제다. 1997년 외환위기 이후 지금까지 청년실업은 심각한 사회적 위협 요인으로 대두되고 있다. 외환위기 이후 모든 정권이 청년실업 문제를 최우선 과제로 설정했지만 정쟁에만 골몰한 탓에 여전히 해결의 기미가 없다. 그 사이 청년들은 '아프다'는 비명조차 내지 못할 만큼 위축되어 있다.

더욱이 베이비붐 세대(1955~1963년생)들이 은퇴를 시작한 것도 우리 사회의 '폭탄'이 될 가능성이 짙다. 몇년 후부터는 매달 수만 명씩 총 700만 명 가까이가 직장을 떠나게 된다. 이 경우 청년실업과 노년실업이 상승작용을 일으켜 우리 사회를 혼돈으로 몰아넣을 수밖에 없다. 할 일 없는 사람들이 수백만 명을 넘어가고, 은퇴한 아버지와 취직 못한 자녀가 세대 갈등을 일으키며 한 집에서 살아가는 심각한 상황이 오는 것이다.

유럽연합(EU) 산하 통계기관인 유로파운드가 소속 28개국을 대상으로 조사한 결과 2011년 기준 18~30세 성인 중 부모와 함께 사는 비율은 전체의 48%였다. 이 중 폴란드, 헝가리, 슬로베니아 등 동구권 국가는 비율이 60~80%이고, 이탈리아와 스페인은 80%에 육박했다. 이들은 결혼을 늦추거나 아예 결혼하지 않는다. 영국에서는 이러한 젊은이들을 '키퍼스(Kippers)'라고 한다. '부모의 은퇴 자금을 축내는 자녀들(Kids in Parent's Pockets Eroding Retirement Savings)'이다. 일본은 35~44세의 싱글족 300만여 명이 부모와 함께 산다. 우리나라도 이런 형태의 가구가 점차 늘어날 수밖에 없는 구조다.

최근 들어 "삶이 더 고달프고 희망이 안 보인다"는 주변 사람들이 많아졌다. 한 지인은 "은퇴는 가까워 오고 집안에 취직 못한 자식이 있다"며 한숨으로 답했다. 소득 수준도 높아지고 경제는 큰 발전을 했는데도 '행복지수'는 더 위축된 듯하다. 답답한 마음에 펼쳐본 법정스님의 〈산에는 꽃이 피네〉에 언뜻 답이 보인다. "세상의 기업체나 정부 관료들은 '무한경쟁 시대다', '일류가 아니면 살아남지 못한다'는 등의 광고를 한다. (…) 사람이 어떻게 무한히, 끝없이 경쟁만 할 수 있는가. 삼류도 있고 사류도 있다. (…) 어떻게 일류만 존재하는가. 이런 극도의 이기주의를 우리가 어떻게 극복할 것인가. 이것이 우리의 과제다."

하지만 책을 덮으면 답답한 현실이 눈앞에 있다.

찾아보기

밥, 똥, 일

초판 1쇄 발행 2019년 5월 20일

지은이 조재우
펴낸곳 도서출판 사과나무
펴낸이 권정자
등록번호 제11-123(1996.9.30)

주소 경기도 고양시 덕양구 충장로 123번길 26, 301-1208
전화 (031) 978-3436
팩스 (031) 978-2835
이메일 bookpd@hanmail.net
블로그 http://blog.naver.com/giruhan
트위터 @saganamubook

ISBN 978-89-6726-038-5 03300

* 값은 뒤표지에 있습니다.

이 도서의 국립중앙도서관 출판시도서목록(CIP)은 서지정보유통지원시스템 홈페이지(http://seoji.nl.go.kr)와 국가자료공동목록시스템(http://www.nl.go.kr/kolisnet)에서 이용하실 수 있습니다.(CIP제어번호: CIP2019015510)